2020年第2辑

价值论研究
RESEARCH ON AXIOLOGY

2020,No.2

孙伟平　陈新汉/主编
上海大学价值与社会研究中心 /编
中国辩证唯物主义研究会价值哲学专业委员会

上海大学出版社
SHANGHAI UNIVERSITY PRESS

图书在版编目（CIP）数据

价值论研究. 2020 年. 第 2 辑 / 孙伟平，陈新汉主编. —上海：上海大学出版社，2020. 11
ISBN 978-7-5671-3991-6

Ⅰ.①价… Ⅱ.①孙… ②陈… Ⅲ.①价值论（哲学）—研究 Ⅳ.①B018

中国版本图书馆 CIP 数据核字（2020）第 206182 号

责任编辑　农雪玲
封面设计　柯国富
技术编辑　金　鑫　钱宇坤

价值论研究（2020 年第 2 辑）
孙伟平　陈新汉　主编
上海大学出版社出版发行
（上海市上大路 99 号　邮政编码 200444）
（http://www.shupress.cn　发行热线 021-66135112）
出版人　戴骏豪
*
南京展望文化发展有限公司排版
江苏凤凰数码印务有限公司印刷　各地新华书店经销
开本 710mm×1000mm　1/16　印张 15.75　字数 241 千
2020 年 11 月第 1 版　2020 年 11 月第 1 次印刷
ISBN 978-7-5671-3991-6/B·120　定价：79.00 元

版权所有　侵权必究
如发现本书有印装质量问题请与印刷厂质量科联系
联系电话：025-57718474

《价值论研究》编委会

主　　　任　李德顺
副 主 任　孙伟平　陈新汉
委　　　员　（按姓氏笔画为序）
　　　　　　马俊峰　王天恩　文　兵　尹　岩
　　　　　　冯　平　宁莉娜　刘进田　刘绍学
　　　　　　江　畅　孙伟平　李德顺　邱仁富
　　　　　　汪信砚　陈新汉　胡海波　段　勇
　　　　　　黄凯锋　韩　震

主　　　编　孙伟平　陈新汉
副 主 编　尹　岩　邱仁富　刘　冰
执 行 编 辑　（按姓氏笔画为序）
　　　　　　王　臻　伏志强　杨　丽　吴立群
　　　　　　沈海燕　张亚月　张艳芬　彭学农

名家访谈

价值是人本身和人的自我完成
　　——刘进田教授访谈 ………………………… 刘进田　陈新汉 / 003

社会主义核心价值观研究

中国传统核心价值观的培育方式及启示 ………………… 孙伟平 / 029
大学生社会主义核心价值观践行路径探析 ……………… 王黎明 / 045

价值论基础理论研究

关于自由的价值思考 ……………………………………… 韩东屏 / 059
从"哲学标准人"到"生活世界人"
　　——责任归因的旧纲领和新问题 …………………… 郭　晓 / 075
试论人的价值本质
　　——基于《1844年经济学哲学手稿》的一个思考 …… 李亚斌 / 089

评价论研究

决策须遵循的两个理论原则
　　——基于决策的基本特性和一般过程 ………… 陈　阳　孙　宇 / 105
中国女性主体性缺失的评价论研究 ……………………… 陈　苗 / 118
新冠病毒肺炎疫情下的个体评价活动省思 ……………… 贺平海 / 130

文化与价值研究

德法之辩的法治文化思考 ………………………………… 孙美堂 / 147
马克思是普罗米修斯主义者吗？
　　——伯克特对所谓的马克思"生产主义的"和"消费主义的"
　　观念所作的辩驳 ……………………………………… 彭学农 / 160
论严复的现代国家观 …………………………………… 张亚月 / 177
AI 视阈下劳动价值论的发展与争议 …………………… 李一冉 / 196

价值实践问题研究

当代中国社会"个体的崛起" ……………………………… 尹　岩 / 203
人工智能时代的"生生"之道 …………………………… 袁晓晶 / 219
论道德榜样示范的价值意蕴与实践路径 ………………… 张响娜 / 230

Contents

Celebrity Interviews

Value is the Person Himself and His Self-fulfillment
— Interview with Professor Liu Jintian *Liu Jintian and Chen Xinhan* / 003

Research on Socialist Core Values

The Cultivation Method and Enlightenment of Chinese Traditional
Core Values *Sun Weiping* / 029

Analysis on the Practice Path of Socialist Core Values of College
Students *Wang Liming* / 045

Research on Basic Theory of Axiology

Thinking about the Value of Freedom *Han Dongping* / 059

From "philosophical standard person" to "living world being"
— Responsibility Attribution: A Program and Several Issues *Guo Liang* / 075

On the Axiological Dimension of Human Essence
— Reflection based on *Economic and Philosophical Manuscripts of* 1844
 Li Yabin / 089

Research on Evaluation Theory

Two Theoretical Principles to be followed in Decision-making
— based on the basic Characteristics and General Process of Decision-making
 Chen Yang and Sun Yu / 105

Study of the Lack of Female Subjectivity in China from the
  Perspective of Evaluation Theory　　　　　　　　*Chen Miao* / 118
Introspection on the Value of Life under the COVID‒19 Situation
  —— From the Perspective of Individual Evaluation Activities　*He Pinghai* / 130

Research on Culture and Value

Thinking on the Legal Culture in the Debate Between Morality
  and Law　　　　　　　　　　　　　　　　　*Sun Meitang* / 147
Is Marx a Promethean?
  —— Burkett's Refutation on so-called Marx's "Productivist"
   and "Consumernist" Conception　　　　　　*Peng Xuenong* / 160
On the Yan Fu's View of Modern Country　　　　*Zhang Yayue* / 177
Development and Controversy of Labor Theory of Value
  from the Perspective of Artificial Intelligence　　*Li Yiran* / 196

Research on Value Practice

"The Rise of The Individual" in Contemporary Chinese Society　*Yin Yan* / 203
"Life" in the era of artificial intelligence　　　*Yuan Xiaojing* / 219
On Value Implication and Practice Path of Moral Model
  Demonstration　　　　　　　　　　　　　*Zhang Xiangna* / 230

名家访谈

Celebrity Interviews

价值是人本身和人的自我完成

——刘进田教授访谈

刘进田　陈新汉

【**刘进田教授简介**】　刘进田，西北政法大学二级教授，校学术委员会副主任委员，博士生导师，博士后合作导师。曾任西安市社会科学界联合会副主席、西北政法大学马克思主义学院院长。现任全国价值哲学学会副会长、陕西省马克思主义研究会会长、中国辩证唯物主义研究会常务理事、陕西省社会科学联合会常务理事、西北政法大学马克思主义理论一级学科首席专家、西北政法大学文化与价值哲学研究院院长、陕西省委宣传部理论讲师团特聘专家。长期在高校从事哲学教学和研究，主要研究领域为文化哲学、价值哲学、马克思主义哲学、文化安全以及法律文化等。出版著作《文化哲学导论》《人本价值与公共秩序》《心灵的寻索》《法律文化导论》《马克思主义哲学讲堂录》《谭嗣同箴言录》等8部。《文化哲学导论》入选中国社科院哲学所主编的《中国哲学30年》（1978—2008）。主编高校教材《马克思主义哲学原理》等3部。主编《西北人文科学评论》10卷。在《哲学研究》《哲学动态》《光明日报》《读书》《社会科学辑刊》《人文杂志》等刊物公开发表论文180余篇，多篇被《新华文摘》《中国社会科学文摘》《高等学校文科学术文摘》《中国哲学年鉴》以及中国人民大学报刊复印资料《哲学原理》《伦理学》《中国哲学史》《中国特色社会主义理论》《法学》等转载。主持国家社会科学基金项目 2 项,其中 1 项被评为优秀等级。获省部级优秀学术成果奖 7 项。荣获全国模范教师、陕西省教学名师、司法部先进教师、西北政法大学首批"长安学者"、陕西省"四个一批"人才、陕西省"两课"观摩比赛一等奖等荣誉称号。担任陕西省政协第十、十一、十二届委员会委员,陕西省政协第十一届政协常委、社会和法制委员会副主任。

陈新汉（以下简称"陈"）：您是我国价值哲学领域中的一员主将，请您结合中国价值哲学的兴起和发展，简要谈谈自己是如何走上价值哲学研究之路的。

刘进田（以下简称"刘"）：我大学毕业的 1983 年正是我国改革开放后出现的"文化热"方兴未艾之时，我作为高校青年教师也对文化问题产生了浓厚的学术兴趣，后来给马克思主义哲学专业的硕士研究生开设了"文化哲学概论"课程，出版了学术专著《文化哲学导论》。

我在研究文化哲学时发现，价值是文化的核心，是文化之魂，因此，要深入理解文化就必须研究价值问题，这样我的研究工作就从文化哲学研究转进于价值哲学研究。这是从学术研究的内在逻辑进程而言的。从环境机缘来看，西安是我国价值哲学研究的四大重镇之一，1996 年成立了陕西省哲学学会，我任学会的副秘书长，后任常务副会长，后来我又加入了中国价值哲学学会并担任副会长，得以同省内外、国内外的价值哲学研究者进行长期的学术交流，推动着自己的价值哲学研究活动。1991 年我的老师赵馥洁教授出版了《中国传统哲学价值论》一书，我为此书写了数篇书评并予以发表，这也激发了我对价值问题的兴趣。从更内在的层面看，哲学价值问题同人的存在问题内在相关，对人的存在意义、终极关怀、自我完成等人生切己问题的寻觅都同价值哲学研究密不可分。同时价值问题亦是人的共同社会生活中的重大问题，是社会生活动力与秩序的根本源泉，涉及人类和人群的存在意义与希望，作为哲学研究者有责任对价值的形上问题加以真诚而认真的探索。

在从事价值哲学研究的大约 30 年里，我在《哲学研究》《哲学动态》

《社会科学辑刊》《人文杂志》《读书》等刊物发表价值哲学方面的学术论文 80 余篇，出版专著《人本价值与公共秩序》（中国社会科学出版社 2010 年版）、《心灵的寻索》（中国政法大学出版社 2010 年版）等著作，主编《人本价值与社会文明》（陕西人民出版社 2013 年版）、《中国梦与核心价值观》（陕西师范大学出版社 2015 年版）等价值哲学文集。申请主持国家社会科学基金项目"'经验—超验'关系方法论模式中的价值哲学研究"和"马克思主义价值哲学与核心价值观"等。给哲学专业、马克思主义理论学科本科生和研究生开设"价值哲学原理""马克思主义价值哲学"等课程。创办西北政法大学实体性文化与价值哲学研究院。

在这些论文和著作中我对价值形态、价值本质、价值评价、价值体系、价值基础、价值哲学研究方法以及作为价值定在的现代性历史构造等问题表达了自己的思考和看法。

陈：好，那就请您先从价值形态问题谈起吧，谈谈您在这方面有什么新的见解。

刘：从价值形态谈起恰好和从具体到抽象思维顺序一致。对价值哲学的研究应当从人的存在的具体确定性出发。黑格尔在《精神现象学》中喻示，自我的第一个规定是欲望，人刚一出生即具有吃喝之欲望，否则不能继续生存。从人的第一个确定性的规定欲望出发，会衍生出三种价值形态，即幸福价值、正义价值、崇高价值。人的理性规定成熟之后，理性对欲望会有三种态度，即"满足欲望""节制欲望""超越欲望"。"满足欲望"形成幸福价值，"节制欲望"形成正义价值，"超越欲望"形成崇高价值。这是从人的第一确定性规定欲望出发，结合欲望与理性的三种关系所贞定的价值的三大形态。

幸福、正义、崇高三种价值形态也是人的三种属性和三种对象性关系的产物。人有自然属性、社会属性、精神属性。人具有自然属性，决定了人要追求幸福价值，因为人的感官都有欲望；人具有社会属性，决定了人要追求正义价值，因为人在社会共在中不愿意被人损害；人具有精神属性，这决定了人要追求崇高价值，因为人的精神规定要求人超越物质欲望的决定。幸福是人与自然对象性关系中的价值；正义是人与社会对象性关系中的价值；崇高是人与自我对象性关系中的价值。人是在此三大对象性关系中存在和发展的，因而三大价值形态也就是人的存在和发展中所内在地、本然而应然地追求的价值目标。这也表明三种价值形态的确认和贞定不是主观随意之为，而是建立在人的存在和发展的本然而真实的基础之上的。正因如此，中西方价值哲学史上的哲学家们都非常关注对三大价值形态的研究。中国价值哲学史中的义利之辩、理欲之辩等都涉及此问题。康德哲学的最高价值"至善"中的两个要素正是幸福和崇高。

陈： 那么您讲的三种价值形态之间存在什么样的关系呢？

刘： 幸福价值、正义价值、崇高价值虽然都是人所追求的价值，但这三种价值形态的存在领域、自身性质、各自内涵都是不同的，三者不能相互等同、相互派生、相互替代。我在《人文杂志》2008年第1期上发表的《论融合型价值体系与分立型价值体系》一文对三种价值形态的关系问题作了具体探讨。在这篇论文中我强调，幸福价值属于经验价值，崇高价值属于超验价值，正义价值属于经超合一价值。幸福价值由于是人的欲望的满足，体现着人对欲望客体的依赖性、受动性，相反，崇高价值是对欲望的超越，体现着人对客体的独立性、能动性，二者在性质上是不同的，不能相互等同和替代。一个幸福的人不必然是高尚的有德性的人，一个有德性的高尚的人也不必然是幸福的人。康德在《实践理性批判》中论述的二律背反，说的就是幸福与崇高之间的异质性、综合性而非分析性关系。斯多葛学派要从德行中分析出幸福，伊壁鸠鲁要从幸福中分析出德行，都是把幸福和崇高的关系理解成分析性关系了，而二者的真实关系是综合性关系。幸福与崇高两种异质价值如何绝对地统一起来，康德说要靠悬设上帝来解决，让上帝给有德行的人配以相应的幸福。这是宗教的解决方法，可以看作是一种希望原理、范导作用，而非知识原理、建构作用。

幸福和崇高两种异质价值形态在现实社会生活中如何达到相对统一呢？要有正义价值中介。在正义的社会结构和社会关系下，幸福的人同时会有德行，有德行的人同时会有幸福。因此为了把德福统一起来，就必须选择和追求正义价值。追求正义价值会起到一石三鸟的作用，即正义价值得以实现，幸福和崇高价值跟着会得到实现。民主和法治都是追求正义价值的，同时也会起到统一幸福和崇高的作用。现代社会把正义价值放在核心地位是完全正当，也是极其重要的，正义价值是经超合一价值，意味着它能将经验价值和超验价值综合起来。1992年我在给黄克剑教授所著《东方文化——两难中的抉择》写的书评（此书评发表在《读书》杂志1994年第11期）中提到，书中对"幸福"和"高尚"两种价值的对峙与综合关系的精到论述，并以此同情地评判五四主流知识分子和当代新儒家的洞见，对我有深刻启示。这是我后来关注德福价值及其关系的一个学术契机。

陈： "欲望满足""需要满足"是幸福价值，而幸福价值只是价值整体中的一个价值形态，那么这种见解与长期以来价值哲学界主张的价值的"满足需要"说显然有所区别，您怎么解释您的价值形态说与价值的"满足需要"说的关系？

刘： 我不否认价值的"满足需要"说，只是给"满足需要"说作了重新定位，将其定位于价值形态上。

因为"满足需要"作为幸福价值，只是价值整体的一部分、一层次，不是价值整体，也不是价值的本质。整体价值除了"满足欲望"的幸福价值，还有"节制欲望"的正义价值和"超越欲望"的崇高价值。"满足需要"或"满足欲望"作为价值部分，不能代替价值全体，也不能替代和担当价值本质。值得注意的是"满足需要"作为价值形态，在价值整体中占有基础性地位。因为人和社会的生存与发展都是建立在"满足需要"基础之上的，这是唯物史观的基本原理，理当遵循。从"满足需要"意义上理解价值是符合唯物史观基本原理的。同时，从"满足需要"意义上理解价值也是中国社会历史发展和现代性的客观要求，是中国价值观史上的一次深刻变革。因为中国传统文化价值观以"贵义贱利""存理灭欲"为特征，轻视幸福价值形态。直至改革开放前的"文革"时期这种崇高寡头化价值观仍在延续。其时的口号"斗私批修""狠斗私字一闪念""灵魂深处爆发革命"等都是"存理灭欲"价值观的不同形式的表现。因此改革开放后蓬勃兴起的价值哲学研究以"满足需要"来界定价值，是中国价值观的一次革命性变革，具有重要的现代性意义。它为解放生产力和发展生产力提供了价值哲学根据，激发了社会的生产和创造活力。

但是如果把"满足需要"的幸福价值形态等同于价值全体和价值本质，又是偏颇的。"满足需要"的幸福功利价值无法代替"节制需要"或"节制欲望"的正义规范价值，也代替不了"超越需要"或"超越欲望"的崇高德性价值。"满足欲望"价值可以提供人和社会发展的内在活力,但提供不了人和社会发展所必须的规范,也提供不了以崇高为内容的人的内在德性。正因如此,20世纪90年代以来价值哲学界开始呼吁倡导规范价值和德性价值的研究。这一情况正说明幸福功利价值,只能是价值整体的一部分、一层次,不是价值全体。价值全体应包括作为经验价值的幸福价值、作为超验价值的崇高价值和作为能力将此二者综合起来的经超合一的正义价值。这是由人的自然、社会和精神三种属性以及与之相应的人的三种对象性关系决定的,换句话说,价值整体性是由马克思所坚执的人的整体性决定的。我们不能从中国传统的"存理灭欲"极端价值观跳到"存欲灭理"的另一极端价值观,而应当把经验幸福价值与超验崇高价值通过经超合一的正义价值中介综合起来,形成和坚执价值整体,塑造符合人的整体性的健全合理的价值理论和价值观。

陈:您把"满足需要"的幸福价值确定为一种基础性价值形态,把价值整体性同人的整体性联系起来,是有意义的,能否再做些具体阐释?

刘:泰勒斯是西方哲学史上的第一位哲学家,他把"始基"视为世界万物的本源,说万物从始基中流出,最后又必然复归、流入始基。这"始基"就是整体,用巴门尼德的说法是一"滚圆的球体"。哲学的奥秘是人,人通过理解世界来理解人自己。列宁曾把黑格尔哲学中的"概念"理解为"人"。我们也可以把泰勒斯的"始基"理解为"人"。泰勒斯的学生阿那克西曼德也是这样理解的。由于"始基"是个圆形的整体,当万物从它里面"流出"时,它受到了损伤出现了缺陷,不圆了,因此万物为了补上这个缺口使之重归于圆满又要"流入"始基。对此阿那克西曼德说:"万物由之产生的东西,万物又消灭而复归于它。这是命运规定了的。因为万物在时间的秩序中不公正,所以受到惩罚,并且彼此相互补足。"① "公正""秩序""惩罚""补足"都是价值哲学概念,阿氏是以价值思维来解读乃师命题的。若以"始基"喻"人",那么就是说万物是由"人"这里"流出""产生""创造""流溢"的;万物又"流入""复归""填充"于"始基",是要补足"始基""人"在产生万物时的损耗缺陷,重归圆满。"满足欲

---

① 北京大学哲学系外国哲学史教研室编译:《古希腊罗马哲学》,商务印书馆,1961,第7页。

望"，是万物向人的"流入""复归""填满"；"超越需要"与"流入"相反，是"流出""流溢""生成""创造"。没有"流出"就没有"流入"，"流出"和"流入"形成圆形循环，"始基""人"才是圆满自足的整体。不难看出泰勒斯的哲学隐喻着价值的整体性和人的整体性。由西方第一位哲学家开启的人的整体性和相应的价值整体性传统影响深宏，马克思所追求的整体人和价值整体思想是对西方优秀价值哲学传统的继承和发展，值得价值哲学研究者倍加珍惜。值得注意的是，人本主义心理学家马斯洛在晚年把人的动机区分为"匮乏性动机"和"成长性动机"。需要、索取、流入、填充只是人的匮乏性动机，而"成长性动机"也就是"超越性动机"，则是人自身的潜能的发挥、外溢、流出、展现、绽放，是人的自我实现趋向。这两种不同动机结合起来，才能体现人的整体性和价值的整体性，只强调一个方面是对人和价值的片面性理解，在理论和实践上都是有害的。鉴于此我们就既要坚持"满足需要"的幸福价值，又要坚持"超越需要"的崇高价值，保持人和价值的完整性。我们的价值哲学研究理应借鉴包括心理学在内的科学的发展成果。在伦理学中，存在着功利主义伦理学、规范主义伦理学和美德主义伦理学。这三种伦理学的核心价值依次为幸福价值、正义价值和崇高价值。价值哲学理论如果只讲功利幸福价值形态也难以概括和指导伦理学的发展。具体科学及其发展是价值哲学发展的基础，应然是对实然的升华。

陈：对，价值哲学理应概括、总结和升华心理学、伦理学、美学、政治学、法学、宗教学、文学艺术等具体人文科学和社会科学乃至自然科学之成果，使自己的理论更具有真实可靠性。那么，幸福、正义、崇高三种价值形态之间有无层次关系？

刘：有层次性关系。幸福价值是价值整体结构中的基础性层次、初级层次，正义价值是中间层次、二级层次，崇高价值是最高层次。人首先要"满足需要"，消除痛苦，才能继续生存。没有幸福这一基础性价值，其他更高的价值就谈不上，对群体特别如此。马克思主义唯物史观把满足衣食住行需要看作人类社会历史的基础，就体现着幸福价值的重要地位。李泽厚把马克思哲学称为"吃饭哲学"，也是想强调幸福价值的基础性地位。追求幸福价值要在社会关系中完成，只有人与人的关系是互不损害的关系，每个人的幸福才能实现，而互不损害就是正义价值。不损害他人就要"节制欲望"，"节制欲望"就是正义。所以正义是第二层次的价值。"满足欲望"体现着人对外物的依赖性、受动性，它影响人的自主性、能动性和自由，为此，人要"超越欲望"，"超越欲望"是崇高价值，是最高层次的价值。因为在崇高中人摆脱了物役，获得了自由本质。

较高层次的价值包含着较低层次的价值，正义价值包含着幸福价值，崇高价值包含着幸福和正义价值。较高层次的价值多于、高于较低层次的价值。马克思在《1844年经济学哲学手稿》中喻示："按人的方式来理解的受动，是人的一种自我享受。"[1] 红军过雪山草地是受动，但在更高层次的革命乐观主义崇高价值的烛照下则呈现出"更喜岷山千里雪，三军过后尽开颜"的崇高审美价值。文化价值观的重要作用，就是能将痛苦、忧虑等负面受动价值转化和升华为快乐、审美等正面能动价值。儒家文化努力寻求的"孔颜乐处"，就是要自证儒家文化能把贫穷、痛苦之受动转化升华为快乐之能动。佛教文化言说自己如金刚能断痛苦烦恼，也是说的文化价值的这种转受动为能动的奇妙作用。人进入更高层次的价值形态，就会达到自我完成，就会"成于乐"。老停滞于较低的价值形态，人不可能达到自我完成的境界。马克思之所以要批判和超越以幸福价值形态为核心的资本主义社会体系，其价值观原因也在于此。

陈：既然"满足欲望"的幸福、"节制欲望"的正义、"超越欲望"的崇高，都是价值形态，还不是哲学意义上的价值本身，那么，哲学意义上的价值本身是什么呢？

刘：哲学意义上的价值，是人本身和人的自我完成，凡是有利于人本身和人的自我完成的事物都是有价值的事物，否则是负价值。这个哲学价值界说把哲学一般价值与有价值的事物做了一定的区分，以防止将有价值的事物混同于哲学一般价值。柏拉图把"善本身"和"善的东西""美本身"和"美的东西"加以区别是有意义的，可以借鉴。一般人所关心的是"有价值的事物"、具体价值物，而哲学所关注的是价值本身。众人说钱是价值，哲学家则要问钱为什么有价值，真的有价值吗，要用价值本身评价衡量一番。哲学超

---

[1] 马克思：《1844年经济学哲学手稿》，人民出版社，2000，第85页。

越具体价值物，关注价值本身是由哲学自身的追本溯源的前提批判本性决定的，它可以保证人能不断纠错不断矫正，从而不断进步和完善。

陈：把价值同人统一起来界说和阐释其本质内涵，是有意义的，这同前面讲的价值形态是有关系的吧？

刘：价值因人而有，因人而是。前面讲的三种价值形态的前提和目的都是人。"满足欲望"是为了人，为了人的生存；"节制欲望"也是为了人，为了人的共存；"超越欲望"也是为了人，为了人的本质，即自由。欲望之所以要"满足""节制"和"超越"，其根据和理由都是人，是人本身。"满足欲望"的根据和理由是人要生存，"节制欲望"的根据和理由是人要共存，"超越欲望"的根据和理由是人要自由。如果没有人这一前提性存在，价值诸形态是无从得到说明的，也是没有意义的。因此，对于价值本身的理解要求必须联系人来进行。离开人就无所谓价值了。

陈：请您对价值是人本身和人的自我完成这一价值范畴界说作一较具体的解释。

刘：我在《哲学研究》2005 年第 11 期发表的《人作为价值本身是否可能》和《哲学动态》2015 年第 5 期发表的《价值与人及其自我完成》等论文中，提出与阐释了价值是人本身和人的自我完成这一价值概念界说。

"人本身"，是马克思哲学中的重要概念。马克思在《〈黑格尔法哲学批判〉导言》中提出"人的根本就是人本身"和"人是人的最高本质"两个重要命题。马克思把"人本身"贞定为"人的根本"和"人的最高本质。"这里的"人""人本身"和康德"人是目的"命题中的"人"一样，是一种人文本体论意义上的"类性"概念，而非生物学意义上的"种性"概念。正如罗尔斯所说："人的观念本身意味着它是规范性的。"① "人本身"是各种具体的有价值的事物之所以有价值的自证根源。

"人本身"概念的含义有两种：一是存在于个人之中和之上的共性的人。正如黑格尔所说："人之所以为人，正因为他是人的缘故，而并不是因为他是犹太人、天主教徒、基督教徒、德国人、意大利人等等不一。重视思想的这种意识是无限重要的。只有当这种意识把自己例如作为世界主义固定

---

① 〔美〕约翰·罗尔斯：《作为公平的正义——正义新论》，姚大志译，上海三联书店，2002，第 32 页。

下来而与具体的国家生活相对立时，它才是有缺陷的。"① 马克思所强调的"人本身"同黑格尔理解的"人"有相同之处，区别在于马克思认为"人本身"是社会历史实践的产物。价值是"人本身"意味着凡是人都有价值。好人和坏人、良民和罪犯都有价值，只是价值的量有差异。尊重罪犯人格根据就在于价值是人本身。价值是人本身原理，为人权、权利提供着坚实的价值哲学根据，从而为民主法治提供着价值哲学根据。价值是人本身原理，为公共领域现代秩序建立了价值根据。

"人本身"概念的第二层含义是"人性能力"。"人性能力"是人之所以为人的独特能力，它是人拥有、创造、修正、评判、更新和追求有价值的事物的能力。康德将"人性能力"也称为"先验心灵能力"，是人的根本规定。康德的三大批判分别研究了作为"人性能力"的先验认识能力、先验欲求能力和先验情感能力，它们依次是真、善、美三种价值的人性能力根据。三种能力各有其赖以发生的先验形式结构，即认识形式结构、意志形式结构和情感形式结构。三种先验能力综合起来大体相当于中国传统哲学陆王心学中的"心"，而相应的三种形式结构综合起来则大体相当于程朱理学中的"理"。"心"与"理"的综合就是"人性能力"，就是人所特有的"良能"。"人性能力"即"良能"，即主体性，正是"人性能力"或"良能"成为人拥有、评判、修改、更新和追求各种具体价值的特有能力。罗尔斯只肯定了人特有的"两种道德能力"，即拥有"正义感"的能力和拥有"善观念"的能力，其实，作为"人本身"的人性能力是拥有所有价值的能力。"人性能力"是一种根本的价值"能指"，是一种价值世界的普照的光，它所烛照之处，价值得以生成，否则便无所谓价值。王阳明说"有善有恶意之动"，这个"意之动"正是"人性能力"之动。我注意到我国价值哲学领军人物、价值哲学学会老会长李德顺先生的经典之作《价值论》第一版的副题是"一种主体性的研究"，他对"主体性"含义的解释正是"能力"和"需要"。我将这里的"能力"与康德哲学的核心概念"人性能力"，马克思哲学的核心概念"人类能力"、"人的本质力量"联系起来理解哲学价值概念。

陈：看来作为"人本身"根本规定的"人性能力"能够把中西方价值

---

① 〔德〕黑格尔：《法哲学原理》，范扬、张企泰译，商务印书馆，1961，第217页。

哲学顺畅地融通起来，为中西价值哲学的综合创新提供了理论根据。那么，价值是人的自我完成同"人性能力"之间存在什么关系呢？

刘： 作为"人本身"规定和价值"能指"的"人性能力"在人身上常常是一种潜能，它有一个呈现、展示、绽放、定在化和对象化的问题。人性能力作为潜能在人身上的尽可能的最大限度的展开、呈现、绽放、实现，就是人的自我完成或自我实现，用中国传统价值哲学的话说就是"穷理尽性"，就是"成人"。"成人"就是人的自我完成或自我实现。"人性能力"的充分实现，就是人的自我完成，就是价值。社会越能为人的自我完成或自我实现提供越好的条件，社会就越有价值。社会建设、社会发展就是要不断地为人的自我实现提供更好的环境。这是改造社会、改造世界的价值所在。马克思恩格斯非常重视个人自我实现。他们明确指出，共产主义者"清楚地知道，无论利己主义还是自我牺牲，都是一定条件下个人自我实现的一种必然形式"①。列宁更为直接地把人的本质理解为人想自我实现的趋向。黑格尔说概念是想实现自己的趋向。列宁认为黑格尔哲学中的"概念"就是"人"。列宁明言："这个概念（＝人）是想实现自己的趋向，是想在客观世界中通过自己给自己提供客观性和实现（完成）自己的趋向。"② 人是什么？人是想实现自己的趋向。这是人的本质，也是价值的本质。价值因人而有，价值因人而是。

陈： 将价值理解为作为人本身及规定的人性能力的实现，有没有马克思主义哲学的理论根据？

刘： 作为"人本身"规定的"人性能力"，在马克思哲学中称作"人类能力""人的本质力量"等。我理解哲学价值概念的理论根据，主要是马克思在《资本论》第三卷中的一个著名论断。马克思说："在这个必然王国的彼岸，作为目的本身的人类能力的发挥，真正的自由王国，就开始了。但是，这个自由王国只有建立在必然王国的基础上，才能繁荣起来。"③ 这是马克思对哲学价值概念的经典论述。在此，"目的本身"，就是价值本身，其含义和本质就是"人类能力的发挥"，也就是人的自我实现。之所以说这是马克思对价值

---

① 马克思、恩格斯：《德意志意识形态》（节选本），人民出版社，2003，第104页。
② 列宁：《黑格尔〈逻辑学〉一书摘要》，人民出版社，1965，第148页。
③ 马克思：《资本论》第3卷，《马克思恩格斯文集》第7卷，人民出版社，2009，第929页。

概念的经典解释，还因为他把"作为目的本身的人类能力的发挥"置于"自由王国"。价值与事实相对，"自由王国"是价值领域，"必然王国"是事实领域。马克思把"自由王国"与"必然王国"对置起来，就是把价值和事实对置起来，并明确指认价值或"目的本身"是"人类能力的发挥"。

马克思继承和拓展了德国古典哲学家康德哲学中的核心范畴"人性能力"，将其称作"人类能力"，特别是将"人类能力的发挥"看作是社会实践的本质。"人类能力的发挥"是"目的本身"，而实践就是"人类能力的发挥"的实际活动。这样马克思把"人类能力"或"人性能力"从康德的主观领域带到了客观领域，不仅认识能力、欲求能力、情感能力是"人类能力"，社会生产力、社会分工合作能力等也是"人类能力"。"人类能力"在主客观两个领域相互为用地发挥着实现着。马克思把他的哲学的核心范畴实践理解为"人的本质力量"的对象化活动，"人的本质力量"就是"人类能力"，实践是"人类能力的发挥"。马克思在实践中把价值本体、价值创造、价值实现、价值方法都统一起来了。这就是马克思的实践价值哲学。价值是人本身和人的自我完成属于马克思的实践价值哲学，是以社会历史实践为基础的。

将价值界定为人本身和人的自我完成，也是以列宁的哲学思想为根据的。黑格尔在《逻辑学》中指出：概念"是想实现自己的趋向，是一个目的，这个目的想通过自身在客观世界中给自己提供客观性和完成自己"。列宁读到这段话时指认，黑格尔说的"概念"实际上就是"人"，于是列宁把黑格尔的"概念"换为"人"，并指出："这个概念（＝人）是想实现自己的趋向，是想在客观世界中通过自己给自己提供客观性和实现（完成）自己的趋向。"① "人是想实现自己的趋向"，就是说人本身就是想着自我完成、自我实现，而且是自己完成自己，自己实现自己，自己是自己的根据。其实这也就是自由。正如黑格尔所说："自由正是在他物中即是在自己本身中、自己依赖自己、自己是自己的决定者。"② 人是想自己完成自己的趋向，就是说人是想自由的趋向，这就是价值。价值就是人，就是人想自我实现、自我完成的趋向，就是人想自由的趋向。"自己给自己提供客观性"，就是实践过程，就是人的本质力量或人性能力对象化的过程。

---

① 列宁：《黑格尔〈逻辑学〉一书摘要》，人民出版社，1965，第148页。
② 黑格尔：《小逻辑》，贺麟译，商务印书馆，1980，第83页。

陈：这里似乎存在着内在的主观的理想价值与外在的现实的客观化的价值的区别。"人是想实现自己的趋向"，是主观的价值理想，而"想在客观的世界中通过自己给自己提供客观性和实现（完成）自己的趋向"是价值的现实实现，是现实价值。理想价值与现实价值是怎样的关系，其在价值哲学理论体系中的地位是怎样的？

刘：作为价值的人及其自我完成，在超验的观念领域可以悬设完善无缺的至高理念，这是应该的，符合人的超验的形上本性，但在经验现实领域，人的自我完成，不可能是绝对的自我完成，只能是相对的自我完成，有局限的自我完成。这就像柏拉图说的现实中"圆的东西"再圆也不能跟"圆的概念"一样圆，"善的东西"再善也不能跟"善本身"一样善，一个美的竖琴再美也不能跟"美本身"一样美一样。以人自身的想完成自己的趋向为动源的理想价值悬设，是"超验价值"，客观世界中实现出来的价值是"经验价值"。"经验价值"与"超验价值"的关系，是价值哲学的基本问题、最高问题。

"经验价值"和"超验价值""经验价值世界"和"超验价值世界"之间存在统一性关系，也存在异质的对立性关系。超验价值可以转化为现实的经验价值，然而超验价值，特别是其中的绝对超验价值，是不能完全转化为经验价值的。就像柏拉图说的，画家画出来的美男子是绝对的美，现实中找不到一个美男子会和画中的美男子一样的美，二者有性质上的差异；画中的美男子是艺术，而现实中的美男子是客观存在，因而二者不能重合。康德哲学中的绝对超验价值是"至善"或牟宗三说的"圆善"，即德福绝对统一的圆满的善。这种价值的实现在康德看来只能通过宗教的上帝悬设来完成，意思是说它在经验价值世界中是不可能完全兑现的。这体现着经验价值和超验价值的异质性，超验价值，特别是绝对超验价值作为人的理想性悬设是圆满的、无缺的，而经验价值则是不圆满的、有局限性的。正像李泽厚先生把道德区分为"相对性道德"（"社会性道德"）和"绝对性道德"（"宗教性道德"）一样，超验价值也可以区分为绝对超验价值和相对超验价值。崇高就是绝对超验价值，正义就是相对超验价值，对于现实的经验价值世界而言，绝对超验价值是康德所说的"范导性原理"，是"希望原理"；相对超验价值是康德的"建构性原理"。这是两种性质不同的原理，不能相互混同，否则就会造成严重的实践后果，造成浪漫主义、空想主义和乌托邦。

陈：您注重区分经验价值和超验价值，强调二者的异质性，看来是有深切的社会历史关怀的。

刘：对。我二三十年来思考研究价值哲学问题有三个大的社会历史背景。一是苏东剧变，二是中国改革开放的成功，三是全球化。苏联东欧社会主义实践的失败，其哲学上的原因、教训是什么，怎样才能避免其失败悲剧，是我一直思考的问题。苏联东欧其时的社会理想、人格理想是完善的、美好的，但是为什么在实践中总是被扭曲、被异化、遭到人民的反对？这个重大哲学问题使我想起康德在《历史理性批判文集》中的一篇文章：《论通常的说法：这在理论上可能是正确的，但在实践上是行不通的》。为什么在理论上是正确的、完善的，而在实践上却行不通呢？这就是没有正确地理解经验价值世界与超验价值世界的异质性，没有自觉区分"范导性原理"与"建构性原理"，误以为绝对超验价值、圆满价值能够完全兑现于经验价值世界，误把"范导性原理"混同于"建构性原理"。中国改革开放之所以能取得成功，哲学上的一个重要原因，就是把中国特色社会主义"共同理想"与共产主义"最高理想"二者自觉地区分开来。"共同理想"是相对价值，"最高理想"是绝对价值，前者是"建构性原理"，后者是"范导性原理"，这就在中国社会发展问题上正确地处理了经验价值和超验价值的关系，从而取得了成功。价值哲学作为时代精神的精华，应该及时准确地把握时代精神中最精微的最珍贵的思想精华，以引导人们的思想，保证实践沿着进步的方向前行。

陈：您在《江海学刊》2019年第5期发表的论文的题目是《论价值哲学研究的"经验—超验"关系方法论模式》，主张价值哲学研究应采用"经验和超验"关系方法论模式，也是出于以上的考虑吧？

刘：前面我们指出，价值是人本身和人的自我完成，而人是一种"一体双元"存在结构。就是说作为世界本体的人（我认为人是世界的本体，物是世界的基础，即"人本物基论"），既是自然的存在，又是超自然的存在，既是感性肉体存在，又是理性精神存在，是经验和超验的双元性存在。上帝有灵而无肉，动物有肉而无灵，而人兼有灵和肉，这是人区别于神和动物的独特性。由于人是经验和超验的双元性存在，因而人要同时存在于经验世界和超验世界,在经验世界中追求和创造经验价值,在超验世界中追求和创造超验价值。就是说运用"经验—超验"关系方法论模式是由人的"一体双元"存在结构决定的,是由价值自身决定的。同时,"经验—超验"关系方法也是中西方哲学史上普遍运用的价值哲学方法。冯友兰先生说:"中国古典哲学,从孔子到王船山,有一个真正的哲学问题贯穿始终,就是一般与特殊的关系问题,所谓'正名'、'名实'、'有无'、'事理'等归根到底都是这个问题"①。汪子嵩先生说,古希腊哲学的基本问题是一般和个别的关系问题。一般与特殊的关系,也就是超验和经验的关系。孔子讨论社会政治价值就是运用经验和超验关系方法论进行的。孔子说的"君君、臣臣、父父、子子",前者是经验现实的君、臣、父、子,后者则是作为标准的超验的君、臣、父、子,其所处理的是社会政治价值中的超验和经验的关系。后来中国哲学所讨论的"义利之辩""理事之辩""理欲之辩""有无之辩"等都是在自觉不自觉地运用"经验—超验"关系方法讨论价值问题。以"改造世界"的实践为核心的马克思主义哲学既承认自然,又改造超越自然,既承认所谓作为"自然体系"的资本主义存在,又要改造超越资本主义,实践既是受动的,又是能动的。自然、受动性是经验存在,改造、否定、能动则是超验的向度,而且实践对于经验客体的否定超越不是一次性的,它要不断地无止境地否定超越,这说明实践的目的是追求终极的无限圆满的超验价值。因而马克思主义实践价值哲学中内在地继承和发展着中西方哲学史上的"经验—超验"方法论构架。

陈:运用"经验—超验"关系方法论模式研究价值问题是价值哲学研究中一种新的探索和尝试。运用这一方法论模式研究价值问题有何优势?

刘:运用"经验—超验"关系方法论研究价值问题的优势或优点,首先是能够体现人和价值的整体性与全面性。人的特点在于有两种真实,即"感性的真实"和"超感性的真实"或"虚灵的真实"。这两种真实对人来说缺一不可。缺乏"感性的真实"人会感到"痛苦",缺乏"超感性的真实"或"虚灵的真实"人会感到"空虚"。人创造和追求价值就是要消除"痛苦"和"空虚"。因此,人必须追求与"感性的真实"内在相关的经验

---

① 冯友兰:《三松堂全集》第13卷,河南人民出版社,1994,第530页。

"幸福"价值，追求与"超感性的真实"或"虚灵的真实"内在相关的超验"崇高"价值。人追求和创造这两种价值必须在社会交往合作中完成，在此过程中社会关系和制度必须是"正义"的，缺乏"正义"价值人会感到"怨恨"。人追求和创造价值，就是为了消除"痛苦""怨恨"和"空虚"三大负面价值心理。"幸福"价值、"正义"价值和"崇高价值"，构成价值的整体性，同时也体现着人的整体性。因为这三种价值分别是人的自然、社会、精神三种属性的内在追求。人和价值的这种整体性只有在运用"经验—超验"关系方法时才能自觉地发现。从经验视角出发就要肯定经验价值，即幸福价值；从经超结合视角出发就要肯定把经验价值和超验价值综合起来的正义价值；从超验视角出发就要肯定崇高价值。满足欲望的幸福价值、功利价值是价值，杀身成仁、舍生取义、舍己为人、克己奉公的崇高价值也是价值。"满足欲望""节制欲望""超越欲望"都是价值。这个价值整体性也正是人的整体性之所在，而这一人和价值的整体性如果从"经验—超验"关系的视角就能一览无余地加以烛照与把握。

我寻求、思考"满足欲望"之外的价值形态和方法与我的一个问题意识有关。1996年陕西省成立价值哲学学会，在学会成立庆典大会开幕式上时任西安社会科学院院长的李世向研究员在致辞中说，有一次一个企业家富豪极认真地请教他一个问题：究竟什么是人生意义和价值？他按哲学教科书上的价值定义回答说，人生的价值就是满足需要。说完那位富豪瞪大眼睛看着他半天不说话，一脸茫然的神情。富豪腰缠万贯，需要、欲望已经满足，然而就是感到缺乏生命意义和价值。此后我就一直思考此问题。我想富豪作为人其"感性的真实"问题解决了，他所没有解决的是"超感性的真实"或"虚灵的真实"的问题。他追求到了经验价值、幸福价值，而缺乏超验价值的获得和体验。正像海德格尔所说，作为超验价值的上帝被罢黜了之后，上帝坐的那张椅子空了，等待着将超验价值寻找回来。

其次是会产生积极稳健的社会发展效应，就是说能够防止社会发展中可能出现的空想主义乌托邦，防止浪漫主义的审美追求社会历史化。因为超验价值的圆满性，其只能存在于超验领域，只能部分兑现于经验领域，否则就是想在人间建立天堂，虽说诱人但不可能。社会发展正如康有为所见：其志虽在大同，其事只在小康。经验—超验关系方法自觉强调经验与超验的异质性、不完全同一性，注意区分价值的"范导性原理"和"建构性原理"，反对将二者混同起来，这一点对于具有悠久的"巫史传统"的中国社会文化来讲尤为值得注意。

最后是可以让价值哲学顺畅地同具体人文学科接通契合。如现代伦理学中存在着功利伦理学、规范伦理学和美德伦理学，何以如此呢？因为人有三种属性，相应的价值就分为经验幸福价值、经超相兼的正义价值、超验崇高价值。功利伦理学以经验幸福价值为核心，规范价值以经超相兼的正义价值为核心，美德伦理学以超验崇高价值为核心。这是价值哲学和伦理学取得了接通契合。价值哲学也可以和文化学得以接通契合。文化学将文化结构分为物质文化、制度文化、精神文化，何以如此呢？从价值哲学看，幸福价值的对象化是物质文化，正义价值的对象化是制度文化，崇高价值的对象化是精神文化。文化的三层次恰好对应着价值的三形态。价值哲学通过对于价值形态及其关系的研究可以指导文化发展兴盛。哲学、伦理学、心理学交叉研究的"痛苦""怨恨""空虚"诸心理，恰好是幸福、正义、崇高三种价值不能得到实现时在人心中产生的心理和情绪。人的无家可归心理则是人本身被物所遮盖、异化产生的心理。社会学、政治学对公共领域和私人领域的划分也同对正义价值和善价值的区分相关。爱、崇高、善是私人领域的价值，正义是公共领域的价值。黑格尔区分家庭与市民社会，就是以区分"爱"价值和"正义"价值为前提的。马克斯·韦伯则说，在现代崇高价值退居于私人领域了。

陈："经验—超验"关系是价值哲学方法论，按照方法论和本体论相统一的思想，它应同时也是价值本体论问题吧？

刘：对，方法论和本体论是统一的。经验和超验的关系普遍存在于价值现象、价值形态、价值运动和价值范畴之中，是价值的内在矛盾，是价值存在和发展的辩证法。在此真、善、美、幸福、正义、崇高等价值中都存在着经验和超验两个层面与要素。譬如，真，既有超越利害的超验层面，又有能为人所用给人带来功利的经验层面；善，既有功利的经验之善，又有超功利的超验之善；美，既有"羊大为美"的经验层面，又有"羊人为美"的超验层面。我上面说幸福是经验价值，只是说经验性在幸福中居于主导地位，不是说其中没有任何超验因素，否则就不是人的幸福了。正义则是典型的经验和超验的对立统一。崇高是超验价值，也是就超验在其中的主导地位而言的。崇高价值之中包含着经验价值，只是人能以超验的态度对待其中的经验因素，不受其决定而已。因此，不能把价值仅仅理解为单一的纯粹的经验的东西或超验的东西。宋明时期的"存理灭欲"，"文革"时期的"斗私批修""狠斗私字一闪念"，都是把价值仅仅理解为超验的存在，没有从经验和超验的对立统一的矛盾辩证法来理解与把握价值，造成了价值的扭曲和人本身的扭曲。其实正是价值内部经验价值和超验价值的矛盾推动着价值的发展与不断实现。在西方上帝是全知全能全善的超验价值目标，经验的人要不断地接近上帝。在此过程中人和社会不断实现其价值。在中国文化中圣人、君子是超验价值悬设，经验的人要通过修身达到圣人、君子，在此经验与超验的相互转化中人自身得以完成。

陈：我们讲到价值一般总是说到真、善、美三种价值，而您常讲幸福、正义、崇高三种价值，这两组价值之间有什么关系？

刘：在前面我将"人性能力"作为人本身的本质规定性，说价值是人本身和人的自我完成，也就是说价值是人的人性能力的发挥、实现。按康德的看法"人性能力"的内容包括求真的认识能力、求善的欲求能力、求美的审美能力，按李泽厚先生的表达就是"自由直观""自由意志""自由感受"。就是说真、善、美是"人性能力"的三个内容，是内在的人的价值自觉能力、内在超越能力，相当于中国哲学讲的"良能"，即三种"良能"、三种价值自觉能力，是拥有、创造、修改、更新具体的真、善、美的"良能"。"致良知""致良能"就是将这三种"良能"实现出来。这用马克思的话说就是"作为目的本身的人类能力的发挥"。

"人性能力"中的真能、善能、美能要发挥实现于人的三种对象性关系中，也就是发挥于人与自然的关系中、人与社会的关系中、人与自我的关系中。发挥于人和自然的关系中，就成为"幸福"价值，换句话说，"幸福"价值是人与自然关系中的真善美；发挥于人和社会关系中，就是"正义"价值，"正义"价值是人与社会关系中的真善美；发挥于人与自我的关系中，就是"崇高"价值，"崇高"是人与自我关系中的真善美。可见，幸福、正义、崇高分别是人与自然、人与社会、人与自我关系中的真善美，是作为内在的人性能力的真善美的外在展开和实现。这就是真善美与福

(幸福)义(正义)德(崇高)两组价值的关系。追求真善美具体表现为追求福义德,福义德比较具体,二者是抽象和具体的关系、内在和外在的关系、潜能和实现的关系。因此,人本身和人的自我完成,也就是真善美的实现,福义德的实现,是人本身从抽象到具体的不断自我完成。这里的人包括个体的人、群体的人和人类的人,其基础性主体是个体的人,是每个人的自由全面发展。

陈:上面您谈了价值形态、价值本质、价值方法,谈了真善美与福义德的关系等价值哲学中的重要理论问题,价值和文化是密切相关的,同文化联系起来怎样理解价值呢?

刘:前面谈的价值形态、价值本质、价值方法等问题,主要是从普遍的、一般的、理论的维度谈论价值,可以说主要属于"价值理论""价值论"性质的问题,如若把价值与民族文化联系起来,就进入了特殊的、具体的、实践的维度了,在这种情况下谈论价值,就主要属于"价值观念""价值观"性质的问题了。

陈:好,愿闻其详。

刘:文化是同民族这个特殊群体联系着的,文化的主体是民族。不同的民族会面对相同的一些基本问题,如人与自然的关系问题、人与人的关系问题、人与自我的关系问题,但面对相同的问题不同民族的解决方式不同,遂形成不同文化。由于文化不同,作为文化核心的价值观也就不同,因此价值呈现出多样性。具体说,不同文化体系中价值的具体内涵、价值排序、价值结构、至上价值、评价标准等都有差异,表现出价值多样性来。

譬如,中西方文化中都有真善美价值,但价值排序不同,西方文化把真排在第一位,中国文化把善排在第一位,这是西方科学发达的价值观原因。在新冠肺炎疫情正在全球流行的时下,我们看到美国文化把自由价值排在第一位,视为比生命价值更重要的至高价值,而中国文化、东方文化把生命价值放在第一位,生命价值至高无上。由于文化价值观特别是价值排序不同,导致中美相互看不懂不理解。价值排序的不同也是中美近来冲突对抗加剧的重要原因。要美人之美、美美与共就要求解决价值观、价值排序上的差异问题,而这是同实际的文化体系联系着的,因而不同文化体系问题的接触、对话、交流很重要,由此可以达到价值排序、价值观上的相互尊重、相互包容、相互接近、相互理解和相互融合。价值观是文化中的核心要素，而文化是已经成为民族生活方式的现实存在，因而不同价值观的交融也就只有在现实的实际交往中才能实现，如果不同民族的实践交往中断了，那么价值观的交融也就变得不可能了。因而马克思认为只有在世界交往普遍化后，民族的地域局限性才能克服，才能出现价值共同性和差异性共存，万物并育而不相害，道并行而不相悖的理想价值境界。

陈：价值实现是价值哲学中的重要问题，在这方面您有什么思考？

刘：在马克思价值哲学中，价值本体、价值创造和价值实现是辩证统一的，它们统一于改造世界的实践过程中。如上所说，马克思认为价值是"作为目的本身的人类能力的发挥"。而改造世界的实践，就是"人类能力的发挥"或人的本质力量的对象化。因而，作为"人类能力的发挥"的实践，就是价值本体、价值创造、价值实现的统一。

具体来说，改造世界的实践包括改造自然、改造社会和改造自我。改造自然，是要实现"幸福"价值；改造社会，是要实现"正义"价值；改造自我，是要实现"崇高"价值。"幸福"价值是人和自然关系中的自由；"正义"价值是人和社会关系中的自由；"崇高"价值是人和自我关系中的自由。因而马克思要在改造世界的实践中实现人本身的自由全面发展，把人本身即价值，自由全面地实现于人的三种对象性关系之中，这是具体而真实的价值实现。

陈：这种具体而真实的价值实现和价值创造活动，在当代中国现代化实践中是怎样体现的？

刘：现代化的本质是现代性，现代性的核心是资本逻辑问题。因此，马克思的主要著作《资本论》就是研究资本逻辑的，是研究现代性的。中国社会要实现现代化，实现人的自由全面发展价值，必须正确对待和措置作为现代性核心的资本逻辑。

陈：您认为价值实现与正确对待和措置资本逻辑之间存在什么关系？

刘：关键是如何正确对待资本的二重性问题。马克思《资本论》的重大理论贡献之一是揭示了资本的二重性，认为资本既有丑恶面、消极面，又有文明面、积极面。资本的文明面、积极面，是能解放生产力、发展生产力，为实现"幸福"价值创造条件；资本的丑恶面、消极面，是造成剥削和两极分化，难以实现"正义"价值。当马克思、恩格斯在《共产党宣言》中说，资产阶级在它的不到一百年的阶级统治中所创造的生产力，比过去的一切世代创造的全部生产力还要多，还要大时，是在肯定资本的文明面、积极面；当马克思在《资本论》中说，资本自从来到世间从头到脚每一个毛孔都滴着血和肮脏的东西时，是在揭露资本的丑恶面、消极面。

苏联东欧和中国改革开放前的社会主义失误在于只看到资本二重性中的丑恶面、消极面，没有看到资本的文明面、积极面，只看到资本难以实现"正义"价值，未看到资本能够实现"幸福"价值，导致了贫穷的社会主义。

显然，问题的关键在于怎样一方面利用资本的文明面，另一方面克服资本的丑恶面，把这两个方面结合起来，既实现"幸福"价值，又实现"正义"价值。邓小平同志以马克思主义理论家的深湛智慧，以实践家的巨大勇气，通过重新界定社会主义本质，把利用资本的文明面和克服资本的丑恶面两方面结合起来，把中国现代化事业引向正确轨道。邓小平同志指出："社会主义的本质，是解放生产力，发展生产力，消除剥削，消除两极分化，最终达到共同富裕。"① "解放生产力，发展生产力"，就是利用资本的文明面，实现"幸福"价值；"消灭剥削，消除两极分化，最终达到共同富裕"，就是克服资本的丑恶面，以实现"正义"价值。这才是对待资本的辩证否定态度、扬弃态度、既克服又保留态度。邓小平同志的这一核心思想正在创造中国的新现代性，正在开创人类的新文明，创造将"幸福"和"正义"统一起来的新价值。只看到资本的文明面，看不到资本的丑恶面，是改旗易帜的邪路，相反，只看到资本的丑恶面，看不到资本的文明面，是封闭僵化的老路。邓小平同志具有像马克思那样的辩证的全面目光，既看到资本的文明面，又看到资本的丑恶面，对其加以既克服又保留的扬弃，从而开辟了中国特色社会主义新道路，使"幸福"和"正义"的统一有了实现的可能性。邓小平同志忠实地继承和发展了马克思资本的二重性思想，将其予以中国化，创造了当代中国马克思主义，使马克思的价值理想能够在中国得以实现。

陈：马克思的资本二重性理论非常重要，它启发了邓小平同志重新思考和认识社会主义，创造了中国新现代性。其实要克服资本的消极面、丑恶

---

① 《邓小平文选》第 3 卷，人民出版社，1944，第 373 页。

面，以实现正义价值是很不容易的，需要很多其他社会要素和力量的有效配合才行，在这方面您有何考虑？

刘：这涉及一个大问题，就是现代性历史构造的建立问题。幸福价值和正义价值的统一，需要一定的社会制度、机构，需要形成一种社会历史结构或构造，这就是现代性历史构造。黑格尔在思考现代性历史构造问题时非常重视的历史要素是"民族""资本""国家"，后来日本著名思想家柄谷行人在研究康德、黑格尔哲学时，将这三个历史要素连接起来，形成一个"民族—资本—国家"相互配合的装置，这个装置就是现代性历史构造，这是一个三位一体的结构。

"民族—资本—国家"三位一体的现代性历史构造，是实现"幸福""正义""崇高"三大价值的社会历史结构形式。"资本"是实现"幸福"价值的现代历史形式；"国家"是实现"正义"价值的现代历史形式；"民族"则同"崇高"价值相关联。"资本"的优势是能创造出大量的物质财富，满足人的物质需求，以实现"幸福"价值。但资本的丑恶面是会造成贫富两极分化，为了消除和减少贫富两极分化，需要政治"国家"力量。政治"国家"通过二次分配、国家福利等措施，来实现"正义"价值。在涉及自己的"民族"安危存亡的时刻，民族成员会群情激愤牺牲自我、保护民族，这是"崇高"价值。因而由"民族—资本—国家"构成的现代性历史结构，是实现"幸福""正义""崇高"的现代社会历史结构。因此，所有国家实现现代化的过程，实质上都是逐步建立"民族—资本—国家"三位一体现代性历史结构的过程。就我国的百年现代化历程的内容来看，毛泽东同志领导的新民主主义革命以反帝为主要任务，实现了民族解放、民族独立，为中国现代性历史构造的形成贡献了"民族"要素。邓小平同志推动的改革开放，肯定了资本，为中国现代性历史构造的形成贡献了"资本"要素。习近平同志近年来致力于推动国家治理体系和治理能力现代化，是在为中国现代性历史构造贡献"国家"要素。中国现代性历史构造的三大要素每个要素的建立大约都要30年左右时间。"民族—资本—国家"之现代性历史构造历史性地建立起来了，"幸福""正义""崇高"（尊严）三大价值相应地就会得到较为充分的实现。当然，历史过程作为经验领域，其中的价值之实现都只能是相对的。我们站在人类历史第二大阶段和中国社会主义初级阶段的历史方位，肯定现代性历史构造的优势及其不可避免性，而如果站在"人类解放"的价值角度，那么现代性历史构造会有其局限性。马克思主义价值哲学坚持"二阶论"价值评价标准，即对现代性社会结构及其价值，既运用"政治解放"标准加以评价，也运用"人类解放"标准加以评价。从前者可以看到其历史合理性和正当性，从后者则要发现其历史局限性和可超越性，为未来提供价值理想和希望，引导价值向更高的阶段迈进。正如柄谷行人所说："'民族—资本—国家'实在是一个巧妙的结构体系，不过，我所关注的不是对这一结构体系的赞扬，而在于如何超越它。"① 柄谷行人显然是站在"人类解放"这一更高的价值尺度上来看待这一三位一体的现代性历史构造的。基于中国目前所处的客观历史方位，我们在坚持"人类解放"评价标准的同时，又要坚持"政治解放"评价标准，以避免陷入价值发展的历史浪漫主义和乌托邦。我们首先应努力完成"民族—资本—国家"三位一体的现代性历史构造，实现幸福、正义、崇高（尊严）价值。

陈： "民族""资本""国家"，是实现"崇高"（尊严）、"幸福"、"正义"价值的社会制度形式，它们各自也都应该有自身的价值吧？

刘： 对。其实只有它们各自充分地体现了自身价值，才能更好地实现它们的目的价值，同时这样它们才是真实的。正如黑格尔所说："在这里，一般地必须记着，在哲学讨论里'不真'一词，并不是指不真的事物不存在。一个坏的政府，一个有病的身体，也许是在那里存在着。但这些东西却是不真的，因为它们的概念〔名〕和它们的实在〔实〕彼此不相符合。"② "民族"的自身价值是"独立""团结"，"资本"的自身价值是"自由""发展"，"国家"的自身价值是"民主""法治"。民主、法治的国家，能更好地实现"正义"价值；"自由""发展"的"资本"，能更好地实现"幸福"价值；"独立""团结"的民族，能更好地实现"崇高""自豪""尊严"价值。

陈： 以上您从人、人本身、人性能力及其发挥、真善美、"经验—超验"关系方法、幸福、正义、崇高（尊严）、资本二重性、社会主义本质以及

---

① 〔日〕柄谷行人：《世界史的构造》，赵京华译，中央编译出版社，2012，第3页。
② 〔德〕黑格尔：《小逻辑》，贺麟译，商务印书馆，1980，第282页。

"民族—资本—国家"三位一体的现代性历史构造等环节讲了您在价值哲学上的新颖见解,从抽象到具体,理论与实践相照应,里面似乎形成一个较为系统的体系。

刘:大体上可以列出这个表来总括上面的内容:

$$价值\to人本身\to人性能力\begin{cases}求美能力（自由感受）——美\\求善能力（自由意志）——善\\求真能力（自由直观）——真\end{cases}$$

$$\begin{cases}人和自我关系中的真善美—崇高—民族—独立、团结\\人和社会关系中的真善美—正义—国家—民主、法治\\人和自然关系中的真善美—幸福—资本—自由、发展\end{cases}$$

人的自由全面发展＝人的自我完成

陈:最后,问一个与价值哲学关系不太直接的一个问题,但作为教师来说是一个非常重要的问题。您在 2019 年荣获"全国模范教师"荣誉称号,您在长期教学中有何经验可以和大家分享?

刘:呵呵,对这一崇高荣誉称号我内心的真实感受是欣慰愧报,实不敢当!我只是一颗稍圆的小卵石,不可能和圆的概念一样圆。我的教学经验是一点不成熟的体会,我称其为"八为"方法:

析定义为概念,

连概念为判断,

连判断为理论。

化理论为方法,

化理论为德性。

得方法为有道,

得德性为有德,

俱道德为成人。

最后,您的采访促使我对自己多年来的价值哲学研究工作做一梳理、回顾与结穴。

访谈时间:2020 年 8 月 12 日

【执行编辑:陈新汉】

社会主义核心价值观研究

Research on Socialist Core Values

中国传统核心价值观的培育方式及启示[*]

孙伟平[**]

【摘　要】 中国传统核心价值观的具体内容虽然仁者见仁，智者见智，但"仁义礼智信""官本位""平等""和谐"往往占有重要地位。在漫长的历史演进和社会实践中，古代中国形成了一系列值得借鉴的培育和践行核心价值观的方式、方法，如注重制度配合，强调统一思想；注重启蒙教育，强调从小培养；注重个人修养，强调慎独自律；注重订立规矩，强调榜样示范；注重营造氛围，强调润物无声；注重长效机制，强调持久教化；等等。在新时代社会主义核心价值观建设中，我们必须深入挖掘和系统总结古代中国核心价值观建设的经验与教训，以寻求必要的启迪。

【关键词】 社会主义核心价值观；中国传统核心价值观；培育方式；经验教训；借鉴

中国是世所公认的文明古国、"礼仪之邦"，文化传统既深厚又发达。在如何确立核心价值观方面，在如何培育和践行核心价值观方面，古代中

---

[*] 本文系国家社会科学基金项目高校思政课研究专项"社会主义核心价值观融入大中小学思政课一体化研究"（2019）的阶段性成果。

[**] 孙伟平，上海大学特聘教授，社会科学学部（筹）主任，马克思主义学院院长，博士生导师，主要研究方向为价值论、智能哲学。

国积累了十分丰富的理论和实践经验，值得我们深入挖掘和系统总结，在社会主义核心价值观建设中加以借鉴，"取其精华，去其糟粕"。

一 中国传统核心价值观的具体内容

中国传统文化价值观源远流长，博大精深，其中自然有核心价值观存在。核心价值观的具体内容虽然仁者见仁，智者见智，但撮其要者，我们可以概括出如下一些基本范畴。

（一）仁义礼智信

仁是儒家价值观的核心概念、本位价值。儒家强调"仁者爱人"，"己所不欲，勿施于人"，"己欲立而立人，己欲达而达人"，甚至将仁视为人的本质属性。仁人是内不自欺、外不欺人的正直、刚毅之士，而不是花言巧语、口是心非之徒（"巧言令色，鲜矣仁"）。墨家主张兼爱，倡导不别亲疏的"无差等的爱"，要求"视人之国，若视其国；视人之家，若视其家；视人之身，若视其身"。在中国历史上，无数志士仁人秉持仁爱之心，胸怀大志、不辞劳苦、勇往直前，一直是社会的良心、国家的栋梁。

义的本义是合情、合理、合法。《中庸》曰："义者，宜也。"《说文解字》称："义，己之威仪也。"段玉裁注曰："仪者，度也，今威仪字用之；谊者，人所宜也，今情谊字用之。"综合来说，义的基本含义是威仪、适宜、公平、正义等。义是人区别于一般动物、人之为"人"的标准，是人们的行为的基本准则，也是一个人应尽的责任与义务。例如，"义然后取，人不厌其取"；"不义而富且贵，于我如浮云"。当然，义是以仁为标准的，如果合乎仁则为义，否则就是不义；义以仁为目标，目的在于践行仁道，即仁是"内心之安宅"，义是"所由之正路"。

礼是传统价值观的外在的维系方式。"礼也者，理也。"所谓礼，就是制度、规则、仪轨，是人与人之间最适宜的行为规范。《礼记·曲礼》中说："夫礼者，所以定亲疏，决嫌疑，别同异，明是非也。"礼是立国、立人的根本，所谓"礼，国之干也"，"礼，人之干也"，具有"经国家、定社稷、序民人、利后嗣"等作用。对于礼，关键的还不是外在的礼仪规矩，而是人们内心服膺的态度,应该依礼的内在精神做人、做事。礼的内在精神是仁,所谓"内仁外礼","克己复礼,天下归仁"等。如果在一个社会中,人人遵守礼制,各安其位,各守其责,互相谦让,就可以"礼达而分定",实现长治久安,成就"礼仪之邦";反之,"礼不行则上下昏",整个社会就可能失序,陷入无尽的争斗、混乱的困境。

"智"的含义是聪明、智慧、有见识,能够明辨是非。如孔子说:"知之为知之,不知为不知之,是知也";孟子说:"是非之心,智之端也"。智以仁为基础,所谓"仁者安仁,知者利仁";智又是实现仁的重要途径,毕竟,认识自我和他人都离不开智,行动获得成功也离不开智。儒家将智、仁、勇并称为"三达德",所谓"知者不惑,仁者不忧,勇者不惧"。总之,智是一个人守仁、重义、遵礼的前提,是一个人安身立命的基础,正所谓"知之曰明哲,明哲实作则"。

"信"的含义是诚实守信,信守诺言,并通过行动而兑现自己的诺言。信被列为孔子"四教"之一。《论语》记载,"子以四教:文、行、忠、信"。孔子还告诫人们:"言忠信,行笃敬,虽蛮貊之邦行矣;言不忠信,行不笃敬,虽州里行乎哉?"中国文化传统对信德重视有加,所谓"君子一言,驷马难追","海岳尚可倾,吐诺终不移"。儒家将诚信视为人生的基本准则,要求人们做到"主忠信""谨而信""与朋友交,言而有信"。信也是"进德修业之本""立政之本""立人之道",不仅"人无信不立",社会缺乏诚信,天下也会大乱。

综而观之,"仁义礼智信"是在长期历史实践中逐渐形成的核心价值观,对于中国人、中国社会的塑造发挥了重要作用,当然,在封建专制统治环境下,它的主要目的是维护封建专制统治的社会秩序,建设一个伦理至上的等级社会,这使该核心价值观呈现出明显的历史局限性[①]。对于这些

---

① 例如,仁的本义是"爱人",但儒家却强调"爱有等差",把仁建立在"三纲"的基础上,实际上维护的是封建宗法等级制度。义是符合仁的道德准则,却强调君臣、父子、夫妻之间的名分,特别是片面地"重义"而"轻利"。礼带有鲜明的宗法等级特征,所谓"礼不下庶人,刑不上大夫",不同的等级适用于不同的礼,严格防范越礼行事,在不同社会阶层之间掘了一道壁垒森严的鸿沟。智被认为是士大夫们的专利,如"唯上知与下愚为不移"。信虽然有其意义,但往往站在君主专制立场上,以对君主效忠为信,以遵从古代礼教为信。

与现时代社会主义核心价值观建设不相适应,与现时代民主、法治精神不相适应的弊端,我们必须进行深刻反省,立足新的时代与实践进行新的阐释,赋予其新的时代内涵和历史使命。

(二)官本位

制度与文化价值观息息相关。一个国家具体采行什么样的制度,往往蕴含着一定的价值追求,体现一定的价值原则。由于中国古代宗法等级制度的历史特别悠久,长达数千年,这必然在传统价值观中烙下深深的印记,并深刻地影响人们的心理、观念和行为。长期浸淫在专制制度中的后果是"官本位"现象的普遍存在,以及它在社会的各个层面根深蒂固,难以铲除。

所谓"官本位",就是以权力和获得了公共权力的人("官")为本位,一切服从于官级地位的一种价值取向和文化心理。"官本位"的表现形式十分丰富,造成的后果是多样化的,从不同角度可以进行不同总结。例如,长期奉行"官本位",可能形成单一行政化的社会体制。在高度集权、自上而下的统一管理中,社会上的一切往往都会纳入国家行政系统的体制结构:将所有的人、所有的组织都归入行政序列,规定其等级,划分其权限,并最终服从集中、统一的行政控制。

又如,长期奉行"官本位",难免形成个人权力至上的局面。在高度集权的体制中,社会不是通过民主、法制进行治理,而是听凭"长官意志"进行管理和决策,规则和程序常常可以因人而异,或者因人而异。在管理和决策过程中,相关官员的个人素质如何、道德品质如何,甚至性格如何、心情如何,都可能具有重要的甚至决定性的作用。概而言之,整个社会实行的不是现代民主、法治,而是高度集权、却因人而异的"人治"。

再如,长期奉行"官本位",难免形成并强化自上而下的单向隶属关系。金字塔形的权力结构等级森严,秩序分明。官员的"级别"具有实质性的意义,下级完全听命于上级,往往只知道对上级负责。广大公职人员的前途命运如何,并不取决于他们的道德操守如何、素质和能力如何、工作态度如何、工作业绩如何,而往往取决于他们与上级官员之间的"关系"如何,能否得到上级官员的赏识,这有时甚至成为决定仕途命运的"第一要素"。因而下级官员往往很无奈,只对能决定自己前途和命运的上级官员负责。

综观中国社会,"官本位"早已深入社会的各个角落,深入广大民众的心灵。在现实社会中,官位是各种具体权力、利益的化身,也决定着各种地位和荣誉的分配原则与分配秩序,对于广大民众具有普遍的诱惑力。虽然自由、民主、平等、法治等价值理念日益深入人心,但"官本位"的影响依然根深蒂固,甚至可以说呈现变本加厉之势。且不讲人们竞相挤进官场,将做官或做更大的官视为人生理想,甚至"跑官""要官""买官""卖官"也屡禁不止。至于给企业、学校、科研院所、NGO 组织,乃至公园、寺庙等加封行政级别,也是司空见惯,"理所当然"。在历史和现实中,我们随处可以发现求官"成瘾"甚至变态疯狂的实例。虽然不断有人反思、批判、抵制"官本位",但"官本位"却一直难以铲除,甚至不断上演一些啼笑皆非的闹剧、丑剧。① 在新时代核心价值观建设中,如何通过体制改革和廉政建设,全方位破除"官本位",建设社会主义民主政治、法治社会,是我们面临的紧迫而又艰巨的历史任务。

(三)平等

"众生平等","不患寡而患不均,不患贫而患不安",是历久弥新的文化传统。一方面,中国具有历史悠久的"官本位"等级制度,等级特权观念根深蒂固;另一方面,人们又十分重视和渴盼平等,追求社会安宁与和谐。在中国文化传统中,平等是比富裕更重要的范畴,人们往往不患贫、不患寡,而患不均、患不安。

《礼记》中说:"大道之行也,天下为公。"先秦儒家主张"性相近","己欲立而立人,己欲达而达人"(《论语·雍也》);墨子宣扬兼爱,要求"爱无差等";佛教宣示"众生平等";韩愈主张"博爱之谓仁";张载主张"民吾同胞,物吾与也"……儒家认为"人皆可以为尧舜",道家认为"人

---

① 究其实质,古代社会的"官本位"不是以全体人民或大多数人为本位,也不是以每一个具体的历史的人为本位,而是仅仅以人的某个方面(执掌公共权力)为本位,因而实际上是一种"权本位"。权力本来是人们依据一定的"契约""让渡"出来、实现自己目的的一种手段,结果却成了"目的"本身,而人自己则不知不觉地变成了它的手段。这必然造成为官者人格分裂、扭曲,导致价值观混乱、颠倒之类后果。这种根本上的扭曲、颠倒即是"异化"——人彻底地否定了自己,外在的权力成为人自己的主宰。

人可以得道",佛教认为"人人可以成佛"。这一切,都在一定程度上包含着平等思想。

在漫长的封建社会,迫于封建统治者的残酷压迫,农民起义此起彼伏,但几乎所有农民起义都将平等作为价值理念和宣传口号。例如,秦末陈胜吴广起义喊出了"王侯将相,宁有种乎"的口号;北宋农民起义领袖王小波提出"吾疾贫富不均,今为汝等均之";南宋钟相起义提出"法分贵贱、贫富,非善法也,我行法,当等贵贱,均贫富";明末李自成起义军提出"等贵贱,均田免粮";太平天国领袖洪秀全许诺"有田同耕,有饭同食,有衣同穿,有钱同使,无处不均匀,无处不保暖"……不过,虽然广大农民渴盼平等,为了平等进行了艰苦的不屈不挠的斗争,但农民起义并没有让广大农民实现这一理想。

近代思想家康有为在《大同书》中进一步发展了平等思想。他认为,专制等级制度违背了自由、平等、天赋人权等"公理",是人世间一切苦难的总根源。康有为描绘了一个没有阶级、国家、种族、贵贱区别,消灭了战乱与贫穷、人人相亲、人人平等、天下为公的"大同世界"。不过,他将实现"大同世界"的动力归结于圣人的"不忍人之心",这决定了他根本不可能找到实现大同的现实路径。

中国的社会主义革命和建设是以农民为主力军的,平等也曾是中国共产党人的革命口号和行动纲领。不过,新中国成立后,长期奉行"左倾"的路线政策、高度集权的计划经济等,或许是基于传统的惯性,在相当长一段时期内不仅没有真正实现平等,而且极大地牺牲了效率,迟滞了整个社会的发展。"文化大革命"结束之后,通过拨乱反正、改革开放,坚持"发展是硬道理",实行社会主义市场经济,允许一部分地区和一部分人先富起来,才逐渐冲破了平均主义的禁锢,极大地激发了社会活力。改革开放40年来的实践有力地证明,坚持以经济建设为中心,摒弃各种形式的平均主义,是推进中国特色社会主义建设、实现中华民族伟大复兴的必由之路。

(四)和谐

《中庸》曰:"和也者,天下之达道也。"举世公认,中国传统价值观重

视"和谐",中国人立世、处事、与人交往"以和为贵"。这主要表现在如下三个方面:

首先,从人与自然之间的关系来说,坚持"天人合一",要求人与自然之间保持和谐。道家强调"道法自然",尊重自然,因任自然,"不与自然争职",无为而治。《国语·郑语》云:"和实生物,同则不继。"即是说,万物皆由"和"而生,"和"是万物生成的基础,"和"也是事物的根本性质和功能,它产生新事物,并使百物丰长;而"同"则是无矛盾、无质的差别的同一,相同的事物相合,就如同"二女同居"一样,既不能产生新事物,也不能促使事物继续发展。《中庸》将自然之和表述为"万物并育而不相害,道并行而不相悖"。《易传》曰:"夫大人者,与天地合其德,与日月合其明,与四时合其序……先天而天弗违,后天而奉天时。"即是说,要按照自然的本性和规律办事,顺应自然,达到人与自然之间的高度和谐。《管子·五行篇》曰:"人与天调,然后天地之美生。""和"的状态在于,万物各在其位,各有其分,各得其所。这体现为"度"。适度即为"中",因此谓之"中和"①。可见,无论是道家还是儒家,都强调天人合一,追求人与自然之间的平衡、和谐、可持续发展。这有利于匡正二元对立的天人关系,纠正各种掠夺式的自然观,对建设生态文明、"美丽中国"具有实质性意义。

其次,从人与人之间的关系说,坚持"群体本位",崇尚秩序与团队精神。重"和",以和为贵,是中国文化传统处理人际关系,乃至治国理政、进行国际交往的重要价值准则。中国人向来讲究和平共处,和气生财,"家和万事兴",例如,有子强调"和为贵",孟子认为"天时不如地利,地利不如人和",董仲舒主张"德莫大于和"……儒家的社会理想是实现各在其位、各司其职、其乐融融、和谐美好的"大同社会"②。墨家的"兼相爱,交相利""爱无差等"和"非攻"思想,目标也直指和谐。如《墨子·兼

---

① 《中庸》曰:"喜怒哀乐之未发,谓之中,发而皆中节,谓之和。中也者,天下之大本也;和也者,天下之达道也。致中和,天下位焉,万物育焉。"
② 《礼记·礼运》描绘的"大同社会":"大道之行也,天下为公。选贤与能,讲信修睦。故人不独亲其亲,不独子其子,使老有所终,壮有所用,幼有所长,矜寡孤独废疾者皆有所养,男有分,女有归。货恶其弃于地也,不必藏于己;力恶其不出于身也,不必为己。是故谋闭而不兴,盗窃乱贼而不作,故外户而不闭,是谓大同。"

爱》要求"爱人若爱其身","视人之室若其室","爱人者,人必从而爱之,利人者,人必从而利之"。中国文化传统重"和",以"和为贵",有助于缓解、消除各种矛盾和冲突,增强社会的亲和力和凝聚力,也有助于防止因为矛盾激化、激烈对抗而导致的社会动荡,维护社会的稳定和秩序。

最后,从人自身的身心关系来说,力求通过修身养性,追求良心的安宁、内在的和谐。佛、道、儒等往往压抑、排斥人欲,认为人的私欲、贪欲、功名利禄之心等是扰乱人的心神、导致人的内心失衡、行为失序的根本原因,因而必须"制欲",达到"寡欲"乃至于"无欲"的境界,以求得内心的安宁和平衡。中国传统文化信奉天人合一,将人自身也视为一个小宇宙,往往用阴阳理论解释"人"这一小宇宙的均衡、和谐。例如,"治气养心之术,血气刚强,则柔之以调和","刚柔得道谓之和"。中医中药可以说是这一方面的典型理论和实践,传统的气功、导引、拳术(如太极拳)以及静坐养气等体育或养生方法,也都试图通过运动、调节身体,求得内在脉络、气血的均衡,实现阴阳调和。

二 中国传统核心价值观建设的基本方式

在有文字记载以来的历史演进和社会实践中,古代中国形成了一系列培育和践行核心价值观的方式、方法。虽然这些方式、方法难免有时代的烙印,但社会主义核心价值观建设却可以借鉴这些方式、方法,从中汲取丰富的营养。

(一)注重制度配合,强调统一思想

在中国历史上,传统核心价值观一经确定,往往就与国家制度相结合,通过各种方式、方法让广大民众(包括各级官僚甚至帝王)接受、认同,并自觉加以践行。在这一方面,涉及的方式、方法很多,例如,确立体现核心价值观的制度,政策和法规都要求体现核心价值观;建立一系列行政机制,对广大民众的价值观进行引导、规范;构建系统的教育体系,对广大民众"灌输"核心价值观;利用文艺作品和风俗习惯,对广大民众进行价值观熏陶;倡导自我教育和"修身",让广大民众将核心价值观内化于自

己的思维方式和行为方式之中；等等。

（二）注重启蒙教育，强调从小培养

在古代社会，为了使伦理道德渗透到社会生活的各个方面，统治者往往注重启蒙教育，强调"从娃娃抓起"，从小培养。例如，蒙学是对幼儿的启蒙教育。古代大量的蒙学读物，如《千字文》《百家姓》《三字经》《弟子规》以及各类治家格言等，从饮食起居、待人接物、迎来送往等入手，让少年儿童在反复吟诵之中，不仅学到知识，而且懂得规矩。在人的成长过程中，这套教育方式越来越复杂、精巧，戏文、说书、相声之类都在宣讲忠孝节义。这套教育方式的功效颇为突出，一些人可能身居穷乡僻壤，目不识丁，或者没有读过多少书，但往往也能讲出一些道理，做事时往往深明大义。甚至，土匪、强盗、罪犯也在一定程度上懂得仁义礼智信，做事也讲究"行规"，就如同"盗亦有道"一样。

（三）注重个人修养，强调慎独自律

儒家宣扬"人皆可以为尧舜"，以内在的道德修为、人格养成为根本，讲求通过个人的道德修养实现人格完善，强调立足自身，正心笃志，崇德弘毅。例如，孔子强调"君子求诸己"，"不患人之不己知，患不知人也"；孟子反复强调，要"反求诸己"，"反身而诚，乐莫大焉"，养成大丈夫人格，弘扬"舍我其谁"的历史担当意识……《大学》中说："诚于中，形于外，故君子必慎其独也。"注重自身修养必然要重视自律自觉，做到正心诚意必须用"慎独"约束自己。包括"慎独"在内的修养方法，对于社会主义核心价值观建设具有重要的借鉴意义。

（四）注重订立规矩，强调榜样示范

中国文化传统历来重视道德教化，实现教化的首要步骤就是确立标准、订立规矩。俗话说，"没有规矩，不成方圆"。在中国文化典籍和文化传统中，充斥着各种圣贤标准、君子人格、大丈夫风范等，诗、书、礼、乐、易、春秋、论、孟、孝等经典中更是记载了大量的道德规范，对人们的思想和言行加以范导。儒家还把尧、舜、禹、汤、文、武、周公等作为圣贤的样板，要求人们见贤思齐，恭敬效仿。与大量冰冷的规矩相比，一个个具体的榜样往往更有说服力，更能感动人们。社会主义核心价值观建设也必须确立明确的标准，寻找人们身边的先进分子，通过各种榜样的引领、示范而在全社会加以践行。

（五）注重营造氛围，强调润物无声

在一定意义上，人是"环境的产物"。核心价值观的培育和践行需要一种良好的文化环境与氛围。在中国历史上，人们非常重视成长环境的选择、文化氛围的营造，"孟母三迁"的故事家喻户晓，向世人深刻阐明了"近朱者赤，近墨者黑"的道理。培育和践行社会主义核心价值观必须注重环境氛围，注重以春风化雨、潜移默化的方式进行长期的教化。朱熹曾经说，要"虚心涵泳，切己体察"，"就平易明白切实处玩索涵养"。涵者如同春雨润花、清渠溉稻，泳者如鱼之游水、人之濯足，要求人们在心神合一的状态下沉潜其中，反复玩索，润物无声。培育和践行核心价值观应该注重借鉴"涵泳"方法，令其潜移默化地深入人们的头脑，成为一种自觉的思想共识和行为遵循。

（六）注重长效机制，强调持久教化

历史经验表明，核心价值观的培育需要常抓不懈，久久为功。秦代商鞅变法，重塑社会核心价值观，废除世卿世禄制，奖励军功，禁止私斗，颁布按军功赏赐的二十等爵制度等，自秦孝公以下一直得到很好的贯彻执行。虽然秦惠文王车裂了商鞅，但秦国不用其人而用其法，没有改变核心治国理念，从而成就了秦始皇"一统六国"之伟业。秦法对后世的影响深远。汉武帝比较诸子百家之后，"罢黜百家，独尊儒术"，确立了儒家思想的正统地位。自此以后，以"儒家思想为主、道家释家为辅"的核心价值观格局逐渐形成。儒家价值观经过宋代程颐、程颢、朱熹等发展，到明代经王阳明升华，日益深入人心。自隋代发明科考制度之后，历代取士考的都是儒家经典，儒家价值观社会化形成了比较成熟的模式，成为维系中华民族的重要精神支柱。社会主义核心价值观提出的时间不长，必须认真地"向传统学习"，努力建立长效机制，持之以恒地进行教化。

三 以史为鉴，加强社会主义核心价值观建设

古代中国一直非常重视核心价值观建设，既积累了丰富的经验，也有许多深刻的教训。这是新时代社会主义核心价值观建设的宝贵财富。我们必须下功夫对漫长历史进程中核心价值观建设的经验和教训进行系统的总结，以寻求必要的启迪。

首先，一个国家的核心价值观往往必须以先进的物质生产力为支撑。咀嚼历史可以发现，中国传统核心价值观的命运，与中国的生产力发展或者说物质文明建设呈现正相关态势。当中国的生产力比较发达时，中国传统价值观往往受到广泛推崇，声名远播；而当中国衰落、落后挨打之时，中国传统价值观往往遭受质疑，影响式微。

在历史上，中国作为世界文明古国，科技和生产力的发展曾经长时间走在世界前列；以之为基础，传统的核心价值观曾经以其博大精深，以其不容质疑的权威，引领中国实现了长期、稳定的发展，并在东亚乃至世界产生了广泛、深远的影响。然而，近代以来，随着西方的快速工业化，西方资本主义取得了巨大成功，生产力获得了人类历史上前所未有的发展，而中国则封闭保守，抱残守缺，错过了波澜壮阔的工业革命，相对于西方大大地落伍了。受"资本的逻辑"的驱使，特别是开拓市场的需要，西方列强"不仁不义"，在全球范围内疯狂扩张、掠夺。它们依恃经济和技术优势，仗着"船坚炮利"，实行炮舰殖民政策，古老、宁静的东亚也成了被侵略、被殖民的对象。落后、挨打、割地、赔款、"开放"、殖民之类词语，成为近代中国的屈辱的标签，成为中国人心头"永远的痛"。

随着中国落后挨打和被迫开放，传统的核心价值观完全"暴露"在西方面前。因为"硬实力"相较差距明显，作为"软实力"的文化价值观受到牵累，前所未有的质疑、批评、否定扑面而来。例如，马克斯·韦伯（Max Weber）在《儒教与道教》中认为，儒家的"实质性伦理"与西方的"形式性法律"不同，它会阻碍中国发展工业资本主义。例如，资本主义市场经济要求诚信，与新教伦理将商业信任建立在共同的信仰和个人的伦理

品质上不同,儒教的信任明显地建立在亲戚关系或亲戚式的纯粹个人关系上;儒教极端"唯物主义""功利主义"的入世态度和清心寡欲之类的道德信念,也阻碍了作为近代资本主义前提的经营思想的产生。当然,对于中国文化价值观的质疑与批判,并非西方人的专利。中国在鸦片战争中战败,东亚诸国都倍感震惊,许多仁人志士开始"睁眼看世界",进行"落后挨打"后的多方位反思。例如,福泽谕吉、西周、津田真道、加藤弘之、中村正直、森有礼等日本思想家认为,儒学是空理虚谈的"虚学",应该提倡"实学";儒学宣扬"克己"的禁欲主义,应该引进功利主义;儒家提倡以专制纲常为内容的等级观念和服从道德,应该引进天赋人权说和社会契约论,提倡独立自尊;儒家思想维护君主专制,应该引进君主立宪主义;等等。启蒙思想家严复把科学与民主视为西方近代化的命脉,西方之所以行科学与民主而常通,中国行科学与民主则常病,在于以个人为本位的西方有自由,而以群体为本位的中国没有自由。陈序经、胡适等人更是抱着"恨铁不成钢"的心态,倡导彻底否定传统文化价值观的"全盘西化"主张。

二战之后,日本、"东亚四小龙"(韩国、新加坡、中国台湾地区、中国香港地区)等相继创造了举世瞩目的经济奇迹,中国大陆自20世纪70年代末期开始改革开放,也走上了现代化的快车道。东亚或中国重新成为世界经济的火车头,对世界经济增长的贡献举世瞩目。这时,人们又"势利"地开始重新审视中国传统价值观,逐渐"发现"了中国传统价值观包含的优秀资源、独特品质,以及在当今世界的重大价值。例如,赫尔曼·卡恩(Herman Kahn)在《1979年及其后的世界经济发展》中认为,包括日本在内的东亚是"新儒教国家"。一些源自儒家的共同文化特质,如强调群体、等级、和谐,重视教育和技艺的学习,以严肃的态度对待工作、家庭和义务,等等,使东亚国家特别善于组织,达到良好的秩序,从而获得经济上的成功。约翰·奈斯比特高度赞誉与西方模式不同的东亚模式:"亚洲向世界展示了现代化的新模式,一种包容、自由、有序、社会关注和个人主义等信念的模式,东方崛起的最大意义是孕育了世界现代化的新模式。"① 许

---

① 〔美〕约翰·奈斯比特:《亚洲大趋势》,蔚文译,外文出版社、经济日报出版社、上海远东出版社,1996,第275页。

多东亚学者也不再坚持传统价值观与现代化水火不相容,转而认为传统价值观在现代化的过程中扮演了积极角色,其中有许多值得保存的有利于现代化的因素,这些因素经过"批判的继承和创造的发展",完全可能成为现代化的有益资源。

其次,只有善于学习,兼收并蓄,海纳百川,融合会通,核心价值观才能不断发展,永葆青春。

中国是世界上非常重视教育、也非常善于学习的国家之一。自古以来,中国文化、中国传统价值观一直以宽广博大的胸怀,在不断的学习、借鉴、融合中发展。虽然中国历史上不乏妄自尊大、闭关锁国、拒斥对外交流之举①,但总体上一直重视教育,善于学习,不拘一格吸纳、融合他人的文化精华,从而造就了丰富多彩、多元并存的文化价值观。例如,董仲舒包容了法家、阴阳家等的思想,宋明理学吸收了佛道思想,受益颇多,当代"新儒家"更是与时俱进,竭力与自由、民主、平等、人权、法治等价值理念相协调,等等。

春秋战国的"百家争鸣"实际上是诸子百家相互学习、相互砥砺、相互提升的一个过程。相传孔子曾问礼于老聃,开启了儒家虚心求教的传统。魏晋以后,中国文化大量吸收佛教思想,儒释道相互学习、相互融通成为常态。近代洋务运动是以"中体西用"为理论纲领,以"师夷长技以制夷"为口号,大举学习西方的自强运动。在数十年时间中,林则徐、魏源、曾国藩、李鸿章、左宗棠、张之洞等人立译馆,译"夷书",开学堂,启民智,引进、介绍和传播西学;设立造船厂和火器局,制造洋枪、洋炮和洋船;后来还转向民用工业和商务,兴办了一大批民族工商企业,为后来民族工业的兴起奠定了初步的基础。自此,西学开始"东渐",成为中华民族向往、学习的主要思想资源。"十月革命一声炮响",中国开始关注和引进马克思主义,向苏联等社会主义国家学习,推进了中国的社会主义革命和建设。改革开放以来,社会主义中国更是大举引进西学,借鉴资本主义世

---

① 例如,中国清朝以天朝上国自居,认为自己"物产丰盈,无所不有",无须对外交流,清初的海禁政策甚至严令"片板不准下海";有时统治者为了维护自身的利益、特别是统治的稳定和秩序,在政治大一统的基础上,往往也追求思想文化上的大一统,如中国古代专制者就曾发动和制造"焚书坑儒""罢黜百家、独尊儒术""排佛""文字狱"等事件。这些举动极大地阻滞、扼杀了文化的多样性。

界的科学技术和管理经验,努力"与国际接轨",探索新时代的民族复兴之路。

儒释道内部在发展进程中曾经出现大量纷争,形成了不同宗派和流派,历史上则不断有人对之加以融通。特别值得玩味的是,中国多元的文化传统之间尽管不乏对立与冲突,却往往是作为各司其职的人生选项,并在漫长的社会历史中,逐渐形成了以儒治世、以道治身、以佛治心的"文化大分工"。例如,儒家关注个体修养和人文化成,鼓励人们追求"三不朽"(立德立功立言),内圣而外王。但文人学士、士大夫们一旦认为统治者昏庸无道,世风日下,或者不受赏识,郁郁不得志,便"舍之则藏","退而独善其身",从此归隐山林,过一种自由自在、快乐逍遥的生活。有人形象地调侃,中国人"入仕时是儒教徒,出仕时是道教徒"①。甚至在同一个人身上,不同宗教也能够共时性地并存、融合,令中国人表现出明显的多样性的文化特质。

《中庸》曰:"万物并育而不相害,道并行而不相悖。小德川流,大德敦化,此天地之所以为大也。"文化上的善于学习、兼容并蓄、多元并存、相互融合,表现了中华民族海洋一般的开阔胸襟,造就了令世人惊叹的敢于和善于同化、汲取多元文化资源的能力,使中国既能够广泛吸收他人之长,不断地充实和完善自己,又能够保持自己的鲜明特色,令中华文化始终具有强大的民族亲和力与凝聚力。

再次,一个国家的核心价值观只有不断地求实顺变,与时俱进,才能跟上时代步伐,获得民众的广泛认同。

一定的文化形成之后,难免会有一定的保守性。在这一方面,历史悠久、博大精深的文化往往尤为突出。在中国的历史与现实中,崇尚圣贤,"尊祖法宗",坚持"祖宗之法不可变",反对变革的声音往往十分强大。咀嚼中国历史,我们不难发现,当文化价值观走向封闭、保守时,便可能"拖后腿",阻碍社会变革和快速、健康发展。如中国发展到清朝"康乾盛

---

① 列文森在长期观察的基础上概括说:"历史上的中国人是'进者儒,退者道'——他一方面具有治国平天下的儒家抱负,另一方面又追求,或者说是努力追求道家的人与自然的和谐,而这正好与儒家追求的人与人的和谐区别开来。儒与道合在一起才构成一个完整的人。"(〔美〕列文森:《儒教中国及其现代命运》,郑大华、任菁译,中国社会科学出版社,2001,第 37 页)

世"时，一直以"中央帝国"自居，曾表现出"无知的傲慢"或"虚骄"：乾隆皇帝曾经对外声称，"天朝之大，无所不有，无需与尔等夷狄互通往来"。长期自大、封闭、保守的结果，令中国错过了近代的工业化浪潮，错过了当时先进的资本主义革命，陷入长达100多年"落后挨打"的悲惨境地。

但是，如果我们反思中国的历史和文化，那么不难发现，中国文化传统基本上是主张因势利导、求实顺变和自我更新的。例如，自先秦儒学始，儒家便注重"经""权"关系的辨析。虽然"权"总体上受制于"经"，但儒学并不否认权变。如《孟子·尽心上》说："执中无权，犹执一也。所恶执一者，为其贼道也，举一而废百也。"汉儒董仲舒也认为，在形势发生变化时，应该在根本原则（"经"）允许的前提下，尽量采取灵活的对策（"权"）。明末王夫之更是提出"理势合一""理随势易"，认为随着历史发展趋势的变化，根本原则也应该随之而变。这种深厚的辩证法传统为中国文化的求实顺变奠定了理论基础。

近代"落后挨打"之后，中国痛则思变，开始了波澜壮阔，又极其悲壮的变革历程。洋务运动是以"制夷"为目的、坚持封建纲常名教基础上的"变器不变道"的器物改革；戊戌变法是为了"尊王攘夷"、效法西方和日本进行的君主立宪式的政治、经济变革。辛亥革命、五四运动、社会主义革命，也都可以说是救亡图存、寻求民族自救的变革运动。改革开放以来，社会主义中国更是全面地进行经济、政治、社会、文化和生态体制改革，坚定地向世界开放、融入世界。通过这些顺应时势的重大变革，中国的经济、社会发展取得了举世惊叹的成就，摆脱了近代以来积贫积弱的形象，传统文化价值观也重新受到世人的关注。

最后，我们还应该指出，在价值观"多元并存"的背景下，一个国家必须有统一的占主导地位的核心价值观，并持之以恒地培育和践行。

中国是一个历史悠久、幅员辽阔、人口众多的多民族国家，文化价值观向来呈现出既多元并存、又有共同价值观的基本格局。长期以来，多元文化价值观造就了丰富多彩的各民族文明，也为共同的文化和价值观的追寻提供了有益资源；而共同的文化和核心价值观是各族人民凝聚在一起的精神纽带，是全国人民团结奋斗的共同思想基础。这正如习近平精辟指出的:"我们生而为中国人,最根本的是我们有中国人的独特精神世界,有百姓日用而不觉的价值观。"①

在五千年文明发展史上,中国的地理版图曾经分分合合,而在每一次痛苦的分裂之后,都能够重新聚合在一起,形成大一统的"中华民族"。这其中当然依赖许多因素,但主要靠的就是共同的历史文化、共同的核心价值观。比如说,在春秋战国、三国、南北朝、五代十国以及近代军阀割割据等时期,虽然国家呈现程度不一的分裂格局,但因为拥有共同的历史、共同的语言,因为都认同"爱国""仁义""平等""诚信""和谐"等核心价值观,大家的价值目标都"高度一致",即最终是要实现统一的,只不过在"由谁来统一""如何实现统一"等具体问题上,根据各自的历史文化和综合实力,各有自己的立场、方案罢了。今天的中国大陆和台湾地区,也都是中国传统文化和核心价值观的传承者、守护者,真正向往西方、背弃祖先、卖祖求荣的"台独"分裂分子,一直都是别有用心、不得人心的极少数。

也正因为此,在当代中国价值观"多元并存、互相竞争"的背景下,我们必须增强文化自信和价值自信,立足中国优秀文化传统,"把培育和弘扬社会主义核心价值观作为凝魂聚气、强基固本的基础工程,夯实中国特色社会主义的思想道德基础"②。毕竟,"如果一个民族、一个国家没有共同的核心价值观,莫衷一是,行无依归,那这个民族、这个国家就无法前进"③。也正因为此,占主导地位的社会主义核心价值观的培育和践行,事关中华民族的凝聚和团结,事关"中国梦"能否顺利实现,事关中华民族重新崛起的前途和命运!

【执行编辑:刘　冰】

---

① 习近平:《习近平谈治国理政》,外文出版社,2014,第171页。
② 习近平:《习近平谈治国理政》,外文出版社,2014,第163页。
③ 习近平:《习近平谈治国理政》,外文出版社,2014,第168页。

大学生社会主义核心价值观践行路径探析

王黎明[*]

【摘　要】 加强对大学生的社会主义核心价值观教育具有重大意义。在理论上它能推进大学生对社会主义核心价值观的深层认识，能增进大学生对社会主义核心价值观的体验感知。在实践上，大学生只有通过自己在社会中的实践，才能真正体会核心价值观的深层意义，也才能从思想深处信奉核心价值观，去积极践行核心价值观。新时代的大学生正处于价值观念形成的关键时期，是人民群众中思想最为活跃的一个群体，更是民族的未来和希望。但是，由于受到自身思想发展的局限、社会大环境以及部分家庭教育的影响，大学生在思想上还处于不稳定期，极容易受到外界非马克思主义思想的干扰。基于此，当前在高校对大学生进行价值观教育时，教师要结合实际对核心价值观的内容进行阐释，从而达到解疑释惑的目的；要对普世价值、历史虚无主义、新自由主义等非马克思主义进行批判，引导大学生树立正确的历史观、民族观、价值观。在实践上，要鼓励大学生积极从事社会实践，把核心价值观落实、落细、落小，在实践中体验和感知社会主义核心价值观。

【关键词】 社会主义核心价值观；大学生；践行路径

---

[*] 王黎明，河南大学马克思主义学院副教授，主要研究方向为马克思主义哲学、伦理学。

从 2013 年开始，教育部把社会主义核心价值观的教育纳入国民教育过程中，之后中央领导在多次讲话中都提到关于大学生的社会主义核心价值观的教育问题。习近平总书记指出："青年是标志时代的最灵敏的晴雨表，时代的责任赋予青年，时代的光荣属于青年"，"青年的价值取向决定了未来整个社会的价值取向"①。党的十九大报告明确提出"培育和践行社会主义核心价值观"②。这一切都展现出了党中央对意识形态工作的高度重视，而青年大学生正是社会主义核心价值观培育的关键主体，因此加强大学生社会主义核心价值观践行路径研究就具有相当重要的价值。

从目前的研究成果来看，关于大学生如何践行社会主义核心价值观已经取得了比较丰硕的成果，但是也存在着几个问题，比如大学生也是一个具体的群体，在对社会主义核心价值观进行宣传教育时，一定要注意不同群体的大学生，受众主体不一样，方法也应该有所差别。像"985"高校、"211"高校与普通高校学生之间还是有比较大差异，同样本科高校与职业类高校的学生差异更大，这就要求我们在宣传教育中一定要关注受众群体，因材施教，切不可"一刀切"。还有在践行社会主义核心价值观的环节，未能把握好不同实践路径之间的有机联系，从而导致社会主义核心价值观的践行未能达到理想的结果。

鉴于此，本文的研究主要集中在以下几个方面：第一，理论阐释。真理越辩越清晰，真理越辩越有力量。通过理论阐释，让学生真正弄清楚社会主义核心价值观的科学内涵，掌握住这个有力的思想武器。第二，解疑释惑。一定要结合改革开放的大环境、新时代的特色，用社会主义核心价值观的理论去解决学生面临的困惑问题，发挥出其在实际中的作用。第三，社会主义核心价值观的践行贵在落实、落细、落小。因此，我们针对不同层次高校的大学生，结合其实际情况，积极推动社会主义核心价值观从理论的魅力转化为实践的力量。

---

① 习近平：《青年要自觉践行社会主义核心价值观——在北京大学师生座谈会上的讲话》，新华网，http://www.xinhuanet.com/politics/2014-05/05/c_1110528066.htm.

② 习近平：《决胜全面建成小康社会 夺取新时代中国特色社会主义伟大胜利——在中国共产党第十九次全国代表大会上的报告》，人民出版社，2017，第 42 页。

一 研究的意义

面对西方普世价值、历史虚无主义、新自由主义等各种思潮不断扰乱群众的思想，攻击我们的意识形态领域，我们迫切需要以社会主义核心价值观进行反击，从而在意识形态领域牢牢把握领导权，在思想战线上始终立于不败之地。因此，关于这一问题的研究有非常重要的现实意义。

第一，从内容上推进了对社会主义核心价值观的深层认识。把培育和践行社会主义核心价值观贯彻到大学思政课教学的全过程，这是改进和加强思政课的一个基本遵循方法。本文将在以往社会主义核心价值观研究的基础上进一步对社会主义核心价值观进行理论阐释，同时进行解疑释惑，让大学校园的主体——大学生能心悦诚服地接受社会主义核心价值观的理论。在这方面，不仅仅要靠灌输，更要靠理论的力量去掌握群众，只有这样才能让大学生去踏踏实实地去践行社会主义核心价值观。

第二，从方法上增进了大学生对社会主义核心价值观的体验感知，在教学中增加动态化和实践化的考量。在对大学生的教育中，我们对社会主义核心价值观进行深入的理论上的阐释、解疑释惑都是为了实现"内化于心"，最根本的目的是要"外化于行"。品德是在实践中体现出来的。实践出真知，实践锻炼品德，会背诵社会主义核心价值观的内容不一定就是社会主义核心价值观的践行者。只有通过实践，让每个大学生在社会生活中去体验感知社会主义核心价值观，才能真正让社会主义核心价值观落到实处。我们还可以通过教育仪式让大学生体悟核心价值观，通过社会调查法体悟核心价值观等。

第三，大学生作为社会主义事业的接班人，对我们党、我们国家、我们的社会主义事业是极其重要的，但是，目前这个年龄段的大学生由于受到国内外特殊环境的影响，他们在思想上并不成熟，还需要花费很大力量才能让马克思主义思想在他们的头脑中占据主要地位。同样，当前社会主义核心价值观的宣传也面临着这一问题。

第四，我们通过大学生对社会主义核心价值观践行路径的研究，能够反推出目前在社会主义核心价值观的理论阐释、宣传教育中的成功与不足之处，从而使理论建设工作与实践活动相辅相成、互相推动，这样更有利于社会主义核心价值观的宣传教育工作。

二 当前大学生践行社会主义核心价值观中存在的问题探索

由于大学生自身的特点和我国目前正处于社会转型期，多元化思想文化上主要涉及两个问题：

（一）新时代大学生树立社会主义核心价值观的背景

（1）大学生群体的特殊性。这种特殊性主要表现在以下三个方面：

第一，大学生正处于价值观定型的关键时期。青年时期，尤其是18—24岁阶段，这个年龄段正是一个人思想定型的关键时期。习近平总书记指出："青少年阶段是人生的'拔节孕穗期'，最需要精心引导和栽培。"① 因此，我们要抓住大学生价值观形成的关键时期，做好思想政治课的教学工作，在大学阶段一定要让社会主义核心价值观成为大学生价值观的主流与主导思想。

第二，大学生是人民群众中思想最活跃的一个群体。这与第一个原因紧密相连。青年时期是大学生价值观的关键时期，同时也是大学生思想最为活跃的时期。这一时期，面对各种社会思潮，如历史虚无主义、普世价值等西方思潮，如果教师不进行合理、有效的引导，大学生极容易被某种社会思潮所干扰，甚至被占领头脑。面对思想如此活跃的青年群体，高校教师一方面要做好本职的教学工作，另一方面要通过课程思政和思政课程相结合，做好社会主义核心价值观的教育工作，对于青年大学生，高校必须以社会主义核心价值观引领大学生的思想，始终牢牢把握意识形态的领导权。

第三，青年是民族的希望，是中国特色社会主义事业的接班人。党的十九大报告中指出："青年兴则国家兴，青年强则国家强。青年一代有理

---

① 《在"拔节孕穗期"打磨自己》，人民网，http://opinion.people.com.cn/n1/2019/0418/c1003-31035712.html。

想、有本领、有担当,国家就有前途,民族就有希望。"① 作为中国特色社会主义接班人,用社会主义核心价值观武装起来的青年大学生将肩负中华民族伟大复兴的重任。

(2)改革开放以来,中国多个领域都处于转型的关键期,经济基础决定上层建筑,思想的背后是利益,在利益多元化的今天,社会主义核心价值观是我们战胜其他非马克思主义思潮的重要武器。这一问题主要涉及以下几个方面:

第一,随着改革开放的深入推进,中国社会发生了翻天覆地的变化,中国社会正处于转型的关键时期。我国的经济体制也确立为以公有制为主体多种所有制共同发展的经济制度,经济体制的多元化必然带来利益的多元化,而利益的多元化必然又带来思想的多元化,各类价值观层出不穷,价值观领域呈现多元化和差异化趋势。由于多元价值观的存在,社会主义核心价值观的主流地位尚不稳固,我们还有很多工作需要下功夫认真细致地去做,找出一些有效的措施去推进,才有可能去实现社会主义核心价值观"内化于心,外化于行"的效果。

第二,西方国家大力向中国推广普世价值、历史虚无主义、新自由主义等思潮,在意识形态领域造成一定的混乱。从这些思潮传入中国之初,无论是政府层面还是学者层面都对其进行了全面的批判,并且取得了相当不错的效果,但是,由于互联网的发达,不少大学生往往从网上来了解这些思想,由于大学生的价值观还处于向成熟期、定型期过渡,这些从网上了解到的思潮严重影响了大学生价值观的确立。虽然在经济上中国的GDP总量已经跃居世界第二位,但是在文化上、在话语权上,西方发达国家、西方媒体依然掌握着话语霸权。如何讲好中国故事,传播好中国声音,这条道路依然比较漫长。所以,在这种背景下,能否让大学生树立正确的价值观,直接影响到党和国家的未来。

(二)当前大学生践行社会主义核心价值观存在的问题

当前大学生在践行社会主义核心价值观的过程中至少有以下四个因素

---

① 习近平:《决胜全面建成小康社会 夺取新时代中国特色社会主义伟大胜利——在中国共产党第十九次全国代表大会上的报告》,人民出版社,2017,第70页。

制约了践行的效果:

第一,一部分大学生自身思想的摇摆不定。这部分学生对马克思主义、中国特色社会主义、社会主义核心价值观并没有深入去学习、去理解,只是知道一点皮毛,甚至有的还是误解。但是,由于高校开设的课程中,主要只由思政课老师去宣传贯彻社会主义核心价值观,部分学生直接把思政课打入"另册",远没有学习专业课那么认真、重视,更多是为了考试时能及格,不"挂科"。试问,抱着这样的态度去学习思政课,又怎么会"内化于心"?就更不用提"外化于行"了。相反,在大学生这个年龄段,他们自身的思想往往摇摆不定,西方的各种社会思潮却比较容易吸引住他们,不用老师教,他们自己就从网上找相关资料查阅。这就导致老师们需要花费大量的时间与精力去批判各种西方思想。

第二,学校在宣传教育方面也存在着一些问题,那就是在宣传的时候,口径上下一般粗,没有做到落实、落小、落细。中央是从宏观层面高屋建瓴地给全国来宣传社会主义核心价值观,到了省域就需要结合本省的省情来宣传贯彻,而到了高校,更应该结合大学生的实际特征来进行教育宣传。如果仅仅是把中央的政策进行传达,效果不会很好,因为大部分学生会认为这距离他们太遥远了,与他们关系不大。所以,我们在宣传贯彻社会主义核心价值观时,一定要注意口径"上粗下细",要落实、落小、落细。而落实、落小、落细的关键就是要区分受众对象,根据不同的受众对象进行不同措施的宣传教育。在高校的思政课教育中,由于老师面对的对象是大学生,所以社会主义核心价值观的个人层面的内容"爱国、敬业、诚信、友善"这一组内容比较好宣传教育,因为它离大学生比较近,也是我们每个公民都应该做到的。但是社会层面的"自由、平等、公正、法治"和国家层面的"富强、民主、文明、和谐"就比较难宣传了。一方面是因为它们更抽象了,另一方面是因为受众的对象并不是只针对大学生本身,这就造成大学生觉得这些东西离他们太远,或者说是将来的事情。如果高校思政课在宣传教育中不注意这个问题,只是泛泛宣传社会主义核心价值观,效果肯定不好。即使学生都会背诵社会主义核心价值观的内容,他们也不一定做到"内化于心,外化于行"。

第三,家庭教育没有配合上学校的教育。家庭教育是学生受教育的重要场所，它能与学校教育密切配合，从而对学生形成一个良好的教育效果。但是在现实生活中，时不时会听到一些言论，如学校教育了一学期，结果孩子回到家一星期，一切又回到了起点。这主要是因为随着市场经济的大力推进，"市场"因素渗透到了各个领域，在部分家庭中，往往更注重"实用主义"，甚至部分家长有比较强的拜金主义倾向等。这对高校长期以来进行的理想信念教育会形成一个比较大的冲击。学校的"灵魂洗礼"、理想信念教育往往被家庭教育中的"实用主义"教育所打压。在教育中，家校合作本来是一种很好的模式，家庭教育促进学校教育，但是，在社会主义核心价值观的宣传教育中，目前家庭教育这种功能还没有发挥出来。只要能做好正确的引导，家庭教育一定能成为社会主义核心价值观教育的有力推手。

第四，社会上的一些不良风气的影响。随着市场经济的深入推进，社会上不少人往往是向"钱"看，谁越富有，仿佛就越有价值。这种价值观对学生造成了相当坏的影响。新中国成立以来，人民崇拜的对象由英雄、劳模、解放军，逐渐被今天的影视明星、歌星所取代。这些明星的出场费、片酬动辄上千万、上亿元，吸引了无数人的眼球，青年学生也往往存在着崇拜明星现象。这种社会风气，导致一部分学生缺乏艰苦奋斗、吃苦耐劳精神，往往想着走捷径，当明星、做网红。而真正推动国家、社会发展的科学家、医学家、教育家、实业家等却被他们所遗忘。这也是造成当代一些学生浮躁、好高骛远的一个重要原因。所以，要想全方面宣传贯彻好社会主义核心价值观，还需要改良整个社会的风气，让整个社会都充满积极向上、和谐有序的力量。

第五，在宣传教育中未能区分不同的大学生群体，往往是把大学生当作"一个人"。实际上，综合性院校与专科院校、部属院校与地方院校的学生在接受社会主义核心价值观方面差别还是比较大的，可是在现实中我们往往忽视了这些差别，导致教育效果不理想。在调研过程中，我们发现职业类院校的学生在实践上能力还是比较强的。从事美术专业的学生，他们发挥自己的专长，在学校的围墙、甚至城市建筑的墙壁上制作关于社会主义核心价值观的宣传画、墙报。有的同学居然在窨井盖上描上彩绘去宣传社会主义核心价值观。这样形式上就丰富多彩，市民也很喜欢，不少人驻足观看，这对社会主义核心价值观的宣传教育真起到了不小的作用。而综合性院校的学生在理论研究上更为擅长，成立了一些理论研讨会，在理论上去研究社会主义核心价值观。因此，在教育中，我们一定要关注不同的"主体"，分类侧重某一方面的教育，这样效果可能更好。

三 新时代大学生社会主义核心价值观践行路径探索

理论教育必须与实践相结合，这样才能真正发挥出理论的力量。在社会主义核心价值观的宣传中，同样需要和具体实践相结合，这样才能真正有效地去践行社会主义核心价值观。

第一，在理论阐释上，要对社会主义核心价值观进行透彻的学理分析。这个层面的理论阐释已经不是简单的宣传了，而是要以透彻的学理分析来强化理论认知。社会主义核心价值观的提出的确有反对西方各种学说思潮的外在因素，但是，最根本的是教师要在理论的追溯中阐释社会主义核心价值观的合理性。在理论上，要坚持马克思主义的立场、观点和方法，这是旗帜、是方向问题。在实践上，社会主义核心价值观也是马克思主义基本原理在中国的具体实际中的运用与发展，属于马克思主义中国化的一部分。另外，这些中国化的成果中也融入了中国传统文化的精神，从而奠定了我们文化自信的源泉。在向学生讲述社会主义核心价值观时，必须讲清楚社会主义核心价值观的来源，只有这样我们才有自信，才有底气。

同时，要做好社会主义核心价值观和西方以自由、民主、平等为核心的价值观的比较分析，并批判西方的价值观。普世价值中所说的自由、民主、平等观念，是特指西方国家认可的、并向其他国家不断推销的资产阶级价值观，是西方资产阶级把其视为永恒的价值观。这种价值观满足了西方资产阶级的需要，是资产阶级这个主体的价值观。但是，在历史上不同的时代和不同的国家中，由于价值的主体不同，自由、民主、平等、人权的具体内涵和实现状况是不同的。不存在任何时空中都具有相同含义的自由、民主、平等和人权。

普世价值所宣传的自由，仅仅是在资本主义意识形态下的自由，是资本的自由、商品交换的自由、资产阶级的自由。"自由"作为人类的一个理想，人人都有一个基本的自由追求。人有理性，这是人的普遍能力，也是人的意识的基础，这也为人追求自由创造了条件。但是，"自由"并不是完全依赖于特定的社会文化，也就是说，并不说只有西方国家所说的"自由"才是自由，而是只要有人类存在，人类就有这个本能的追求。美国所宣传的"自由"是美国人，或者准确地说是美国资产阶级所追求的自由而已，这当然不具有"普世性"。

还有平等观，原始社会的平等观绝对不同于资本主义社会的平等观。在原始共产主义社会中，在部落或部落联盟的共同体中，一切人都享受着相对的平等，但超出了他们的共同体，这种相对的平等就不存在了。这种平等与资本主义社会中资产阶级所宣扬的一切人都应在法律和金钱面前平等是不同的。同样，在社会主义的中国，我们更强调的是实质平等、生存权和发展权的平等，而不单纯是那种形式上的平等，人权屈从于物权的不平等的现实。

另外，如人权，在原始社会权利和义务是不分的，还不存在法律意义上的平等权利。恩格斯指出："在氏族内部，还没有权利和义务的分别。"[①] 只有到了阶级社会后，才有了权利和义务的区分。而且，在前资本主义社会，权利的主体是奴隶主或封建主，奴隶和农民被排除在权利的主体之外。只有到了资本主义社会，资产阶级登上历史舞台后，才提出了近代意义上的人权、平等问题，其目的是为了反对封建主义，从而来发展商品经济。通过回顾人类历史发展来看，自由、平等、人权并不是人类社会在任何阶段都有的价值，只是资产阶级登上历史舞台后才提出来的，因而不可能具有永恒性和普遍性，并不是所谓的"普世价值"。

第二，在批判西方各种非马克思主义思潮的同时，要注意培育和践行社会主义核心价值观。价值观是人们的信念、信仰、理想、道德和价值取向的综合体系，是人们的利益、需要、心理和行为的内心定向与调节系统。价值观是一定文化和文明的灵魂，是支撑人们心灵的精神支柱，是社会认同的前提和基础。同时，价值观还是人们为了实现理想、目标而努力实践的精神动力。面对各种非马克思主义思潮的进攻，我们必须拿起社会主义核心价值观的武器进行坚决的反击，坚定地走中国特色社会主义道路，走

---

① 《马克思恩格斯选集》第4卷，人民出版社，1995，第59页。

出一条"中国模式"的道路。

马克思、恩格斯创立的共产主义的价值观是人类历史上最先进的价值观。社会主义核心价值观是共产主义价值体系的组成部分和前期准备。在全球价值观冲突日益严重的今天，我们在承认和尊重多样化价值观的前提下，坚持共产主义价值理想，构建与中国特色社会主义实践相适应的价值观。另外，社会主义核心价值观与普世价值是有本质区别的。第一，社会主义核心价值观不是普世价值，而是一种特殊价值。从主体性的角度来说，"社会主义"已经表明了它是"谁的价值观"的问题。"社会主义社会是人民当家作主的社会，其核心价值观必须以人民为主体，以人民的根本利益为标准。"① 它适应中国特色社会主义建设的需要，满足了中国广大工人、农民、知识分子的利益，它并不是满足所有人的需要，更不可能满足西方国家和资产阶级的需要。第二，中国的社会主义核心价值观是以集体主义为核心的，这与西方所推崇的以个人主义为中心的普世价值有本质区别。在价值观中，是以集体主义为中心还是以个人主义为中心，这是中西方价值观之间的一个重要区别。社会主义核心价值观是符合中国社会发展需要的，因而也满足了中华大地上不同主体的需要。因此，面对如此严峻的价值观领域的斗争，人民大众要想获得彻底解放，只有依靠马克思主义，依靠共产主义价值理想指导下的社会主义核心价值观，而不是什么"普世价值"。中国要在意识形态领域以社会主义核心价值观反对西方的霸权主义和强权政治，维护中国的意识形态安全，提升中国的影响力，让世界上更多的国家理解中国道路、中国模式。另一方面，在国内要加强思想道德建设，"广泛开展理想信念教育……加强爱国主义、集体主义、社会主义教育，引导人们树立正确的历史观、民族观、国家观、文化观"②，只有这样才能真正有力量反击西方的各种非马克思主义思潮对我们意识形态领域的干扰。

第三，教师要结合现实、结合时代热点问题给学生释疑解惑。社会主义核心价值观的3个层面12个词汇，无论从哪个层面、哪个词汇，都要结

---

① 黄岩：《社会主义核心价值观与"普世价值"之辨》，《中共云南省委党校学报》2015年第5期。

② 习近平：《决胜全面建成小康社会 夺取新时代中国特色社会主义的伟大胜利——在中国共产党第十九次全国代表大会上的报告》，人民出版社，2017，第43页。

合时代特征给学生解释清楚,让学生能去解决现实中遇到的实际问题。例如"富强",一个经济学的词汇如何成了我们的核心价值观的一部分?这不仅需要我们从学理层面分析,而且还需要我们结合中国的现实来理解。

富强是指国家的富足和强大,这个毋庸置疑。但是把国家的富强作为价值目标去实现,我们应该怎么做?必须走市场经济发展的道路,因为市场经济是已经确认的现代经济形态不可逾越的历史发展阶段。我们现在是社会主义初级阶段,我们正在进行市场化改革。所谓市场化改革,对我们来说就是达到富强目标的必由之路。既然是这样,那么富强就意味着我们必须建立一套完善的市场体系,建立起完善的市场制度、市场秩序,以使人们能充分发挥市场的作用,达到我们国家富强的目标。这里就有一个规范性的问题,如果没有好的市场规范、市场秩序的话,那么毫无疑问,我们就很难实现富强的目标。事实也已经证明,今天我们已经取得的成绩就是一个很好的例子。当然我们讲到富强,也不仅仅是讲到国家富强,还要讲到民富民强。这一点我们是要同资本主义有根本区别的。因为社会主义的目标是共同富裕。共同富裕就意味着必须加强政府的宏观调控。我们不能像一些自由资本主义国家,拒绝政府为调节利益分配而进行的干预。中国是社会主义国家,必须合理调整利益分配格局,合理限制贫富分化。而这些目标的实现也要靠一系列的规范系统,比如说我们的分配制度、税收制度、财政制度、福利政策、社会保障体系等。如果没有这一整套的社会规范体系来保障的话,那么我们的民富民强也就是一纸空文。如果从这个角度分析"富强"成为社会主义核心价值观的内容之一,可能学生会能更好地理解与接受。同样,其他的内容如自由、民主、平等、法治等都需要我们结合当今中国实际来进行解读,这样才有说服力,也才有生命力。

第四,加强体验感知,要以实践为中介推动社会主义核心价值观落细、落小、落实。实践出真知,只有在实践中体验和感知,只有理论和实践相结合,才能让学生做到"真学、真信、真做",做到知行合一。首先,可以加强对学生的实践体验教学。实践体验教学的内容重点要聚焦到以下几个内容:一是传统优秀文化体验。传统文化是我们民族的根,是中华民族自信的源泉,用体验式的方式来学习中国传统文化,可以使学生深入了解中国传统文化,激发学生热爱中华传统文化的激情,从而增强民族自信心和自豪感。比如近几年影响力很大的"中国诗词大会""汉字听写大会"等弘扬中国传统文化的节目,参与人员越来越多,影响力也越来越大,大家对诗词、汉字的喜爱实际上也是爱国的一种重要表现形式。二是革命文化体验。革命文化是中国共产党执政的文化之根。作为党的接班人的大学生更应该好好实践体验革命文化,让革命文化中的高尚道德情操融入核心价值观之中。近年来全国各地兴起的革命文化,对当代大学生就具有非常重要的思想教育意义。例如焦裕禄精神、红旗渠精神、愚公移山精神等,河南很多大学生通过革命文化的学习,思想上都受到了很大的震撼,教育效果也非常好。三是公益文化体验。积极发展公益文化体验,能极大地陶冶学生的道德情操、奉献精神,从而来塑造学生的美好心灵。其次,用社会主义核心价值观指导大学生的课外实践活动,帮助学生将理论应用于实践。现在高校中有相当数量的学生社团,校方要加强对学生社团的理论指导,在这个过程中要抓住机遇进行社会主义核心价值观的教育。比如,在不少高校都有"青年志愿者协会"这个社团,学校可以通过积极引导,既能让这个社团发扬公益文化精神,又能让社会主义核心价值观落细、落小、落实。通过这个社团,鼓励大学生参与敬老院、孤儿院、大型体育赛事、大型会议等的志愿服务活动,引导大学生养成习惯,自觉自愿地参与公益活动。在这个过程中,指导老师可以很好地把社会主义核心价值观融入社团建设和社团组织工作。再次,高校积极组织大学生参加丰富多彩的实践活动,从而增强大学生的社会责任感。高校是座"象牙塔",学生长期在"象牙塔"中学习,会逐渐导致理论与实践脱节。而理论必须回归实践,必须为实践服务才会有生命力。对于大学生来说,实践是他们了解社会、服务社会的有效途径。学生通过实践活动,深入农村、社区、企业,真正了解到了基层社会的新变化以及基层民众的新期待,也真正理解了社会主义核心价值观的精神实质。

因此,关于社会主义核心价值观我们一方面需要理论方面的宏观解读,另一方面我们更需要落细、落小、落实,让大学生有能力去做,愿意去做,只有这样才能真正让社会主义核心价值观的宣传、贯彻实现内化于心、外化于行的效果。

【执行编辑:尹 岩】

价值论基础理论研究

Research on Basic Theory of Axiology

关于自由的价值思考

韩东屏[*]

【摘 要】 很多人把自由视为最值得追求的东西,果真如此自由就必须是至善。但从各种自由观分析,自由都不是至善。不过,自由与至善有最密切的关系。以往认为至善没有定论,但只要先确定至善的特点,就能证明至善是人的全面自由发展。进而可知,全面满足人的各种需求是至善的内容,自由则是至善的形式和条件。既然只有人的全面自由发展才是至善,它就也有资格成为社会的至善或终极价值。此后,社会发展的最终目的就是对人的全面自由发展的推进,社会的使命就是为全面满足人的各种需求提供需求对象即价值之物。这些价值之物可以根据人的四层需求即在世需求、生活需求、交往需求和自我实现需求而归为康寿、富裕、和谐和自由。于是,这四者就既是满足人需求的四大对象,也是社会终极价值即至善的四大指标。在现实中,只有民主社会才会将人的全面自由发展确立为社会终极价值,而不是民主社会的人们,则只有先完成人人自由平等的民主革命再确立。在以人的全面自由发展为社会至善的民主社会,虽说自由是社会至善的四大指标之一,但对个人来说,自由如空气:没有会死,稀薄难受,充沛则不觉。此时需要思考的问题是该如何享用自由,结论是:把通过发掘发挥自己的全部才华创造

---

[*] 韩东屏,华中科技大学哲学系教授,主要研究方向为价值哲学、伦理学。

价值之物，作为最值得花更多时间和精力去做的事情。

【关键词】 自由；善自由；价值；至善；幸福；终极价值

自由，在很多人眼里，是最值得追求的东西。于是，有帕特里克提出的"不自由，毋宁死"的社会革命口号，有裴多菲的广为流传的诗句："生命诚可贵，爱情价更高，若为自由故，二者皆可抛"，更有以自由为主义的自由主义。自由主义是西方近代兴起的一股日趋强盛的社会思潮，迄今已在全世界形成了最为广泛的影响，因而"自由最值得追求"的理念也随之被越来越多的人所接受。

然而，自由真是最值得追求的东西吗？

如果自由是最值得追求的东西，那它本身就必须是至善，因为只有最好的东西即至善才最值得追求。反之，如果自由不是至善，它就不是最值得追求的东西。这时，我们就需要对自由的价值进行新的考察和定位。

一 自由不是至善

若想回答自由是不是至善的问题，必须先明确自由是什么。因为如果我们连"自由是什么"都不清楚，也就无法明确回答其他有关自由的一切问题。

人类思想史上，人们对自由的不同说法甚多，迄今未获统一，不过通过归类，自由观不外以下这几种，其中多数意思相近。

第一种自由观是将自由理解为限制或强制的消除。这个理解符合拉丁文"自由"即"Liberas"的词源本意："从被束缚中解脱出来"。因而霍布斯说："自由一词就其本义来说，指的是没有阻碍的状况"①。阿伦特则强调强制的阙如："成为自由意味着不受制于生命必然性或他人的强制，亦不受制于自己的强制，意味着既不统治人也不被人统治。"②

第二种自由观是将自由理解为自己决定做或不做。洛克说："自由就在于有能力按照自己的意志，做什么或不做什么；做什么或避免做什么"③；

---

① 〔英〕霍布斯：《利维坦》，黎思复、黎廷弼译，商务印书馆，1985，第162页。
② 〔德〕汉娜·阿伦特：《人的境况》，王寅丽译，上海人民出版社，2009，第20页。
③ 〔英〕约翰·洛克：《人类理解论》(An Essay Concerning Human Understanding, ed. Peter H. Nidditch, Oxford: The Clarendon Press, 1975)，第2卷，第21章，第56节。〔美〕斯金纳：《政治自由的悖论》，微信公众号《学术与社会》，2020年7月7日。

休谟说:"我们用自由一词只能是指根据意志的决定而做或不做的能力"①;斯宾诺莎说:"其行为仅仅由它自身决定的东西,就叫做自由"②;罗素说:"自由意味着能够自行决定与自己有关的一切事情"③;哈耶克说:"自由意味着存在着一个按其自己的决定和计划行事的可能性"④。

第三种自由观是对前两种观点的综合。最有代表性的是罗尔斯的说法:"自由总是可以参照三个方面的因素来解释的:自由的行动者;自由行动者所摆脱的种种限制和束缚;自由行动者决定去做或不做的事情。"⑤ 柏林的综合法则是将自由区分为消极的自由和积极的自由,前者指"没有人或人的群体干涉我的活动"⑥,后者指"我的生活与决定取决于我自己,而不是取决于随便哪种外在的强制力"⑦。

与以上三种自由观都否定限制相反,第四种是认为自由也需要有一定限制的自由观。只不过在以什么限制自由的问题上,又有不同的说法。孟德斯鸠认为是法律:"自由是做法律所许可的一切事情的权利。"⑧ 彭梵得(意大利著名法学家)也说:"自由是做一切想做之事的权利,以受法律禁止或强力阻碍为限。"⑨ 密尔认为是他人自由:"惟一实称其名的自由,乃是按照我们自己的道路去追求我们自己的好处的自由,只要我们不试图剥夺他人的这种自由。"⑩ 德沃金认为是道德权利:"自由并不是那种去做你想要做的任何事情的自由,而是在你尊重别人被恰当理解的道德权利的情况下做你所愿做的任何事情的自由。"⑪ 法国《人权宣言》的观点是不害人:

---

① 转引自胡好:《简析休谟的自由观》,《现代哲学》2011年第3期。
② 北京大学哲学系外国哲学教研室主编:《16—18世纪西欧各国哲学》,商务印书馆,1956,第165页。
③ 〔英〕罗素:《政治理想》,纽约世纪出版公司,1917,第27页。
④ 〔英〕哈耶克:《自由秩序原理》,邓正来译,生活·读书·新知三联书店,1997,第5页。
⑤ 〔美〕罗尔斯:《正义论》,何怀宏、何包钢、廖申白译,中国社会科学出版社,2009,第159页。
⑥ 〔英〕以塞亚·柏林:《自由论》,胡传胜译,译林出版社,2011,第168页。
⑦ 〔英〕以塞亚·柏林:《自由论》,胡传胜译,译林出版社,2011,第180页。
⑧ 何怀宏编:《自由》,生活·读书·新知三联出版社,2017,第63页。
⑨ 〔意〕彼德罗·彭梵得:《罗马法教科书》,黄风译,中国政法大学出版社,1992,第16页。
⑩ 〔英〕约翰·穆勒:《论自由》,程崇华译,商务印书馆,1959,第13页。
⑪ 〔美〕罗纳德·德沃金:《自由的各种价值冲突吗?》,载于马克·里拉等编:《以赛亚·柏林的遗产》,刘擎、殷莹译,新星出版社,2009,第63页。

"自由即有权做一切无害于他人的任何事情"①。马克思也是如此认为:"自由就是从事一切对别人没有害处的活动的权利。"②

第五种自由观是康德的独特见解,他不是从行动者有无外部限制的思路来言说自由,而是着眼于行动者是否被自己内在的本能、欲望或感觉经验所决定,所以他说:"自由即是理性在任何时候都不为感觉世界的原因所决定"③,只"服从道德规律"④。

第六种自由观是恩格斯的观点,也颇为独特,他是相对于自然界的必然性来界说自由:"自由是在于根据对自然界的必然性的认识来支配我们自己和外部自然界。人们只有认识了客观必然性,并在实践中按照客观规律去改造客观世界,才能在行动上取得自由;违背客观规律就不可能得到自由,反而会受客观规律的惩罚。"⑤毛泽东后来将其概括为:"'自由是对必然的认识和对世界的改造'——这是马克思主义的命题。"⑥

从关于自由的上述六种观点看,自由都算不上是最值得追求的至善。就前三种没有任何限制的自由观来说,没有限制而只有自己决定的自由,意味着自由也包括作恶,可以干所有坏事,而至善显然不包含恶。

孟德斯鸠的自由观似乎好些,有"法律许可"的限制。但是,由于历史上的奴隶制和所有剥削压迫同样都有法律的根据和支持,所以"做法律所许可的一切事情"也并不能必然避免邪恶。密尔的自由观倒是以"己所不欲,勿施于人"的思路排除了在自由名义下作恶的可能性,但他却明确说自由是用来"追求我们自己的好处"的,这就说明,自由不过是追求好处的条件,而不是好处本身,更不可能是至善。与之类似,德沃金、《法国人权宣言》和马克思用"道德权利"或"不害人"(这二者其实是一回事,因道德上允许做的事情,都有不害人的共性)作为限制条件,虽然基本上也能消除自由包含作恶的可能,但至善肯定不是指"做任何事"。易言之,并不是随便做一个符合道德规范的不害人的事,就都是至善。

---

① 戴学政等:《中外宪法选编》下册,华夏出版社,1994,第60页。
② 《马克思恩格斯全集》,第1卷,人民出版社,1995,第438页。
③ 〔德〕康德:《道德形而上学原理》,苗力田译,上海人民出版社,1986,第107页。
④ 〔德〕康德:《道德形而上学原理》,苗力田译,上海人民出版社,1986,第100—101页。
⑤ 《马克思恩格斯文集》第3卷,人民出版社,2009,第565页。
⑥ 《毛泽东著作选读》下册,人民出版社,1991,第385页。

康德"服从道德规律"也就是服从道德原则的自由观倒是不怕这种分析，因为他就是以"服从道德规律"作为比幸福"更高的理想"，把一切行为均以道德为动机视为最有价值、人格和尊严的事情①。问题是：人来到这个世界上，难道就只是为了服从道德原则的吗？康德不知道，道德只是人类诞生上十万年后才形成的东西。这一事实说明，人根本不是为了道德才来到世上的，所以服从道德原则也不可能是至善。

恩格斯的自由观则是和人类的历史相一致，因为人类就是在认识和改造自然的过程中诞生并发展起来的。只是这个自由观还不是对全称自由或一般自由的定义，而只是自由的一种体现，即人在与自然界交往时的体现。显然，人的其他活动，即与认识和改造自然无关的活动，如政治活动、文艺活动、日常生活、人际交往、休闲消费，等等，也都会体现人的自由或不自由，都会存在自由或不自由的问题。并且，仅从这个狭义的自由定义看，也根本无法认定它是比其他事情都要好的至善。

综上可知，我们无论是从哪一种既有的自由观出发，都得不出自由是最值得追求的东西的结论。

自由主义会说，自由之所以最值得追求，不是从定义层面说的，而是在于这三个理由：一是人的自由是个人与生俱来的天赋权利或人权，不会因人进入社会而消失，政府不得侵犯与剥夺②；二是自由是幸福的条件，自由意味着个人可以自主地选择过自己所中意的好生活③；三是自由利于个人创造性的发挥，能够促进社会进步④。

然而，且不说可以在后天被剥夺的自由怎么可能是天赋人权，就算是，也不能从"自由是天赋"的事实直接推出"自由是善"的价值判断，更不能推出"自由是至善"的价值判断，因为天赋于人的东西并不止自由这一种，至少还有身体、需要、感官、意识和利己心等。至于自由是幸福的条件和自由能促进社会进步的观点倒是对的，而且幸福和进步也都属于价值，尤其是幸福，通常被人们等同于至善，所以根据这两个理由，自由的确是

---

① 〔德〕康德：《道德形而上学原理》，苗力田译，上海人民出版社，1986，第45、88、104页。
② 参见李强：《自由主义》，中国社会科学出版社，1998，第190页。
③ 李书巧：《当代西方自由主义政治思潮述评》，《桂海论丛》2011年第5期。
④ 参见李强：《自由主义》，中国社会科学出版社，1998，第191—192页。

一种善或善因。但自由还是算不上至善，这是因为，自由既然是幸福的条件，就不是幸福即至善本身；自由既然是能促进社会进步，就不是社会进步本身，而只是实现社会进步的手段。因此，自由主义的这三个理由，都未能确证自由是最值得追求的至善。

自由主义也许还会说，自由之所以最值得追求，是在于自由主义的系列社会主张相对优越。自由主义是一个流派杂多的思潮，缺乏统一的表述，因而关于自由主义的主张也有不同的概括。可以说，自由主义的具体主张很多，但它们最终都从属于一个最基本的主张，这就是以个体为本位的个人主义，它强调个人价值高于社会价值，个人是社会的目的，社会是实现个人目的的手段。而自由主义的其他主张，即个人自由最大化、个人谋利合法化、有限政府或政府最小化、干预最少化、社会公民社会化、政治宪政民主化、资产全面私有化、经济完全市场化、贸易全球化、福利个人化，等等，则不过都是被认为有利于个人权利的主要制度安排。因此，自由主义其实不应该叫"自由主义"，而应该叫"个人主义"。并且，也只有"个人主义"的称谓，才与作为反对派的社群主义和共和主义具有相对性。

由于人们当初是为了使自己活得更好才组成社会的，并且也是为此才愿意持续留在社会之中而从不离开，因为合作能给每个人带来前所未有的好处[①]，所以，人的确是社会的目的，社会也的确是人的手段。但是，鉴于个人作为社会目的的身份一旦得到公认，也仍然不等于每个人就都得到了至善，从此不再需求有任何追求活动这一情况，这就可知，人虽是目的，却不是至善，更不能由此得出自由是最值得追求的东西的结论。

至于自由主义的上述具体主张，同样也算不上是最值得追求的东西。首先，最值得追求的东西只能是一个而不可能是多个，因而这些具体主张的诉求对象不可能都是至善。其次，由于其中的每一个主张在含义上都包含不了其他的主张，因而它们中的每一个主张都不配称最值得追求的东西。此外，一项制度安排是否优越，是可以以是否有利于个人权利作为一种衡量标准，但这个"个人权利"应是指每一个人的权利，所以只有那种能使每个人都活得更好的制度安排才是优越的制度安排。由此出发，就不见得

---

① 韩东屏：《制度的威力》，华中科技大学出版社，2018，第136页；韩东屏：《社会结构：制度性三位一体》，《世界哲学》2019年第1期。

自由主义的每个具体主张都是对的。比如让政府退出社会福利保障事务的"福利个人化",就肯定不能使每个人都活得更好。

既然我们无论从哪个层面看,自由都不是最值得追求的至善,那自由究竟是一种什么样的价值?它与至善又是什么关系?

这就需要探讨至善。

二 自由是至善的形式和条件

麻烦的是,至善似乎是一个无解的问题。尽管人们一般认为至善就是幸福,就是终极价值,可一旦再问幸福或终极价值是指什么时,答案就不一样了。有人说是保全自己的生命,有人说是获得来世快乐,有人说是享受现世快乐,有人说是最大多数人的功利最大化,有人说是修养美德,有人说是掌握知识和拥有智慧,有人说是推动社会进步,有人说是实现自己的天赋潜能……并且,由于这些不同观点在论证方法上其实差不多且均有弊端,它们之间还无法相互证伪。[①] 于是,幸福没有统一答案的价值多元主义由此出现,并逐渐成为人类共识。这就是说,正是幸福即至善不能确定或没有统一答案的情况,构成了价值多元主义的源头。

可是我认为,当我们面对这些差不多代表了所有幸福观的不同说法时,虽然不能确定其中的哪一种才是正确的,却可以确定它们没有一个是正确的。并且这个确定方法很简单:幸福或至善作为终极价值也就是最后的价值或最大、最高的价值,应该能够涵括其他所有的善或善对象,否则它就算不上至善,因为那么被它涵括的善,如果不是反而能涵括它的善,也至少是和它同等级的善。就前一种可能性说,那个未被它涵括反而涵括了它的善才有可能是至善,只要其后再无更大的善;就后一种可能性说,能既涵括它,也涵括与它同等级的善的那个善,才有可能是至善,只要其后也再无更大的善。而上述幸福观所说到的各种幸福,虽然每一个都是一种可欲之善,却都不是能涵括其他善的善,所以它们也就都不是真正的至善或幸福。

---

① 韩东屏:《追问幸福》,《伦理学研究》2015 年第 5 期。

这个分析启发我们，要想找到真正的至善或幸福，需先考虑堪称至善的东西必须具备哪些特点，抑或说，必须满足哪些条件。现在我们已知，真正的至善首先需要具有完全综合性的特点，必须是那种高于并能涵括其他所有善的善，亦即完全的善。因而对于它的追求，就是对所有善的追求。既然如此，其外再无善的它也就是最终的目的、纯粹的目的，而不是任何其他目的的手段。因而真正至善的第二个特点就是具有最终目的性。真正值得我们追求的至善，也必须是在现世可以追求的，而不是存在于可望而不可即的彼岸世界，因而现实可行性是真正的至善的第三个特点。真正的至善作为幸福、终极价值和最终目的，还必须具有永久可欲性，不会在某一个时刻被彻底完成，只能是被不断趋近而不能彻底实现，值得人用毕生去追求，也永远值得每一世代的人用毕生去追求。因此，只有同时具有完全综合性、最终目的性、现实可行性和永久可欲性这四个特点的东西才堪称至善。

问题是我们能找到同时具备这四个特点的东西吗？

能，这就是由马克思表述的命题："每个人的全面而自由的发展"[①]，简称"人的全面自由发展"。对于这个命题的含义，按照马克思的意思，就是指人的"全部才能的自由发展"[②]。不过，我在此准备出于马克思而又不拘泥于马克思地给出这样的解释：在此命题中，"全面"和"自由"都是修饰"发展"的用词，这就需要分别说明"全面发展"和"自由发展"。其中，"全面发展"可解释为人的各种需求（即人的先天需要和后天想要）的全面满足度的不断提高，而马克思说的发展"全部才能"，只是其中的一种需求。由于各种需求的满足程度就是生活质量的高低，因而"全面发展"也就是指人的生活质量的不断提升，也就是让人活得更好。而"自由发展"，则可解释为个人的全面发展即满足各种需求的活动，是不受他者强制和限定，也没有统一模式的自主自愿的活动，它按个人自己的意志来规划和进行，其结果是自然地形成了自己的个性和有个性的生活方式。因此，人的全面自由发展，就是指人以自主自愿的方式，使自己的各种需求的满足程度不断得到提高。

---

① 《马克思恩格斯全集》第 44 卷，人民出版社，2001，第 683 页。
② 《马克思恩格斯全集》第 3 卷，人民出版社，1960，第 248 页。

由于世界上的所有具体善物或具体价值对象都是用来满足人的需求的，这就意味着，人追求全面发展，就是追求所有的善，因为我们已知全面发展就是指人的需求的全面满足，于是，人的全面自由发展就具有了完全综合性，能够涵盖所有善物。既然所有的善物都在对"全面发展"的追求之中，那在这个追求之外就不会再有其他善物可求，从而也就再无其他目的，于是人的全面自由发展也具有了最终目的性。又由于人类普遍经验表明，人的各种需求的满足程度在现实世界中确实是可以得到提高的，并且这种提高由于需求的无止境也是永无止境的，于是人的全面自由发展，又具有了现实可行性和永久可欲性。既然如此，同时拥有至善四特点的人的全面自由发展，就是实至名归的真至善。能将所有具体善物都统一于自身的至善显然只能有一个，否则就意味至善的多元存在，所以人的全面自由发展也一定是唯一为真的至善。

　　此时也许有人会说，追求人的全面自由发展不是为了人吗？这又怎能说在它之外再无其他目的？又怎能说人的全面自由发展具有最终目的性，是合乎至善四特点的真至善？人的确是目的，对物来说，人是万物的目的；对人来说，人是互为目的。只是要注意，一旦将人视为目的，就要开展以人为目的的追求活动，否则就是没把人当作实际的目的，而追求人的全面发展，就正是一种以人为目的，以所有善物来满足人的各种需求的最完美的追求活动，所以说，在这个活动之外，再无其他目的。因此，这个诘难并不影响人的全面自由发展是至善的结论。

　　也许还会出现这样的反驳：人的需求，尤其是其中的想要，有合理与不合理之分，而满足不合理的需求往往就是恶，比如对酗酒、毒品的需求的满足就是如此，因而当你把"全面发展"解释为各种需求的全面满足时，就导致你的至善中也包含恶，从而也证明它不是真正的至善。这个反驳似是而非。满足人的需求，是为了有利于人，如果一种所谓的人的需求的满足居然有危害人生存的作用，那它就不是人的需求，而是一种不良嗜好。所以，只要承认人满足需求是为了有利于自己，需求就没有什么合理与不合理之分，就都是需要肯定和需要满足的。

　　当我们知道了至善是人的全面自由发展，也知道了全面自由发展的含义之后，我们也就知道了自由与至善的关系。这就是，根据上述对全面自由发展的解释，可知"全面发展"说明的是发展的内容，"自由发展"说明的是发展的形式。也就是说，自由发展即自主自愿的活动，乃是为全面发展即满足人的各种需求的活动所设定的活动形式。而之所以要做这种设定，在于它是人的全面发展的最好形式或最理想的形式。其道理是，如果没有自主自愿，人满足自己需求的活动不仅会成为令人不快的被迫性活动，而且其满足效果，也注定不会有自主自愿的满足方式好，比如同样是满足吃的需要，显然只有自己才最知道自己此时此刻想吃什么。由此可知，"自由"虽然也在至善即"人的全面自由发展"的命题之中，但它本身还不是至善，而是实现至善的形式。换言之，是满足人的各种需求的前提性必要条件。因此，自由也不是人的最终目的，而是实现最终目的的一个必要条件。

就像个人的终极追求不是都必然等于社会的终极追求一样，如果自由不是个人的终极目的即至善，那它会不会是社会的终极目的即至善？

三 自由是社会终极价值的四大指标之一

我们已知，经过确证，只有人的全面自由发展才堪称至善，再无其他东西可能是至善，那对每个人来说，人的全面自由发展都是至善，都是最值得追求的终极目的。既然如此，被所有人所欲的人的全面自由发展，就有资格成为整个社会的至善即社会终极价值，这时它就又具有了普遍适用性的特点。这是指，我们一旦将人的全面自由发展也同时作为社会终极价值来追求，那么，就可以给所有人而不仅仅是部分人，也不是绝大多数人都带来好处。并且，这些好处不会因为个人情况的不同，即性别、年龄、籍贯、民族、种族、文化和宗教信仰的不同而有所不同。因此，将人的全面自由发展作为社会终极价值来追求，不仅是每个人的幸事，也是有着不同价值偏好乃至不同宗教信仰的人都能普遍乐于接受并互不妨碍的状况。① 因为谁也不会反对满足自己的需求，而且不管自己的需求怎么特别，只要是真实的现实的需求，就都已被包含在这个社会终极价值之中，就都

---

① 韩东屏：《论终极价值》，《河北学刊》2013 年第 1 期；韩东屏：《人是元价值——人本价值哲学》，华中科技大学出版社，2013，第 220 页。

可以按自己的自主意愿获得满足。

由于我们还已知道，人的全面自由发展，就是人的生活质量的全面提升，就是"活得更好"，这就说明自由主义关于"好生活没有统一含义"的观点是不对的，充其量只能说好生活没有也不需要统一模式，但其内涵则是一致的。这就是说，好生活就是能满足人的各种需求的生活，而具体的满足计划和方式，则由个人自主自愿地决定，不做统一要求。

将人的全面自由发展确立为社会的终极价值之后，社会的终极性发展目的就是将社会建成有利于每个人的全面自由发展的社会，社会的使命就是为满足人们的各种需求提供满足对象。由于人的需求无限多样，所以社会要为之提供的满足对象即价值之物或善物也无限多样。这些无限多样的价值之物，尽管无以计数，却可以随着对无限多样的需求的完全归类而被完全把握。我认为，人的无限多样的需求最终可以被周延地归为从低到高的四个层次的需求，这就是生命需求、生活需求、交往需求和自我实现需求，因而用以满足人各种需求的所有价值之物或价值对象，最终也都可以相应地被概括为四类。这就是康寿、富裕、和谐和自由。其中，"康寿"作为价值对象对应的是人的生命需求，亦即长久在世的需求。显然，人首先只有健康地活着，才能再谈其他和再做其他。而社会为人供给康寿，就是为人提供一切有益于人长久地、健康地活着的价值之物，包括有效的保健、医疗、养生、延年科技、安全设施、社会治安和好的生态环境等等，因而所有与之相关的价值之物都由康寿来代表和统摄。"富裕"作为价值对象对应的是人的生活需求，这里的"生活"是狭义概念，仅指日常的物质文化生活。因而社会为人供给富裕，就是为人供给满足和改善自己的物质文化生活的一切，人在世所需的吃、穿、住、行、娱、学，全都需要消耗一定的财富，因此，所有有利于改善人的物质文化生活的价值之物，包括科技、生产力、社会效率等等，都由富裕来代表和统摄。"和谐"作为价值对象对应的是人的交往需求，这个交往首先指人与人的交往，也指人与自然的交往。人与人交往，是为了通过合作和组成社会使自己活得更好，也是为了通过交往收获亲情、友情和爱情；人与自然交往则是为了从自然中获取物质生活资料和自然美的体验。社会为交往需求供给和谐，就是让人在人际交往中，避免冲突和不快，只有相得益彰的融洽和愉悦；让人在天人交往中，避免因对自然生态环境的破坏而招致大自然的报复，让人拥有越来越好的自然生态环境和自然审美享受。因此，所有有利于人际和谐和天人和谐的价值之物，如道德、习俗、制度、观念等等，也都由和谐代表和统摄。"自由"作为价值对象对应的是人的自我实现的需求。自我实现，在马斯洛看来，就是开发自己的禀赋潜能，在马克思看来，就是发展自己的全部才能。而我是在更广泛的意义上，把它解释为人通过自主自愿的活动而实现自己的人生价值。而开发禀赋潜能或发展全部才能，则是实现人生价值的主要环节。因而社会为人供给自由，就是让人拥有尽可能多的不受限制的活动时间，即自由时间；拥有尽可能大的不受限制的活动空间，即自由空间；同时还拥有自主自愿做一切益事而免受阻限的权利，也就是自由的权利。因此，所有那些与增加人的自由时间、拓展人的自由空间和使人拥有自由权利相关的一切价值之物，都由自由来代表和统摄。

现在需要解释，这里为什么将自由权利限定在"做益事"的范围之内。所谓"做益事"，即做有益于人的事。这个"人"，既指自己也指他人。若从反面说，做益事意味着不做害人也不做害己的事。之所以要将自由权利限定在做益事的范围之内，就是防止有人以自由之名来做害人之事。因为如果损害人也是自由权利，不仅自残、自杀会成为正当之事，更糟糕的是损人利己以及由此引发的相互恶斗也会成为整个社会的普遍现象，这时每个人的自由都被他人严重侵犯，这就走向了自由的反面即不自由。据此而论，自由其实存在善恶之分，"善自由"益己益人而不害他人，"恶自由"则害人益己而不益他人。在这两种自由之中，显然只有善自由或善自由权利才值得追求，值得拥有。自由存在善恶之分意味着，在这二者之上并能包含这二者于一身的一般自由或全称自由的概念，一定是一个中性的事实概念，我把它定义为人"自主自愿做或不做某事而免受阻限的状况"[①]。根据这一自由定义，如果做的某事是益事，那这种状况就属于善自由，并且这种状况越多，人们拥有的善自由也越多；如果做的某事是害事，那这种状况就属于恶自由，并且这种状况越多，人们拥有的恶自由也越多。由此可知，自由首先是对一种状况的描述，是一个事实词，当它被区分为善自

---

① 韩东屏：《善恶自由论》，《华中师范大学学报》2018 年第 6 期。

由与恶自由之后，才成了价值词。① 对自由做这样的定义和分类是很有必要的，因为前述那三种对自由没有任何限制的自由观，由于缺乏对自由做善恶区分，也就无法证明因没有限制而也会包含作恶的自由是可欲的价值。而第四种对自由有限制的自由观，由于将"限制"的意思也放在了关于自由的释义之中，这本身就是违反自由本义的一个悖论。实际上，它只可作关于善自由的界说。与之不同，我的自由定义和善恶自由分类则可以避免上述两种弊端，从而成为能经得起推敲的自由观。

社会为人的全面自由发展所提供的康寿、富裕、和谐和自由，由于分别对应的是人的四层性质不同的需求，并据此将所有价值之物分成四个系列而各领一列，因而这四者之间，一方面不能相互通约和相互替代，另一方面都同等重要，缺一不可，且相互之间有正相关的互动关系②。正因如此，它们就都成了社会发展最终目的的四大目标，同时也是用来衡量社会发展状况的四大指标。于是，社会对这四大发展目标的推进，就是对人的全面自由发展的推进；社会对这四大发展目标的推进状况，就是衡量人的全面自由发展的好坏优劣状况的指标。这就可以得到两条结论：一是自由不是社会终极价值或社会至善；二是自由是社会终极价值或社会至善的四大指标之一，也是社会发展终极目的的四大目标之一。

四 自由对人而言如空气

将人的全面自由发展作为社会终极价值或社会发展的终极目的，尽管已在道理上证成，却不会接着就被每一个现实社会都立为社会终极价值。

可以说，只要不是人民当家作主的民主社会，就注定都不会这样做。即便有的也许能将它立为社会终极价值，也一定是名义上的而不是实质性的。因为凡是不民主的社会，必然存在合法化的压迫和剥削，也就是一部分人作为统治者可以合法地压迫剥削另一部分人即被统治者，否则这个国家就没有必要不民主，没有必要只是让统治者操劳政务而不让人民自己管

---

① 韩东屏：《善恶自由论》，《华中师范大学学报》2018年第6期。
② 韩东屏：《论终极价值》，《河北学刊》2013年第1期；韩东屏：《人是元价值——人本价值哲学》，华中科技大学出版社，2013，第224—225页。

理自己。① 而压迫剥削就是奴役和剥夺，它让被统治者生存艰难，各种需求都始终处于匮乏状态，活得不像人样，也没有任何尊严，更谈不上能有什么发展。并且，统治者为了维护自己不劳而获的压迫剥削权，必然要防止被统治者的觉醒和反抗，所以统治者也极力限制和剥夺被统治者的思想自由、言论自由和行动自由。在压迫剥削最严重的奴隶制社会，被统治者甚至连人身自由都没有。

因此，在不民主的社会，要想将人的全面自由发展变成社会终极价值或社会发展的终极目的，必须先将社会变成人人自由平等，大家共同当家作主的民主社会。而历史上已有的社会民主革命，也正是首先争取人人自由平等的革命，于是才有"不自由，毋宁死"的革命口号。

与之相反，在实现了人人自由平等，人们共同当家作主的民主社会，当人们知道了个人的至善或幸福与社会的至善都是人的全面自由发展这个道理之后，就一定会将它确立为社会终极价值或社会发展的终极目的，并为实现这个目的而让社会为所有人供给程度不断提高的康寿、富裕、和谐和自由。其中，自然就包括立即赋予所有国民以全部善自由权，即做一切益事的权利。②

在人人都有了全部善自由权之后，这个社会对自由的追求就是为人们的自主自愿活动提供越来越多的自由时间和越来越大的自由空间，而个人则一方面也为之献力，一方面享用这种自由，在其中全面发展自己，满足自己的各种需求。

虽然人的四层需求性质不同，不能相互代替，都需要得到满足，而社会用以满足这四层需求的四大价值对象即康寿、富裕、和谐和自由也同等重要，但对个人来说，个人用以满足这四种需求的活动的价值并不是等价的，而是满足自我实现需求的活动的价值最高，满足交往需求的活动的价值次之，满足生活需求的价值又次之，满足生命需求的活动的价值则最低。其中道理在于，人的前三层需求即在世需求、生活需求和交往需求的满足，全都是通过摄取和消费价值之物来实现的，唯独自我实现是通过释放自己

---

① 韩东屏：《制度的威力》，华中科技大学出版社，2018，第190页；韩东屏：《论社会形态及其演变》，《阅江学刊》2019年第1期。
② 韩东屏：《求索善自由》，《武汉大学学报》2020年第1期。

的禀赋才能来产生价值之物实现的。而一个人的人生价值,应该不在于其对价值之物的消费的多少,而在于其产生的价值之物的多少。事实和理论都表明,从评价者说,一个人的人生价值,最终取决于他人和社会的评价,而不是自我评价,而他人和社会又都是以是否有利于自己作为评价标准,因而一个人的生命活动具有利人效果,就有价值,所利的人越多,其价值也越高。依此衡量,健康在世,只是开展自己生命活动的前提,只对自己有意义;生活富裕,只是表明自己的物质文化生活好,也是只对自己有意义;交往和谐意味自己可以收获美好情感,虽然既对自己有意义,同时也对他人有意义,但它基本上属于人与人的情感的对等交流,一般也不会被视为额外有利于他人,并且这里的"他人",仅仅是与自己直接交往的极少数人。然而,自我实现活动,作为产生价值之物的活动,如果所产生的价值之物超出了自己的所需,就可以用于满足他人的需求,就具有利于他人的意义,从而也就体现出自己的人生价值。并且,自我实现活动所产生的价值之物越多越大,个人的人生价值就越高。尤其是当产生的价值之物,不是再生产或重复生产已有的价值之物,而是在发掘发挥自己全部才能的过程中,创造出了前所未有的价值之物,能更好地满足人们的某种需求,或者能更好地解决某个公共事务或社会问题,就可以使很多人乃至整个社会或人类受益,从而形成自己更大的人生价值。正因"创造"有如此效用,是利人最多的活动,所以它也是实现人生价值活动的最有效的方式。于是,一个人若想最大限度地实现自己的人生价值,就要不断地创造。因此,对个人来说,在全面发展自己的活动中,最值得做的事情就是运用自己的全部才能进行创造的自我实现,而满足其他层面需求的活动,则应被视为自我实现活动的前提条件或基础。马斯洛关于"优势需求"的观点是对的,它合乎人们的普遍经验。这就是人的高层需求,通常都是在其下层需求得到基本满足之后,才能成为被人重点关照的优势需求。①

当然,一个人愿意不求回报地帮助他人,也能实现自己的人生价值,只是由于这种自我实现方式的利人范围远不如创造价值之物的大,也就不是实现人生价值的最有效的方式。

---

① 许金声:《谈谈马斯洛的"需要层次论"》,《光明日报》1985年12月22日。

创造作为我们最值得去做的自我实现活动，还在于创造体现人的本质力量。因为人类就是在不断地创造中诞生的，人就是"凭自造物生存发展的活动者"①。所以，一个人只有通过创造，才能证明自己的确是个人，具有人的价值。

至此，可以对自由的价值做一个总定位了，这就是，自由虽说是民主社会的终极价值的四大指标之一，但对个人来说，自由如空气：没有空气，使人窒息；空气稀薄，使人难受；空气充沛，也不会让人感到快乐，反而是没有了任何感觉。这就是说，没有自由不行，有了充分的自由也不等于就有了幸福。这时，我们要思考的问题是：该以什么方式享用自由？而正确的回答，就是在自己的全面发展中，把通过自主自愿地发掘发挥自己的才华而为人类创造价值之物，作为最值得花更多时间和精力去做的事情。

【执行编辑：陈新汉】

---

① 韩东屏：《社会诞生于人的制度性建构——论社会的起源与本质》，《华中师范大学学报》2017年第1期。

从"哲学标准人"到"生活世界人"

——责任归因的旧纲领和新问题*

郭 喨**

【摘 要】 人类作为"存在的牧羊人",与"责任"关系密切。本文对"责任归因"及两种哲学责任归因范式"哲学标准人"和"生活世界人"进行了考察,呈现了"责任归因"问题上"真实人类"与"哲学模型"之间的巨大差异。并考察了责任归因的概念和历史,报告了责任归因的特点和四种类型,区分了"因果性责任"与"道德性责任"、后果主义与义务论;在哲学家与公众共享同一个"责任"概念基础上,提出了有待考察的纲领和有待实证检验的核心命题。

【关键词】 哲学标准人;生活世界人;哲学模型;责任归因;事实材料;实验哲学

---

* 基金项目:国家社科基金青年项目"道德判断的实验哲学研究"(15CZX017)、"浙江大学争创优秀博士学位论文资助"(201502)。本文系作者"实验哲学报告"系列CSSCI论文之一(NO.6)。

** 郭喨,浙江大学科技与法律研究中心博士后,助理研究员,主要研究方向为人工智能与法律、科教公共政策。

导　言

　　如果你也认为哲学家"关心人类"或者"关心人类命运",那你很可能犯了跟我一样的错误——我已经错了好多年。

　　其实哲学家只关心他们自己。他们的理论预设经常是以自己为标准的,他们的研究对象也时常如此。为此,我制造了"哲学标准人"(Philosophical Standard Person, PSP 或称 Philosophical Reference Person, PRP)一词来描述"哲学研究对象"的基本特征:这是一群被坐在扶手椅上的哲学家们用脑子创造出来的存在物(Being),他们需要符合哲学家们对生活的想象和对理论的偏好——它们是一群人替(avatars),用以替代具体生活在这个残酷而真实的世界上的人类——我称之为"生活世界人"(Life World Person, LWP)。"生活世界"经常被指向胡塞尔那"位于哲学中心位置"的先验现象学主题,在此我们只关心"生活世界"的"真实性"与"经验性",而不在意它在特定哲学流派中的特殊内涵——实际上不同的哲学流派经常对相同的事实持有分歧严厉的哲学观点。因此,作为"真实世界"的 Life World 与作为"理念世界"的 Lifeworld 有所不同,"生活世界"是柴米油盐吃喝拉撒的真实而不是不食烟火的虚构的,生活世界是可经验的而不是"先验"或者"超验"的。我们想指出——正如 21 世纪第一个十年开始兴起的实验哲学的实证研究所指出的——哲学家常常把从"哲学标准人"模型得出的结论无限外推到"生活世界人"——他们甚至都不曾意识到这是两种不同类型的存在!

　　因此,我们能否拿理论虚构的"哲学标准人"来代替物理实在的"生活世界人"?这里有一个大大的问号。毕竟,"哲学标准人"和"生活世界人"是两类不同的存在——前者几乎只存在于哲学家的头脑中和论文里,后者则广泛分布于你的周围、你的身边、你的家里,存在于这个世界的角角落落。例如,正如理论和实验前仆后继地证明的:公众和哲学家的直觉在某些问题上经常是不一致的——这同时也意味着在另一些问题上二者的直觉是相似的。仔细想想,公众似乎并不需要那么一个/一群假人类之名却与普通人类相去甚远乃至完全不同的种族——心灵哲学家称一种"除了没有主观意识，所有物理方面跟人一样"的存在为"僵尸"，那我们又该把"除了核心直觉不同，所有物理方面跟人一样"的存在者叫什么好呢，"哲学家僵尸"还是"僵尸哲学家"？

有趣的是，这些哲学家还以为公众与自己共享一致的直觉，因而在理论上创造出了一群跟他们自己的直觉高度一致的存在者——"哲学标准人"（PSP）。这一群主要由思辨哲学家"直觉地"创造出来的物种即便存在，也不该冒用作为普通公众的人类之名。所有有着"诚实"这一良好品质的哲学家们都应尽快、主动向他们的读者坦白这一事实，而不是继续隐瞒下去；特别是那些原本就无意欺骗公众、只是不小心被自己参与创作的"哲学标准人"所蒙蔽的哲学家们——无心犯下的错误总是值得宽恕的，有意隐瞒的则另当别论——对于"生活世界人"如是判断与错误、意图相关的责任。

本文试图戳穿"哲学标准人"的谎言，考察真实的人类生活中值得哲学关注的问题，特别是系统呈现在"责任归因"问题上真实人类与哲学模型之间的巨大差异；揭示人类道德判断的复杂性和规律，试图倡导一种将哲学视为"广义经验科学"的有益运动。当然，这或许会引起"是否在取消哲学"的疑问①，不过好在，本质上哲学与自然科学共享同一个世界，因此无须过度计较到底谁最先发现"真实世界"的问题。

一 责任的概念和历史

责任（Responsibility）通常被视为伦理学的核心概念，从词源的角度看它源于拉丁语中的 respondere，本义为"回应"或"回答"；不过从概念的角度考察，我们可以合理推测，它很早就进入了我们人类祖先的部落生活之中。不同哲学家眼中，"责任"内涵也有所不同——这正是我们传统思辨哲学的一个特点。朱迪思·安德烈（Judith Andre）区分了两类道德责任：一类是"基督教—康德"传统中的责任，它以惩罚和奖赏为核心概念；另一类是亚里士多德伦理学意义上的责任，以亚里士多德的"品格"（character）

---

① 一位受人尊敬的哲学前辈肯定了本文所做的尝试，同时向我提出了这一问题。我的回答是，在可以预见的未来，哲学家暂时都不会饿死。

概念来定义道德责任。①

一般认为，道德责任归因是指依据行为者的特定行为或疏漏而在道德上值得称赞、奖励或责备、惩罚的状态，以及对责任（或荣誉）进行认定与划分的过程②。

不过好在哲学家跟普通公众共享了包括"责任"在内的道德哲学的某些核心概念，所以我们无须过度关心哲学家的"责任"概念到底长什么样子，而主要留意公众真实的责任及其归因即可。本文中，我们将重点考察责任归因的机制（Mechanism）和动因（Motivation）这两个方面，来阐明责任归因中的"是什么"和"为什么"问题。

在西方，"责任"与宗教关系密切——这不难理解。朋霍费尔认为，"'责任'（德语 Verantwortung——笔者注）意指人对上帝在耶稣基督里的启示所作出的最全面、纯全和认真的'响应'（德语 Antwort——笔者注）"。朋霍费尔指出，"上帝不断地呼召、引领人进入耶稣基督的生命、死亡和复活里面。上帝要人'响应'这神圣的号召。因此，责任就是人对上帝召唤的'响应'"③。而其具体形式则是"责任性的行为"（德语 Dasverantwortliche Handeln），"责任性的行为是'塑造'过程中重要的生命原则，它是与基督的实体相符合的行动"④。这又包括：① 平时的责任；② 特殊处境时的责任。平时的责任行动是要遵循上帝的诫命，包括工作、婚姻、"政府"的命任和与之略有不同的"教会"的命任；特殊处境时的责任则是要求"真正的无辜"："真正的无辜不是要洁身自爱，而是甘于将他人的罪孽放在一己身上。这正是代理人理应承担的责任。"⑤ 例如，宁可违背康德所主张的"任何情况下都要讲真话"的要求也要撒谎救下为躲避追杀者而紧急避难的朋友——"爱你的邻居"。这一切，都是因为我们要成为"负责任的代理

---

① Nagel, Williams, and Moral Luck: *Analysis*, 1983, 43（4）: 202-207.
② 作为概念引入，本段在作者责任归因研究的系列论文中都有呈现。例如，郭晓:《"善良"还是"软弱"——道德责任归因的经验证据与人际差异》,《当代中国价值观研究》2019年第4期；郭晓:《你我有别：关系如何影响道德责任归因》, 长沙理工大学学报（社会科学版）2020年第4期。
③ 〔德〕朋霍费尔:《伦理学》, 胡其鼎译, 上海人民出版社, 2007, 第15页。
④ 〔德〕朋霍费尔:《伦理学》, 胡其鼎译, 上海人民出版社, 2007, 第15页。
⑤ 转引自曹伟彤《中译本导言》,〔德〕朋霍费尔:《伦理学》, 胡其鼎译, 上海人民出版社, 2007, 第19页。原文来自 Ethik, 第260—261页。

人",这是一种"神性的责任",是我们对"上帝"所负有的责任。

另一方面,我们又都是"存在的牧羊人"(shepherd of Being),负有照管这个世界的责任——我们可不是普通的"雇工",在"狼来了"的时候,雇工可以"马上丢下羊群,撒腿就跑",但牧羊人不可以——"好的牧羊人为了羊群不惜牺牲生命"①。"照顾其他的人就是照管所有的生物,照管存在",因为照顾他人乃是"伦理道德的普遍的引导性(orientative)原则"②,而对这个世界负责的一个必要的前提是能进行责任归因——当狼来吃羊的时候,我们知道其中的善恶;此时如果某一个牧羊人跟雇工一起跑掉,他们可能遭遇不同惩罚;这就是责任归因。责任归因是我们每天都在做的事情——大多数时候还是自发、自动的。

不过在当代,日常的意义上、更多的时候,我们所需要负的是一种世俗化而非神性的"责任",是对自己、对他人、对社群和对自然环境的响应、承诺与兑现;本文所要研究的主要是这样一种世俗意义上的"责任"(Responsibility),也是一种伦理学意义上的责任——"道德责任"(Moral Responsibility)。当然,在当代,世俗中的牧羊人如果面对饿狼跟着雇工一起跑掉很可能也会面临有限的惩罚。底特·本巴赫尔(Dieter Birnbacher)指出,"由于此概念(责任——笔者注)本质上是后顾性的,因此也可以称之为事后责任。事后责任是这样一种责任:认为某人应对其某一行为负责,这一行为的不良后果就是由他过去的过错或失职而造成的。"③ 由于"事前责任""常常只是'职责'和'义务'的一种语言学变形",因此本处并不打算讨论"事前责任"。④ 而"伦理学意义上的事后责任则是指行为者 N 要解释和证明他相对于道德准则的行为,这一套道德准则是 N 所采取的,或是 N 在实施某一行为时所考虑到的",底特·本巴赫尔指出,"道德责任则是行为者自律的结果,它通常通过行为者的自我约束而实现",道德上的

---

① 《新约·福音书》,约翰福音,10—13:"10 盗贼来,无非要偷窃,杀害,毁坏。我来了,是要叫羊(或作人)得生命,并且得的更丰盛。11 我是好牧人,好牧人为羊舍命。12 若是雇工,不是牧人,羊也不是他自己的,他看见狼来,就撇下羊逃走。狼抓住羊,赶散了羊群。13 雇工逃走,因他是雇工,并不顾念羊。"
② 〔匈牙利〕阿格妮丝·赫勒:《道德哲学》,王秀敏译,北京大学出版社,2003,第49页。
③ 底特·本巴赫尔:《责任的哲学基础》,《齐鲁学刊》2005年第4期。
④ 底特·本巴赫尔:《责任的哲学基础》,《齐鲁学刊》2005年第4期。

"事后责任"需要满足如下的四个"条件和标准"(同样适用于法律上的"事后条件"):

(1) 将被认为有责任的个体等同于实施行为的个体(先决条件);

(2) 能够自由行动(它不仅是责任的条件,而且也是不同程度责任的根据);

(3) 不伤害他人或不让这种伤害发生是出于某种义务;

(4) 在行为与行为者应负责的伤害或其他的恶之间,存在着一种因果关系。①

不过,"责任判定"显然不只限于"归责",同样也包含"归功",而且后者构成了责任归因一个值得重视的方面。

二 责任归因的特点和类型

由于伦理学中的责任主要指"道德责任",因此本文中的"责任归因"(Responsibility Ascriptions 或 Responsibility Attribution)也就主要指"道德责任归因"(Moral Responsibility Ascriptions 或 Moral Responsibility Attribution)。道德责任归因指与行为者道德义务相一致、依据其行动或疏漏而在道德上值得称赞、责备、奖励或惩罚的状态。曹凤月对"道德责任"从社会关系、社会交往、主客观等角度进行了讨论,认为"道德责任"是"理性人在社会生活中产生并形成的人和人之间主动调节、合理对待的一些规定。这些来自社会关系又伴随着主观认同的规定成为道德责任的内容。"② 笔者认为,道德责任归因是指依据行为者的特定行为或疏漏而在道德上值得称赞、奖励或责备、惩罚的状态,简言之,是对责任(或荣誉)进行认定与分配的过程。

借用艾宾浩斯(Hermann Ebbinghaus)的表达方式,我们可以说,"责任归因虽有一长期的过去,但仅有一短期的历史"。心理学家通常将弗里茨·海德(Fritz Heider)1958 年出版的《人际关系心理学》一书视为"责任归因"一词的最早出处,显然这与心理学是一个太过年轻的学科有

---

① 底特·本巴赫尔:《责任的哲学基础》,《齐鲁学刊》2005 年第 4 期。
② 曹凤月:《解读"道德责任"》,《道德与文明》2007 年第 2 期。

关——你当然不能指望一门于1879年的莱比锡大学诞生的学科在1781年的哥尼斯堡就讨论这个问题，毕竟，威廉·冯特（Wilhelm Wundt）不是伊曼努尔·康德（Immanuel Kant）——当然也不必是。心理学由于其客观性特别是工具上的优越性已经越来越超越哲学的发展，这是后来的事。哲学对责任归因这么重要的论题自然有着长久的关注，所以打算对"责任归因"这个问题有所贡献的人对其历史的追溯显然应该在哲学而非心理学中进行。

责任归因是如此重要的一个问题，以至于关于它的哲学讨论从未中断（正如我们现在正在进行的）——从"哲学"很久之前的开端到现在再到未来"哲学的终结"，在这个问题上我们"不断进展"，（至少目前）却始终未能抵达终点，得到一个所有人都能接受的基本结论。道德责任归因在哲学史上当然不是一件新鲜事。亚里士多德指出道德责任要归于"理性主体"，理性意味着人的行为是有目的、自愿选择的。这某种程度上为后来的"选择的可能性原则"（PAP）提供了一个历史悠久的基础。"尽管亚里士多德的世界秩序已经破裂，但是它并没有将美德（和恶习）带到历史的坟墓中。"① 维也纳学派奠基人莫里茨·石里克（Moritz Schlick）指出，"伦理学的中心问题是对道德行为的因果解释"②，也就是研究"责任归因"问题。在石里克看来，"伦理学是一种事实的解释，伦理学的中心问题是解释道德行为的原因"，研究"实际被视为行为准则的东西是什么"的规范伦理学问题"空洞无味"，而研究"它为什么被看作是行为准则"的问题则导向深刻性。③

较之"自由意志（tree will）"被批评为"哲学史上一个臭名昭著的问题"，"责任归因"问题的待遇就好太多了，虽然许多时候二者关系密切。关涉自由的道德责任有一种经典表述："只要行为当事人在存在自由选择条件下，自由选择行为意愿和行为实施模式，自愿做出某一行为，他就要为这一行为承担道德责任。"④ 这一模式可以简单概括为：自由则需负责任，有时也在相似的意义上被表达为"无自由，则无责任"。这种与"自由"高

---

① 〔匈牙利〕阿格妮丝·赫勒：《道德哲学》，王秀敏译，北京大学出版社，2003，第79页。
② 万俊人：《现代西方伦理学史（上卷）》，北京大学出版社，1991，第399页。
③ 万俊人：《现代西方伦理学史（上卷）》，北京大学出版社，1991，第398页。
④ 王群会、龚群：《道德责任归因中的自主性问题》，《天津社会科学》2009年第4期。

度捆绑的道德责任模式，一方面肯定了"自由意志"的重要性，另一方面，则具有某种现实政治意义：凸显了自由民主的重要性。① 由此原则，我们不难得出：一个专制的国家必定是一个不负责任的国家（因其无自由），一个威权的国家必定是一个不道德的国家（因其无"自愿"）。

责任归因从不同的维度考察，具有不同的类型。第一，从归因的对象考察，包括"自我归因"（intrapersonal attribution，亦称"个人归因"）和"人际归因"（interpersonal attribution，亦称"他人归因"）。前者为"对自身行为结果的原因的直觉"，后者则为"对他人行为结果的原因的直觉"②。第二，从归因的价效上看，可以区分为"荣誉归属"与"责任归断"，即区分是该"奖励"还是"问责"。斯金纳（B. F. Skinner）认为，较之"责任归断"，"荣誉归属"可能是更加重要和有意义的内容。"道德责任也无须只包含'不好的'反映（例如愤怒和憎恨，或者谴责和责难）；此外，它还包含着一系列'积极的'反映，例如尊重、表扬和爱"③。这种对"荣誉归属"的关注其实是道德责任归因的"另一面"，是责任归因的重要内容。第三，从归因结果来看，可以区分为"问责式归因"与"免责式归因"。即结果不仅包括负责条件，同样包括"免责条件"；关于"免责"条件的讨论是当前研究的一个热点。第四，从逻辑上，可以区分为"直接原因"与"间接原因"，或称"近因"与"远因"。"近因"/"远因"当然也可以作为时间上的一种区分。

在哲学中，对责任还有一种常见或者"首要"的区分："因果性责任"（causal responsibility）与"道德性责任"（moral responsibility）④，简称"因果责任"与"道德责任"。这个区分则与哲学史上"著名的"（notorious）自由意志问题有关。当我们讲"责任归因"的时候，一般主要指"道德责任"，但是经常也内在地包含了"因果责任"。为了论证的清晰，在这里我们将"责任归因"区分为归"因"（causal responsibility）与归"责"（moral

---

① 民主不仅涉及政治参与方式，更要求包含某些基本的利益分配模式。零门槛的"民主"易于导向民粹主义，一种较为健康的民主可能内含着某种最低线的要求，比如对程序本身的基本尊重，等等。
② 张爱卿：《人际归因与行为责任推断研究综述》，《心理与行为研究》2004年第2期。
③ 转引自曹凤月：《解读"道德责任"》，《道德与文明》2007年第2期。
④ David W. Concepcion: "Moral luck, control, and the base of desert", *The Journal of Value Inquiry*, 2002, 36: 456. 直接转引自雷传平：《道德运气研究》，中山大学出版社，2016，第23页。

responsibility）两个不同的部分，"归因"主要"查清"因果关系，"归责"主要阐明"道德责任"；当我们未加区分地合用的时候，则同时包括"归因"与"归责"的全过程。

三 后果主义与义务论的冲突

在道德责任归因的问题上，哲学家们在行为的"动机"与"后果"之间纠结了很多个世纪。他们发展出了相应的归因理论——"后果主义"（Consequentialism）与"义务论"（Deontology）；以及一种超越于具体归因的"德性伦理学"（Virtue ethics，或称"美德伦理学"）。

"义务论"又称"道义论"，主张道德正确性的获得是由于道德上"善的动机"，不正当则是"恶的动机"；后果主义则强调"结果"，根据结果来进行道德上好坏的评价。至于德性伦理学则是一杆生活的标尺，"美德被理解为某种稳定的品格特点或行为倾向，而按照美德来行动被认为有助于促进某个目的，或者把某个目的体现出来"[①]。我相信读者已经在预期一种"调和"的理论了，的确如此，在"动机"与"后果"两端之间存在一种"调和的可能"。

例如普通公众的理解。道德哲学家们建构了前述三种不同的归因理论——尽管这些理论的解释力和预测力都各不相同，那些本该"被指引"或"被约束"的公众既不重视甚至也都不知道有这些理论；最糟糕的在于，就连提出这些理论的人自己在生活世界中也经常违反他们自己的理论——如果不是从未遵守的话；不过这都不重要，重要的是这些说法符合"理论的标准"就行了。毕竟，除了康德，很少有自己的生活跟自己的理论完全一致的哲学家——或学者。这一方面表明了当前在任何重要的论题上都缺乏有意义共识的"哲学混乱"（Philosophical confusion）局面，另一方面也表明我们缺乏基本的共识达成机制——这些论题对彼此的批评可能都是成立的，因为这些理论——都可以是"错的"。"错的"在这意指，无法如其所是地跟事实契合，比如，一个全称命题轻易地碰到了一大群反例。哲学家好像很乐于提出无法得到验证的全称命题——这些全称命题在过去还经

---

① 徐向东编：《后果主义与义务论》，浙江大学出版社，2011，第1页。

常为他们带来声誉。不过在这里,我们关心的并不是哲学家们建构起来的种种责任归因的理论,而是收集一种"科学理论"的事实材料:普通公众事实上是如何进行责任归因的?我们关心他们的动机、理由、倾向和评价。我们并不特别关心后果主义、道义论和德性伦理学如何"构成西方道德哲学中三足鼎立的局面",并且认为有时候已经走得太远以至于忘记了为什么出发:在完全脱离实际和实践的空中楼阁中哲学家们彼此论战(如果大胆一些,可以称这个阁楼为"道德哲学Ⅰ")。我们则试图搞清楚:普通公众现在是如何进行责任归因与道德判断的?——理论太多,事实明显不够用了。例如,在"自由意志与决定论是否相容"(核心是"决定论与责任是否相容")的问题上,哲学理论就有不相容、新相容和"半相容"等解读,而各种解读内部常常又可以根据立场划分出"强/弱"来——然而,与"真相"相符的顶多只有一种,或一类。好在,公众完全无须理会这些佶屈聱牙的争吵也可以自由地做出他们自己的判断。

四 责任归因的前提与基本预设

责任归因需要必要的前提。王群会、龚群等指出,一个能够承担道德责任的人必须具备如下三个条件:

(1) 自决。即"行为当事人存在选择和作出决定的自由","至少有两种或两种以上的选择能为当事人提供选择"。

(2) 自控。"行为当事人的行为选择必须是在自己的意志下执行的",且能够依自决的意图自行调整。

(3) 自觉或自知。行为当事人能够对自己行为的结果有合理的预测,"不能以对自己行为的可能结果一无所知而推卸自己的责任"。

事实上,第一条的"自决"包括了"不在压力条件下作出决定"的要求,除此就是哈里·法兰克福特所提出的著名的"选择的可能性原则"(the principle of alternate possibilities,PAP)了。第三条的"自觉"是一种道德判断的"公设",我们默认和预设了所有人都具有这样的一种能力,而无论他/她是否真的具有这样一种能力。在法律上,缺乏此种能力常常能获得对于惩罚的后果某种程度的豁免;道德上当然也是这样。但这种豁免是

"特例"——例如儿童和精神病患者，通常我们依然认为这种"自觉"是每一个具有理性的人的"标配"，这种"自觉"将理性视为人类的"标配"和道德的前置条件。"作为"/"不作为"并不与"负责"/"免责"相对应。换言之，"作为"的后果可能是"负责"或者"免责"，"不作为"的后果同样可以是"负责"或者"免责"，两类之间不存在对应关系。事实上，"作为"与"不作为"有各自的"负责/免责"条件，以至于分别发展出了一整套理论：PPA vs PAP。也就是关于道德责任归因的一套颇具影响的方案，即"可作为原则"。前一原则"直接涉及的是行为当事人的'作为'（action）在道德上的负责或免责条件；后一原则直接涉及的是行为当事人的'不作为'（unperformed the action 或 failed to perform the action）或'懈怠'（omission）在道德上的负责或免责条件"①。

由此可见，经典理论中的责任归因与"自由""控制"有着特殊的关系。我们强调"经典理论中"是因为，我们将要对此类理论的"前提"和关键命题进行必要的考察。如果责任归因和道德哲学主要是文献综述工作的话，我们打算换一种方式来做。

责任与道德是哲学家和普通公众共享的。这是我们的基本预设。"道德哲学家不是对人的弱点、自负和愚蠢发出怨恨和戏谑的道德家。"② 因为他们自己同样也是有这些弱点的"人"，一模一样。哲学家阿格妮丝指出，"哲学家和听众必须共享某种既在道德上相关也可能为相互理解提供基础的东西。然而，这种'东西'无须成为统一实体的成员身份，无论这一实体是宗教团体、家庭、国家、阶级、社会等级、民族，还是人类。这种'东西'或许也能成为所有这些团体中的非成员身份。"③ 阿格妮丝认为就道德哲学试图回答"好人存在何以可能"这一点而言"的确总是对话式的（dialogical）。诸多哲学与好人们进行着一系列的对话，因为它们不能以其他方式为想要以道德理由决定和行事的行动者提供行动纲领"④。

诺博托·霍尔斯特（Norbert Hoerster）认为，道德是普遍的，"由于道

---

① 高湘泽：《道德责任的负责和免责条件——评当代西方两种道德责任归因理论》，《中国人民大学学报》2005年第4期。
② 〔匈牙利〕阿格妮丝·赫勒：《道德哲学》，王秀敏译，北京大学出版社，2003，第27页。
③ 〔匈牙利〕阿格妮丝·赫勒：《道德哲学》，王秀敏译，北京大学出版社，2003，第5—6页。
④ 〔匈牙利〕阿格妮丝·赫勒：《道德哲学》，王秀敏译，北京大学出版社，2003，第27页。

德符合'与生俱来的感觉',因此道德只能是普遍有效的,就像规范一那样"①。然而事实上,很难找出来自西奈山的上帝的法令。即使著名的"道德黄金律"(即后文的"黄金定律")——尽管其两个版本(无论是其肯定形式"如果人们希望他人用某种方式对待自己,那么他们就应该用同样的方式对待他人"即"己所欲,施于人"还是其更为著名的否定形式"己所不欲,勿施于人。")被称为"一个被全面理解的原则的两个相互补充的部分"②——也应当只被视为一种普遍偏好而已。诺博托·霍尔斯特明确指出:"仅从黄金定律中无法推导出唯一的、内容清晰的指令,或者说独一无二的命令或禁令。"③尽管通过对这一定律"注入"(霍尔斯特语)个人偏好这一前提,"对于每一个将这些定律用于自己生活中的人来说,他是完全可以从中领会到内容非常确定的指令的"④。因而,"黄金定律只能作为创建道德的纯粹形态上的原理","只有进一步与某些特定的人的偏好这一前提条件结合在一起,黄金定律对这些人来说才是可以遵守的内容确定的道德规范"⑤。换言之,即便"道德黄金律"也无法被直接遵守。

"道德"和"责任"概念为哲学家与公众所共享,这是我们的基本预设,对此我们也将给出必要的证据。他们共享道德的概念、范例和基本的推理过程。

为了防止我们的基本预设被推翻从而导致本文中实证部分的内容全体

---

① 〔德〕诺博托·霍尔斯特:《何为道德:一本哲学导论》,董璐译,北京大学出版社,2014,第19页。文中"规范一"为"用煤气炉杀死孩子是罪恶的行为"。
② 〔德〕诺博托·霍尔斯特:《何为道德:一本哲学导论》,董璐译,北京大学出版社,2014,第51—52页。
③ 〔德〕诺博托·霍尔斯特:《何为道德:一本哲学导论》,董璐译,北京大学出版社,2014,第51—52页。
④ 〔德〕诺博托·霍尔斯特:《何为道德:一本哲学导论》,董璐译,北京大学出版社,2014年,第52页。黄金定律面临的麻烦可以通过霍尔斯特提供的这些具体的例子看得更清晰:"规范二:B无所谓别人是否偷他的东西,因此B也可以偷别人的东西。规范三:因为C出于自尊而不愿意在危难的时候接受别人的帮助,所以当别人遇到困难的时候,他也可以不用帮他们。规范四:因为有女性用某种方式折磨了D,所以D可以(而且应该)用同样的方式折磨女性。规范五:如果E不希望其他人与他竞争,那么E也不应该对其他人构成竞争。"这些案例见于《何为道德:一本哲学导论》第53—59页。其中第52页的"规范一"("因为A不愿意别人偷他的东西,所以A也不许偷别人的东西。")是唯一符合黄金定律本意的表达模式。
⑤ 〔德〕诺博托·霍尔斯特:《何为道德:一本哲学导论》,董璐译,北京大学出版社,2014,第54页。

失效的可怕后果，我们提出：① 没有"哲学家的道德"而只有"人类的道德"——不存在专属于哲学家群体的特殊道德；② 即使真的存在某种只属于哲学家、只为哲学家群体共享的特殊的道德和责任归因模式，我们也将无视这一特殊类型而继续只关心普通公众的道德和责任归因模式，并且将我们实证部分的有效性缩限到哲学家之外的普通公众之中。在此前提下，我们将对一些经典的责任归因命题进行检验——我们检验的对象是（可能）包括了哲学家在内的普通公众。毕竟任何一个时代，哲学家在人群中都像哲学家头顶的头发一样稀少（2018 北京世界哲学大会的会场可能会构成一个不引起大麻烦的反例），我们在进行检验的时候没有专门区分他们的身份是不是哲学家，因为正常而言哲学家在人群中总是凤毛麟角的极少数派。

五 留给未来的核心问题

哲学家们热爱概念分析的工作，他们建构出了一栋辉煌宏伟的"道德哲学大厦"——里面分布着许多陈列各式各样道德理论的房间——来解释人类的道德判断和居于其核心的责任归因；我们同样热爱这份工作和这栋大厦，甚至也想进去占据一席之地；但是进去之前，我们想先看看这座大厦的地基是不是牢靠，是不是建立在流沙之上，是不是墙体已经开裂变形，以及，是不是大地震即将到来。

就像法官断案，我们首先需要的是：清晰的法律事实。有必要对责任归因与道德判断的若干关键事实进行确认或否证，再行论证。这些才是值得我们未来考察和检验的概念、问题和命题。① 如果支撑起这栋道德哲学大厦

---

① 具体而言，包括：分析或提出概念、考察问题和实证检验。分析或提出概念：① 直觉、哲学家直觉。②"哲学标准人"与"生活世界人"。③"行动者品质"与"旁观者姿态"。④"行动的逻辑"与"解释的逻辑"。考察问题：① 直觉（以及"道德直觉"）是普遍的吗？直觉是否存在"多样性"？② 哲学家的直觉具有相对于公众直觉的优越性吗？或者更好的代表性？③ 自由、自由意志是道德责任的前提条件吗？④ 选择的可能性原则及哈里·法兰克福特的修正能否成立？实证检验：①"决定论"与道德责任是否兼容。②"控制"是不是责任的充分或必要条件。③"部位"与"控制"谁更重要。④"道德事实"与"道德运气"的真实关系。以上部分问题，在浙江大学郭喨系列 CSSCI 论文特别是其博士论文《责任归因的实验哲学研究》（浙江大学，2017）中得到了初步的解答。然而更加全面、深入的研究特别是实证研究仍然是必要且有益的。

的一些关键性预设被发现是有问题的,那么我们有理由怀疑这栋"祖传的大厦"的建筑质量和建造工艺,还需要根据损毁程度决定:是要修修补补呢,还是另起炉灶再建一栋?不过这么重要的决定或许有待留给其他人的后续研究来完成,我们所能做的只是对关键命题——这栋"道德哲学大厦"("道德哲学Ⅰ")的梁柱进行必要的质检;主要办法则是"诉诸公众";这种质检的合法性我们已经在实验哲学系列论文中进行了辩护。当然,也不排除在这样一个新的基础上重建一座新的"道德哲学小屋"("道德哲学Ⅱ")的祈望。但无论如何,"生活世界"中清晰而明确的道德事实,将是所有一切道德哲学理论展开的必要基础——而非任何关于责任归因的"道德想象",或者其典型替代——"哲学标准人"。

【执行编辑:杨 丽】

试论人的价值本质

——基于《1844年经济学哲学手稿》的一个思考

李亚斌*

【摘　要】 本体论层面的"是"的问题与价值论层面的"应该"的问题，对于马克思来说乃是一个一体而两面的问题，它在马克思的《1844年经济学哲学手稿》中得到了集中的透露。这种透露通过对于以基督教为代表的宗教、以黑格尔哲学为代表的唯心主义哲学和现实生活中的资本主义制度的批判而得到展开。进一步地，由于"是"与"应该"的这种一体两面，人发生在意识领域和现实生活中的异化现象得到了揭露，与此同时，人的本质中的价值属性也得到了更为明显的呈现。

【关键词】 马克思；黑格尔；本质；异化；价值

无论何时，正如康德所言：人是目的。今天，当我们在经历了几个世纪的动荡之后又重新站在人类命运共同体的立场来思考未来的时候，人的本质与价值的问题依旧是我们回答其他一切问题的前提和基础。但这并不意味着我们在将人看作是目的时，就可以无所顾忌于达到这一目的的手段，如何处理主体与客体、人与自身、人与他者及自然界的对立关系仍是我们不得不面对的障碍。马克思在其《1844年经济学哲学手稿》（以下简称

---

* 李亚斌，上海大学社会科学学部（筹）哲学系硕士研究生，主要研究方向为外国哲学。

《手稿》）中也致力于回答这两个围绕着"人"的问题,为了克服上述障碍,他通过批判以基督教为代表的宗教、以黑格尔哲学为代表的唯心主义哲学和现实生活中的资本主义制度,在费尔巴哈的思想基础上,发掘了黑格尔哲学辩证法的积极方面,提出了自己的"对象化"理论。正是在揭露人在意识领域和现实生活的异化过程中,他以批判的方式从正反两个方面论证了人的本质与价值问题,剖析了人之为何不能成为"人"的根源所在,并用能够真正解决人与人、人与自然之矛盾的共产主义,颠覆了宗教中上帝和黑格尔哲学中绝对精神的地位,使现实的、感性的、实践的人,成为其哲学思想的基点和落脚点。因此,借助于这样一个逻辑理路——人的本质与人的价值问题以一体两面的方式有机地贯穿于整个文本之中,前者致力于"是"的问题,属于本体论的层面,后者涉及"应该"的要求,属于价值论的层面——使我们对于《手稿》的解读获得了一个有益的视角。

一 神的创造抑或人的自我意识

基督教和黑格尔哲学都回答过人的本质的问题,但在《手稿》的批判中,马克思认为:前者将人视为上帝的附属物,后者将人等同于理性的抽象物,因此在这样一种颠倒了的世界观中,人的本质被置于一个与人相对的彼岸世界。费尔巴哈从唯物主义的哲学思想出发,将基督教及黑格尔"神学"的本质归结为人的本质,但他却并不能由此出发解决人的历史与实践问题。面对同样的难题,马克思在《手稿》中选择了向黑格尔求教,从反面来讲,他认为宗教和黑格尔哲学是人在意识领域的异化产物,但从正面来讲,他区别了费尔巴哈哲学的片面性和黑格尔哲学包含着的能动性要素,从本体论层面①确定了人的本质就在于人是对象性的存在物,它表现为一种对象性的活动,而"非对象性的存在物是非存在物"②。

在对基督教进行批判时,马克思认为这一工作基本上已由费尔巴哈完成,他的批判正是建立在费尔巴哈的思想基础上,因此并没有用太多篇幅

---

① 参看吴晓明:《马克思哲学的秘密和诞生地——〈1844年经济学—哲学手稿〉探微》,《复旦学报(社会科学版)》1996年第4期。
② 《1844年经济学哲学手稿》,人民出版社,2000年,第106页。以下凡引此书,只注页码。

去重复，但他在《手稿》中反复地强调："宗教的异化本身只是发生在意识领域、人的内心领域中"（第82页），"宗教、财富等等不过是人的对象化的异化了的现实，是客体化了的人的本质力量的异化了的现实"（第100页），只有当人"依靠自己而存在的时候，它才是用自己的双脚站立的。靠别人恩典为生的人，把自己看成一个从属的存在物"（第91页）。如果人真的是一种通过依附才能存在的事物，那么一旦失去上帝，他便成为非存在。马克思为什么会这样说？这里我们主要以《圣经·旧约》中上帝创造的人为例来进行考察。上帝从尘土中创造了最初的人，即作为人类之始祖、占有整个人类本质的"人"。他的本质就体现在他的创造过程中："上帝用地上的尘土造人……在东方的伊甸栽了一个园子，把他所造的人安置在那里。"在伊甸园中，上帝"使各样的树木从地上长起来，既悦人眼目，又好作食物"，"叫他耕种，料理园子"。上帝"用那个人身上取来的肋骨造了一个女人，把她带到人面前"（以上皆引自《创世记》第2章7—22节）。上帝创造了一切，因此，首先，这个最初的人只拥有他与上帝的直接关系，上帝从虚无之中创造了他，即使是他与他自身的关系，也都以上帝为前提。其次，自然界和他人也都不是因他而在，上帝赋予了他与自然及他人的关系，万事万物之间除了同为被造物，除了被上帝赐予的外在关系之外，什么都不剩，神表现为是将这一堆零散的碎片串联在一起的无形纽带。同时，人与自然界，都没有依靠自身而存在，他们面面相觑，却彼此隔绝孤立，甚至人与人之间，人与他自身之间，一旦失去了上帝这一联系，便也形同陌路，分崩离析。最后，劳动并不是他的存在方式，他不需要劳动，也更加不明白为什么要去通过劳动创造自身与世界，他只是一个被置于其中的观赏者，上帝是他生活的源泉，是自然界的源泉，是绝对的主体。如果要追问他的本质的话，这种仅仅依靠上帝而存在的人，只是一种从属物，除了这种纯粹的被动性、依附性之外，他没有其他任何能力。人在这种宗教中的本质就表现为一种非人的，也即异化了的形式。

尽管马克思在《手稿》中运用了大量的篇幅来批判黑格尔的辩证法和整个哲学，但在夸赞费尔巴哈已为之做出了巨大贡献之后，他话锋一转，指出在黑格尔的那种非批判的抽象历史运动中，包含着一种批判的形式：

"因为《现象学》坚持人的异化,——尽管人只是以精神的形式出现,——所以它潜在地包含着批判的一切要素,而且这些要素往往已经以远远超过黑格尔观点的方式准备好和加过工了。"(第100页)所以,不同于费尔巴哈对黑格尔辩证法的消极认识,马克思看到了它的积极一面:尽管黑格尔将人等同于抽象的自我意识,但人作为这样一种能"对象化地活动"的精神本质,具有了超越自身的无限能动性。

在黑格尔看来,"独立的自我意识"一方面"把自我这一纯粹的抽象表述看作是本质,另一方面,由于这个纯粹的抽象表述处于塑造的过程中,并赋予自身以各种差别,所以它的这些活动在自我意识看来并不是一个客观的、自在存在着的本质"。也就是说,自我意识虽然是一种抽象的存在物,但它并非静止与僵死的,它时时刻刻都在突破和重塑自身,从自在状态过渡到自为状态,显示自身的力量,展开包含于其中的各种差别。在这个过程中,自我意识"在进行塑造时是被塑造的物的形式,它以它自己为对象"[1]。人首先以非我的、物的形式成为自己的对象,这个"自在存在或那种在劳动中获得形式的物性就不是某种不同于意识的实体,而自我意识的一个新的形态随之已经出现在我们的面前"[2]。马克思指出,在黑格尔那里,正是这种自我意识的外化,设定了与之相异的物性,因此人的对象化了的、外化了的本质就表现为物的形式。自我意识通过自身的活动——这种活动表现为人的劳动——创造了对象,也建立了自己同这种对象的关系,并在这个自己一手塑造的物性中直观和反思自身。这就是黑格尔以抽象的人本质思想为前提发展出的"异化"理论,异化＝外化＝对象化。马克思对这一理论的态度首先是否定的,他站在与费尔巴哈相同的出发点上,批判自我意识的异化仍然是停留在"自在与自为之间、意识和自我意识之间、客体与主体之间的对立,就是说,是抽象的思维同感性的现实或现实的感性在思想本身范围内的对立"(第99页)。因为无论是异化的主体,还是异化后产生的对象,都只具有一种抽象的形式,前者不是现实的人本身,而是一种人的抽象,表现为自我意识,后者只是外化了的自我意识,具有一种物的形式,表现为抽象的物的意识,并非现实的物,也并没有什

---

[1] 〔德〕黑格尔:《精神现象学》,先刚译,人民出版社,2013,第126页。
[2] 〔德〕黑格尔:《精神现象学》,先刚译,人民出版社,2013,第127页。

么独立于自我意识的本质。"黑格尔所说的异化是绝对精神或自我意识的异化,整个异化过程不过是'在思维中超越自身';而费尔巴哈所说的异化则是'现实的人'的异化,异化应该是一个实实在在的客观运动过程。这一点从马克思对费尔巴哈唯物主义的褒扬以及对黑格尔《精神现象学》的批判中即可见一斑。"① 并且,黑格尔通过辩证法达到的最终结果,即作为异化的扬弃,作为从对象向自我意识复归后的绝对精神,就仅仅表现为不同意识形态间的统一,是自我意识和物的意识在经历了各个阶段的抽象运动之后的结果,因而即使是这一绝对之物也始终没有挣脱抽象的思辨领域。

但与费尔巴哈不同的是,马克思看到了,一方面"黑格尔把人的自我产生看作一个过程,把对象化看作非对象化,看作外化和这种外化的扬弃;可见,他抓住了劳动的本质,把对象性的人、现实的因而是真正的人理解为他自己的劳动的结果"(第101页)。自我意识从自身出发创造对象,又在这个对象化的过程中直观和反思自身。在这样的往返中,它得以前进和发展,如攀登楼梯一样,后一个阶段总是以之前的阶段为台阶,在这个过程中,人就展现为是他的全部活动的产物。正如黑格尔在《哲学史讲演录》的一开始就说明的一样,人是他的历史的产物:我们在当下现实地具有的一切,并不是一下子就产生出来的,也不只属于我们,无异于说它们是一种遗产,是人类所有过去时代的成果,我们继承这种遗产,并在自己的时代中,为之增添新的东西,从而使我们成为历史的一环,成为后世之人所得遗产中的一部分。另一方面,黑格尔把劳动看作人的本质,看作是人自我确证的方式。人作为自我意识,只有在其自在的存在(潜在的存在)过渡到自为的存在(现实的存在),它才能意识到自身,它必须把自己实现出来,把自己创造出来,在对象那里确证自己。而这种将自己对象化、外化的活动就是劳动,人的本质就是一种对象性的存在物,它对象性地活动。因此,尽管这样的劳动在黑格尔那里被表述为一种抽象的对象化过程,但他揭示了人的这种能够越出自身的能力,人创造着对象,改造着对象,也进一步创造和改变着自身。

---

① 韩立新:《从费尔巴哈的异化到黑格尔的异化:马克思的思想转变——〈对黑格尔的辩证法和整个哲学的批判〉的一个解读》,《思想战线》2009年第6期。

二 对象性活动与价值问题

黑格尔的"人"是需要通过对象来得到确证的"人",但在费尔巴哈看来,这种由对象给予的肯定是不能被人承认的肯定,真正的人只能通过自身来证明自己,是"基于自身并且积极地以自身为根据的肯定的"人,是拥有着"直接成为直观、自然界、现实的思维"(第96页)的人。正是出于这种感性直观的立场,费尔巴哈避开了黑格尔思辨哲学中辩证法所显现出的宏伟历史观与实践观,而马克思的超越之处就在于他能进一步领悟到:黑格尔在对历史运动作出抽象的、逻辑的、思辨的表达时,其中包含着深刻而丰富的内涵。他依据黑格尔思辨的辩证法对费尔巴哈诉诸感性直观的人本学唯物主义进行了改进,因而实践的唯物主义"是以人的生活实践为基础,从人自身、从人自身的感性活动去理解'人',把握人的本质与规定性,确立'人'的哲学地位"①。它所揭示的人的本质既不是上帝的从属物,也非黑格尔哲学中抽象的自我意识,更不是费尔巴哈停留在直观层面的生理人。

首先,马克思认为人是一种类存在物。一方面,就人与动物的感性存在来说,尽管它们都依赖无机界来维持生活,但人类赖以生活的无机界范围却更加宽广,"在实践上,人的普遍性正是表现为这样的普遍性,它把整个自然界——首先作为人的直接的生活资料,其次作为人的生命活动的对象(材料)和工具——变成人的无机的身体"(第56页)。同时,人与自然界的关系是一种类与类的关系,没有任何人能孤立地同自然界发生关系,也没有任何人可以孤立地存在于其中,人只有在意识到自己是这个类的一分子之时,才能意识到自己,并将自己从中区别开来。也正是由于人能自觉地意识到自己是类存在物,人才能以类的存在方式进行实践活动。另一方面,人作为类存在物的特性、人的主体性就体现为人的生命活动是一种自由的有意识的活动。人的有意识的活动使得人能够将自身看作对象,进而为自己制定规则,并按照这种规则去改变自己的生活,成为一种自由的

---

① 孙伟平:《价值与人》,《山东社会科学》2007年第6期。

生命；人能够通过劳动与实践，将自己的本质力量凝结在自然对象之上，能在创造劳动产品的过程中不断去认识自然，拓展自身的力量。而动物与自己肉体的、生理的生命直接同一，它们的一切活动都被肉体的需要支配，即使能进行生产活动，它们也只是重复地生产同自己本能需求相符合的自身。相反，人能够进一步将自己的生命活动变成对象，创造出一个属于他的对象世界，人"懂得按照任何一个种的尺度来进行生产，并且懂得处处都把内在的尺度运用于对象；因此，人也按照美的规律来构造"（第58页）。因而能在发挥自己类的力量的过程中，改造自然和自身，成为自身创造着的、进行着历史活动的社会主体。

更进一步，马克思认为人作为劳动活动的主体，他的本质是对象性的存在物，他的主体性就表现为对象性的活动，这从根本上超越了费尔巴哈感性直观的人本学唯物主义藩篱。"当现实的、肉体的、站在坚实的呈圆形的地球上呼出和吸入一切自然力的人通过自己的外化把自己现实的、对象性的本质力量设定为异己的对象时，设定并不是主体；它是对象性的本质力量的主体性，因此这些本质力量的活动也必须是对象性的活动"（第105页）。这种主体性决定了人与他的最初对象——自然界——的关系是内在而直接的。但区别于黑格尔的思辨的对象性活动，马克思的人表现为感性的对象性活动。马克思认为，对象性的存在物，其本质中一定包含着能够作为自己对象的东西，人能将自然界作为对象，这就说明了人的本质包含于自然界，因而"对象性的存在物进行对象性活动，如果它的本质规定中不包含对象性的东西，它就不进行对象性活动。它所以只创造或设定对象，因为它是被对象设定的，因为它本来就是自然界。因此，并不是它在设定这一行动中从自己的'纯粹的活动'转而创造对象，而是它的对象性的产物仅仅证实了它的对象性活动，证实了它的活动是对象性的自然存在物的活动"（第105页）。人作为出发点，不再是一个从中可以产生出一切的抽象的点，而是自然的、肉体的、感性的、对象性的存在物。一方面，人的这种对象性本质使得人感到自己是受动的，是绝对贫困的，因此渴望通过对象来确证自己，渴望超越自身，从而这种"对象性的本质在我身上的统治，我的本质活动的感性爆发，是激情，从而激情在这里就成了我的本质的活动"（第90页）。这种本质力量使人感到自己所需要的最大财富就是对象。尽管作为自然的、肉体的存在物，人受制于这些对象，但这些对象也正是他需要的对象，是表现和确证他的本质力量所不可缺少的对象，"道路上的绊脚石正是我们的踏脚石"，自然界不再是费尔巴哈眼里直接横亘于人类面前的万古如一的对象。另一方面，人的这种对象性活动表现为一种源源不断的能动力。通过与物质世界打交道，人类不断地成长前进，发掘自身的潜能，形成自己的历史维度，因此马克思说人"五官感觉的形成是迄今为止全部世界历史的产物"（第87页）。人的全部现实活动，人的物质的、感性的现实，宗教、家庭、国家、法、道德、科学、艺术等等，都是人的迄今为止全部历史运动的产物，也就是说，无论是人的生产所需的劳动材料，还是作为生产主体的人，既是历史的出发点，也是历史的结果；同样，人在生产他自身的同时，也生产着他人。正像人的对象性本质要求人用自然确证他自身一样，人作为类意识，也同样要求通过他人来确证自己，在与他人的社会生活中，"他自己为别人的存在，同时是这个别人的存在，而且也是这个别人为他的存在"（第82页）。社会性质便是人的另一个维度，是存在于历史运动过程中的普遍性质，人生产着社会，社会也生产着人。

当在本体论层面回答了人的本质、人"是"什么的问题以后，人的价值问题才能有一个明确的指向。"价值论也是一门研究人、塑造人的学问。它旨在研究，一个人如何通过价值的追寻与实现而成为'人'。只有当人通过实践过程真正成为自己，实现自己的潜能与价值，他才是价值论意义上的人。"① 从价值论的层面来讲，只有当人成为真正的"人"，他才实现了自己的价值，所以，人的异化所指向的就是一个关于"应该"的问题，即人应该如何实现自己。如果人的价值就在于成为真正的人，那么人的异化不仅是对于人的本质的背离，也是对于人的价值的背离。正是人的异化，使得人的本质与价值问题结合在一起。如果人是上帝的从属物，那么人的价值就在于荣耀上帝；如果人的本质是抽象的自我意识，是一种精神化了的产物，那么人就是绝对精神实现和认识自身的一个环节，人的价值就淹没于这个隐藏在历史大幕背后的"操控者"；而当资本主义作为一种人在现实

---

① 孙伟平：《价值与人》，《山东社会科学》2007年第6期。

生活层面的异化产物，站在人之外否定人时，人自身便也失去了价值。因此当人的价值取决于一个与他相对立的对象，或者说，人的价值被一个异己之物占有时，我们就必须从价值论的层面来讨论人的异化问题，并将之看成是人如何才能实现自己真正价值的一个反面说明。一方面，我们要探寻人怎样才能实现自己的价值，这会是一个积极的答案，另一方面，我们要剖析人为什么会丧失自己的价值，这立足于消极的方面。我们认为，马克思正是从这正反两个角度，阐明了人的价值的问题：人的价值一直以来都以一种异化了的形式出现在历史中，而共产主义正是人真正价值的实现，它扬弃人的一切异化，使人回归到自己的本质。

三 人的本质的价值属性及其演变

如上所述，马克思说："共产主义决不是人所创造的对象世界的消逝、舍弃和丧失，即决不是人的采取对象形式的本质力量的消逝、舍弃和丧失，决不是返回到非自然的、不发达的简单状态去的贫困。恰恰相反，它们倒是人的本质的或作为某种现实东西的人的本质的现实的生成，对人来说的真正的实现。"（第112—113页）这个时候，本体论层面的"是"的问题与价值论层面的"应该"的问题，便以一体而两面的方式，得到了集中的透露。人的价值在于人的本质的真正实现，这就使得人的本质获了明显的价值属性，而人的异化就表现为一种价值的异化。

其一，基督教将异化看作是人的原罪，人的堕落。人的本质状态是人作为上帝的附属物生活在伊甸园中，人的异化就是人因偷吃禁果而被逐出乐园。异化的结果就是人要在地上耕作，受苦，并等待死去。这种异化状态的扬弃，就等于人向自己本质状态的回归，人的终极价值的实现，这表现为上帝之子代人受罪，拯救世人，使人与上帝重新和解，在末日审判之后，站在上帝的左右。因而在基督教中，人的价值只存在于彼岸世界，一切现实的生活都是为了换取非现实的地位，上帝是绝对的价值主体，上帝注定了谁下地狱谁上天堂。

其二，在马克思看来，宗教本身是人发生在精神领域中的异化，在宗教活动中，人的心灵的一切活动，他的幻想、情感、认识，都不再取决于他自己，他被他信奉的对象所支配。宗教中的人的活动，是一种外在于人的活动，天国需要他干什么，他就干什么，而"人间的这一切是好是坏，对这个国度而言都完全不重要"①。因此这种信仰的对象，作为异己的存在物，反过来统治了此岸的、现实的人的生活。正如费尔巴哈批判的一样，宗教的本质就是人的本质，人能够赋予上帝的东西必然是人自己拥有的东西，人将自己的本质外化为上帝，因而上帝只是给一切属人的性质加上了无限的肯定，但这种无限肯定达到的结果却又是对现实的人的否定。为了使这样一个异己的东西富有和完美，人就必须献出自己的一切，使自己贫穷与孤寂。

同样，在马克思看来，黑格尔否定之否定所包含的肯定方面是在实现和扬弃了各个中间环节后达到的自我肯定和自我确证，"即知道自己是绝对自我意识的主体，就是神，绝对精神，就是知道自己并且实现自己的观念"（第113页）。其所包含的否定方面，是将否定之否定看成一切事物及其活动背后的、作为真正推动力的绝对精神的活动。所以历史在黑格尔那里只表现为是抽象的思辨形式，历史的幕后是一个统摄万物的"神"。在这种否定之否定的抽象运动面前，人的生产活动、人的形成历史退居为次要的地位，甚至整个的自然界也沦落为这个隐蔽在幕后的非现实之物的木偶。这个囊括一切环节的神秘主体，从抽象的自我意识出发，经过抽象的过程，最终达到了作为种种抽象的总体，达到了理解了自我的抽象的绝对观念。而黑格尔做出的由逻辑学到自然哲学的转向，也就像是那些同自身相异化了的人，即"同自己的自然的和人的本质相异化的思维者"（第116页），出于对形式的厌烦，对内容的渴望而不得不做出的从抽象到直观的过渡。因此，这样的绝对主体必须要放弃自身，放弃抽象，从而达到那恰恰是它的对立面的本质，达到自然界，进入自然哲学。但即使自然界在黑格尔那里得到最终的承认，这样的自然界，在他的自然哲学中却仍表现为一个抽象的自然，它只不过是在感性的、外在的形式下重复着黑格尔的逻辑抽象概念而已，其存在目的依旧只是为了确证处于自然之外的绝对主体。所以马克思批判黑格尔无非是用"绝对精神"取代了基督教中的上帝，黑格尔

---

① 〔法〕卢梭：《社会契约论》，陈阳译，浙江文艺出版社，2016，第184页。

的整个哲学所达到的结果，作为一个绝对的存在，仅仅是在自身内部打转的抽象思辨运动，黑格尔从对象性的自我意识出发，达到的却是一个扬弃了对象性的绝对之物，而"非对象性的存在物是非存在物"（第106页）。与费尔巴哈的观点一样，马克思认为：绝对精神就等同于无，黑格尔的整个的抽象思维本身也是无，它们是毫无内容的纯粹形式，是吞噬一切感性生命的黑洞，人与自然都消灭于其中。在这种本质上是思辨的辩证运动形式面前，抽象历史的滚滚车轮夹杂着铁蹄，一次次地碾过破碎的白骨，只为证明"神"的意志行走在地上，天国将降临人间。

在批判地揭示了基督教和黑格尔哲学是发生在人意识领域的异化现象后，马克思看到，资本主义制度正是人在现实生活层面发生异化的表现，他从"异化劳动"的概念出发对之进行了全方位的批判。劳动的现实化就是人的感性对象化，通过劳动，人与在他之外的自然建立了一种能动的关系，通过劳动，人彰显了自己的本质力量。因此劳动的现实化就表现为物质产品的现实化和人自身的现实化，人在劳动中面对这两个对象，也拥有两种产物。但是在资本主义的私有制条件下，人的劳动表现为一种"异化劳动"，也就是说，人的对象化的、外化的活动成为一种异化了的活动，它不仅限制着人的本质力量，还榨干着人自身的价值，否定人的存在。首先，从劳动作为一种以物的产生为结果的活动来看，"劳动的现实化竟如此表现为非现实化，以致工人非现实化到饿死的地步。对象化竟如此表现为对象的丧失，以致工人被剥夺了最必要的对象"，"工人在他的产品中的外化，不仅意味着他的劳动成为对象，成为外部的存在，而且意味着他的劳动作为一种与他相异的东西不依赖于他而在他之外存在，并成为同他对立的独立力量；意味着他给予对象的生命是作为敌对的和相异的东西同他相对立"（第52—53页）。其次，从劳动作为人的一种活动来看，人在这种活动中自身也是异化了的。劳动不再是工人自愿的劳动，而是表现为被迫的强制劳动。工人从事这样的劳动，"不是肯定自己，而是否定自己，不是感到幸福，而是感到不幸，不是自由地发挥自己的体力和智力，而是使自己的肉体受折磨、精神遭摧残。因此，工人只有在劳动之外才感到自在，而在劳动中则感到不自在，他在不劳动时觉得舒畅，而在劳动时就觉得不舒畅"（第54页）。再次，这种异化还表现为人同自己的类本质对立，人同自然相对立。劳动本应是人对象化自己的类本质、能动地实现自己的过程，但在异化劳动的过程中，这种关系被颠倒了过来，"对人来说，它把类生活变成维持个人生活的手段。第一，它使类生活和个人生活异化；第二，把抽象形式的个人生活变成同样是抽象形式和异化形式的类生活的目的"（第57页）。最后，由上述异化劳动的规定直接导致了人同人相异化，"在异化劳动的条件下，每个人都按照他自己作为工人所具有的那种尺度和关系来观察他人"（第59页）。人与人的关系是一种"交往异化"的关系。马克思由此得出结论，异化劳动正是资产阶级之私有财产的根本原因，"私有财产是外化劳动即工人对自然界和对自身的外在关系的产物、结果和必然后果"，"我们通过分析，从外化劳动这一概念，即从外化的人、异化劳动、异化的生命、异化的人这一概念得出私有财产这一概念"（第61页）。私有财产是人的本质力量的异化产物，并在与人的相互关系中，进一步促进了人的这种异化。人的价值必然地不再围绕着人自身，相反，人的价值只表现为他作为那个异己之物获得价值的手段，变为资本主义制度丰功伟业的奴隶和苦工。

当宗教、唯心主义哲学和现实的资本主义制度，作为人之外与人相对立的异己力量来否定人的真正本质时，人如何才能重新做回自己？如何才能积极地扬弃异化，实现人向自己本质的复归？这一系列的问题都等于是在问：人如何现实地实现自己真正的价值？在马克思看来，共产主义就是这一历史之谜的真正解答。首先，共产主义是对异化的积极扬弃和向人的真正本质的复归。资本主义私有制是人在现实生活中的异化，宗教和黑格尔唯心主义哲学的诞生起源于人在意识领域的异化，它们导致了人与自然、人与自身的对立，人被一种与自己相异却又产生于自身的力量所奴役。"自我异化的扬弃同自我异化走的是一条道路"（第78页），共产主义就是要扬弃人的异化状态，从人的存在的各个方面，实现人向自己本质存在的全面复归。其次，共产主义是一种客观的历史运动，"历史的全部运动，既是它的现实的产生活动——它的经验存在的诞生活动，——同时，对它的思维着的意识来说，又是它的被理解和被认识到的生成运动"（第81页）。作为否定之否定的肯定，共产主义是人类解放的一个现实必然环节，是人与自然对抗的终结，自然主义与人道主义的统一。自然作为人类认识与实践的对象，不再是与人类相对立的异己力量，而是人的存在的基础，是人的现实感性生活无可或缺的要素。最后，共产主义也是人与人之间矛盾的真正解决，是人对他自己和别人的直接生产，是人向自己的社会本质的回归。在共产主义中，每个人个性的对象直接地就是他自己与别人，每个人的存在都是为了自己也是为了别人的存在，同样，也正是别人的存在，证明了他自身的存在。人与人不再是一种尔虞我诈、弱肉强食的敌对状态，我的价值与他人的价值，个体的价值与整体的价值，都统一于一体。

人的本质是什么？人的价值在哪里？这是两个不能分开回答的问题。在马克思看来，人的本质就决定了人的价值，人的价值也回答了人的本质。在《手稿》中，他正是在廓清了人的真正本质之所是后，指明了后一个问题，同时，又通过回答后一个问题，确定了人的价值就在于回归到自己的本质。因此，一方面，当我们谈论人的价值的问题，并回答说人的价值就在于他自身的时候，马克思认为，我们说的正是在扬弃了一切异化之后，通过人并且也是为了人，从而是"以一种全面的方式，就是说，作为一个总体的人，占有自己的全面的本质"（第85页）的人；另一方面，《手稿》也告诉我们，无论是在现实生活，还是在人的内心的意识领域，人在异化的过程中亲手创造了那些与自己对立的力量，它们站在人之外否定了人。因此，当我们说人的价值就在于人成为真正的人，价值的秘密在于人的时候，我们并不是在说抽象的、形式的、黑格尔唯心主义哲学中的人，也并不是说在对待自身、对待他人、对待自然时，退化到没有受到教育、文化和文明触动的野蛮状态的非自然的人，更不是在说那种不将现实的生活视作其真正归宿，而只盼望着在末日审判之时站在上帝面前，被上帝衡量和审判，即将自身的一切价值推让给上帝的人；相反，当我们祛除了一切异化了的神性与抽象形式后，将人看作感性的、现实的、自然的、有激情的类存在物时，我们呼吁的，也终将会看到的是，不是那些以跪倒的方式聚集在上帝之门前的罪人，也不是被笼罩在绝对精神的历史迷雾下的抽象自我意识，而是用自己的双脚，以联合的、团结的、作为命运共同体的方式，重新站立起来的全人类。正如我们在淡忘了贝多芬《欢乐颂》中的神性而将之看作是对全人类大团结的美好希冀和赞颂时，所能感受到的一样。着眼当今世界，生态环境恶化，人与自然的对立愈演愈烈；在全球一体化的进程中，多元文化间的冲突愈演愈烈；在资本主义浪潮不断升级的情况下，人与自身的对立、人的非人状态愈演愈烈，人的主体性受物化力量的制约也越来越严重。作为类存在物，人面对着何去何从的问题；作为自然界的一部分，人面对着如何与自然和谐相处的问题；作为不同群体，人面对着如何和谐相处的问题；作为个体，人又面对着如何成为有尊严的、基本权利得到保障的、进一步是能够得到自由和全面发展的问题。……这一系列的现实问题都以人的本质和人的价值是什么的发问形式重新出现在人类的面前，而马克思主义哲学中所包含着的丰富思想，作为对现实的人的终极关照，必将在这样一个新的时代焕发出新的光芒。

【执行编辑：张艳芬】

评价论研究

Research on Evaluation Theory

决策须遵循的两个理论原则

——基于决策的基本特性和一般过程

陈 阳 孙 宇[*]

【摘　要】 决策具有主体性特征，因此在决策中既要反对价值主观主义又要反对完全理性主义。由于在现实的决策实践中，主体的价值需要是决策的根本前提和基础，而评价又通过将自身意识到了的需要对象化，使潜在的价值现实化，因此评价活动既贯穿始终又占据着决定性地位。可见，从"应该"到"是"是决策的时间顺序和逻辑顺序，而这一过程中的"认知"和"评价"之间的张力则反映了决策过程需要遵循真理原则和价值原则的辩证统一。

【关键词】 决策；价值；真理；评价

当今的决策研究，应充分认识到我们正处于有机社会共同体的背景之下，处于信息和知识经济快速发展的时代，因此更要注意以下三个问题，即决策环境复杂和不稳定以及信息变化速度之快，增加了决策的难度；人们的决策水平与掌握知识的程度越来越密切相关；人们决策所考虑的维度不再单一，决策者需要有更加宏观的全球视野。另外，从主体的角度、时间的角度和逻辑的角度来看待决策，反映了决策是一种集客观实在与人道

---

[*] 陈阳，北京化工大学马克思主义学院讲师，主要研究方向为价值哲学、实践哲学。孙宇，北京化工大学马克思主义学院硕士研究生。

主义为一体的严密科学。当然，科学合理的决策既取决于决策主体个人的知识储备、人生经验，又要借助科学决策严密的步骤，即要采取科学的决策过程。总之，要在新的历史背景下对决策有一个准确的把握，需要从"决策一般"即从时间、逻辑和基本要素三个角度来考察决策实践，而这一考察既要遵从真理原则又要遵从价值原则。

一 决策的基本特性和一般过程

事物是运动变化发展着的，将决策对象放在静止状态下得到的只能是抽象的、孤立的、形而上学般的无用的公式。因此，对决策基本特征和一般过程的提炼一定要放在活生生的实践中考察。这一要求一方面体现在决策主体需要动态地进行信息搜索，这还包括确定何时停止信息搜索；另一方面，决策环境或决策的事情本身瞬息万变，决策者既要考虑如何制定出满意方案，又要时时考虑决策本身的必要性和意义。

（一）主体性是决策的基本特性

决策是一个否定性的实践活动，意味着主体目的的外化和客体化。决策体现着主体性特征，只有在主体要过上他想要的"好生活"的指引下，才有所谓的决策发生。从局部性决策到战略性决策是从以个人为主体一直到以全人类为主体的一个选择性实践过程，人民对美好生活的向往是决策的总动力。决策的主体性或属人性特征是价值哲学在人类的决策实践中活的体现，是在"主客体的关系"范畴下的具体应用。从概念的严苛上来说，"属人的"并不一定是"属主体的"，但是"属主体的"一定是"属人的"，对决策本质的把握首先应是价值关系上的考量而不仅仅是纳入知识论的技术性小圈子里去。决策的主体性主要表现为理性与不完全理性以及非理性、自觉与不自觉性、逻辑与非逻辑性等特征，大多数情况下决策靠的是主体的理性分析，然而也不排除在很多情境下靠的是灵感和直觉，甚至被情绪所左右。

决策的主体是活生生的现实的人，我们需要对其在不同条件下做出不同决策的合理性予以阐释。首先，人在面临时间压力进行决策的时候会出现情绪性权衡困难，而且根据不同的个人性格，有些人会表现出一种规避风险的现状偏好，这通常被认为是一种受制于沉默成本的影响，我们认为主体的性格会影响决策的风格和质量。其次，有一种情形是选择盲，即主体并不一定知道自己在选什么，我们通常都认为决策总是假定主体知道自己的价值取向、偏好，然而会出现很多人在自己要做出决策的时候并不清楚自己想要什么，这种情形是普遍而大量存在的。对于这样的情景我们认为这属于是主体意识不强的表现。最后，大多数人的决策都是基于经验，当然间接经验也属于经验范畴，基于经验的决策其潜台词是决策者是一个靠直觉而形成结论的朴素的统计学家。经验决策有一定的好处，它会大量减少大脑面对决策所需要调动和消耗的精力，我们很多时候会借助"外脑"以及向他人咨询或者阅读书籍来获得经验性的支持。当然还有一些其他现象，比如孕妇更长计远虑，这可能是因为她的角色会有一个指向未来或新生命的问题，这中间既有神经生物学的成分在又有进化的角色成分在；老年人风险性决策能力并未下降，所以银行家往往多是白发苍苍的老专家，这可能与银行是以风险控制体现其专业性的金融机构有关等等，以上这些只是一些特殊人群表现出来的一些有趣特征，并不能作为抽象的共性被讨论。

（二）决策中的理性与不完全理性

决策到底是"深谋远虑"还是"冲冠一怒"的结果？从决策科学的角度来说，决策是人类根据自己的理性和智慧做出的预测性判断，是展现人类理性的重要领域。恩格斯也曾说过，"人的行为的一切动力，都要经过他的头脑，一定要转变为他的愿望与动机才能使他行动起来"[①]。理性好似成了决策的首要特征，然而决策理论经过长时间的发展，人们认识到决策要依赖理性但不是一种完全理性的实践活动，人们也会做出一些"非理性的"或"感情用事"的决定，这让决策论的专家们试图用"理性"二字就完全概括决策成为困难。当前及今后相当长一段时间内，决策当中的非理性因素会越来越成为决策论研究的重点和难点，尤其是要深入地了解决策主体的动机、价值取向、成长环境和所处的文化氛围等等，只有全面地了解决策的主体才能真正把握到决策的理性和不完全理性特征。当前的一些心理

---

① 《马克思恩格斯全集》第 21 卷，人民出版社，1965，第 345 页。

实验发现，人们会为某些因素干扰而做出不同的决策。直觉决策相比分析决策的神经机制更为复杂，而且这两种决策可能存在不同的神经机制。

相对于完全理性支持者来说，反对完全理性的专家们通常借用情绪和情感来反对这一观点。他们用"情感""情绪"或"非理性"等词汇来总结或替代"价值"一词，承认这些现象都属于价值范围，然而在注重价值因素的同时却归结得不够彻底。情绪反映价值但情绪并不是完全非理性的，情绪是价值评价的一种表达方式，欲望、动机、兴趣、趣味、意志这些都是价值评价的反应，都在决策中起作用。他们这种通过偏好、兴趣等价值的代名词来诉说价值的特点，其本质上是一种价值主观主义。我们辩证看待这种观点，既承认它是有价值的思考，又要反对把价值理解成主观的东西。价值需要通过评价主观这个环节来把握它，至于把握得对不对，都会对决策产生重大影响。另外作为价值形式的理想信念是最为根本的价值观念，是任何层级决策的基础，而理想信念的形成有其客观的现实和文化基础，我们始终要坚持从历史唯物主义的视角出发看待人们理想信念的形成。

不完全理性的另外一个特征，就是将决策当中的赋值和赋予权重问题错误地归结为主观主义。然而赋值本身是要有根据的，赋值、权重是一种评价，评价意味着评定价值、评估价值，而这个价值就是赋值的对象根据。我们反对决策论上的价值主观主义，如高估情绪的作用；也反对完全理性主义，将决策完全认识化、计算化，或者将它完全还原成大脑神经生物学的内容。决策不仅仅是一个生物体的"人"在决策，更要把"人"看作是社会的人。完全理性和将决策看作大脑器官功能的实验基础都是个体，他们最多只能研究个体决策，面对群体决策、公共决策就无计可施了，因为作为社会性的人更多的时候是在群体当中作理性决策的。决策研究更大的意义是讨论这种公共环境下的理性决策，而不将这种非理性成分较多的决策纳入主要的讨论范围。比如在公共的决策中，人们总是在陈述自己的理由，为自己的观点进行辩护，在这种决策当中，理性的成分占主要地位。

决策的非理性或不完全理性表现在决策的时候使用直觉、依靠灵感并被情绪所左右的特征。直觉，从某种意义上来说它是经验的高度抽象与提炼，并在某种情境下以非自觉意识状态凸显。直觉的优势在于能够绕开复杂的理性计算，直达问题的本质，并快速做出决策，它使得主体能够减少决策压力,并在复杂的情境中解决困境,其中最为突出的就是军事突围行为。大多数军事突围,是在信息不完全的状态下进行的,决策者在短时间内不得不做出决定,至于朝哪个方向突围,决策者只能依靠灵感和直觉,因为时间约束因素在此达到一种极致,直觉往往是在这种极端约束情境下的迸发。然而直觉本身也有一定的局限性,它最大的特点是容易被主体的经验误导,对于决策的结果完全没有把握,结果的不可控性大大增加了决策主体的风险和失败的概率。这种非理性因素在决策当中的表现本质上反映了人的理性认识能力的有限性,它让自信满满的人类对外部世界和超越经验的未知领域心存敬畏。

另外需要注意的一个问题是情绪或心理因素对决策的影响,这是决策研究借助神经生物学和医学所取得的最新研究方向,包括对人的情绪、成瘾问题和脑神经机制等现象的研究。不同决策阶段人们有其不同的神经基础,如风险决策和含糊决策在这方面就有很大的区别,而且在决策的选择阶段和结果呈现阶段也分别对应着不同的脑区域,这说明对于不同的决策类型主体会根据具体情境不自觉地调动不同的脑区来运算,对于这样的决策现象,我们若不借助其他相关学科的研究成果就无法理解。决策的脑神经功能本质上反映了主体的认识和评价在整个过程当中起到的不同作用,认知需要主体把握对象的本质和规律,而评价是一种综合性的提炼,尤其是在评价的表达方式(比如情绪、态度等)所表现出来的情感过程,反映了决策主体与决策客体之间的一种价值关系。此外,还要重视意志在决策中的作用,"决策与人的意志自由联系在一起,意志在决策过程中形成,体现了决策中主客体因素的统一"①。尤其是在决策的执行阶段,当遇到困境之时,只有坚强的意志才能保证主体发挥主观能动性克服困难、达到目的。决策当中所体现出来的情绪现象、心理机制和意志表现是相互联系、相互制约的,它们统一被调配起来投入主体客体化的过程中,也正是这些非理性的因素为决策的顺利制定和实施完成保驾护航,也让整个人类的决策实践变得丰富多彩起来。

总之,人类始终要认识到自己是有限理性存在者,即使人类总是试图

---

① 陈新汉:《权威评价论》,上海人民出版社,2006,第185页。

以完全理性的方式来理解整个世界,包括对当下的或是人类以往有过的决策。然而在人类历史上涉及政治、经济、军事等重大决策的时候,决策层往往既有理性的成分,也有权力和利益博弈的因素,所以人们总是很难把握到历史的"目的"。历史学家们总是想找出最根本的、决定性的那种让主体不得不做出如此这般行动的逻辑,但结果往往成为一种主观的猜测,让我们知道经济社会、政治历史在今后的发展上,总是多种利益主体决策的合力,这不是简单用数学方式"计算"就能够获得的。那么对于这种非计算可得的决策问题应如何看待?它不过让我们认识到,以最高理性典范著称的数学并不是决策的金钥匙,它也不能通过抽象化、公式化将所有决策都纳入运算体系当中。决策研究总是想从不确定性捕捉确定性的规律,在非模式活动中发现某种相对稳定的模式,将非常规决策转化为常规决策,这种研究方向本身是没有问题的,然而这条道路却是无止境的,人类新的实践总是提出新的课题,这既不断拓展了人类的实践空间,也拓展了人类的认识和决策的边界。

(三)决策的一般过程

现实的实践逻辑是先有"应然"再有对"实然"的评价,也就是说从"应该"到"是"是决策的真实时间顺序也是逻辑顺序。决策行为总是先有了目标,然后主体再甄别所面对的信息。决策的逻辑不是"信息—判断—目的—决策",而是"目的—信息—判断—决策",这便合理地解释了教条唯物论的逻辑悖论:人们总是面对着同样的客观现实,并掌握了同样的规律与方法,却做出了不同的决策。我们认为要从主体的现实决策本身来分析决策的发生逻辑才符合马克思主义哲学的基本精神。

首先,从主体的角度,决策分为单主体和多主体。以个人为单位的单主体其决策具有简洁、迅速、责任明确的特点。而多主体决策的一般过程表明,一项决策需要满足全体成员即所有主体的意志和愿望,因此需要通过讨论或者其他方式来达成一致意见,而且要通过决策伦理道德的审核。相对于群体决策来说单主体决策容易受到个人经验、知识和能力的限制,从整个横向对比上来说不如群体决策的质量高。群体决策通过发挥群体成员的力量来弥补个人决策的不足,当然多主体决策往往运用于情况比较复杂、影响比较深远、范围波及比较广的重大决策。对群体决策的研究，需要通过各个学科共同来完成，它是一个比较复杂的集社会学、心理学、生物学、哲学等多学科为一体的研究对象。那么从主体角度看决策一般过程，可以表述为，识别决策问题、收集所需资料、确定决策目标、拟定可行方案、评估每一方案、选定决策方案、组织决策方案实施、检查决策方案实施效果、修正原定决策方案。

其次，决策的时间过程可以概括为五个部分："设定目标——搜集信息——制定方案——执行方案——反馈反思"。决策包括目标的设定和方案的制定，决策方案基于一定信息做出，在条件允许下，主体要尽可能多地搜集、分析信息，信息是决策的主要依据，但根本依据在于主体对自己价值需要的评价。以此为基础，才对获得的信息进行分析、评价最后做出规划来。于是我们可以发现在决策行为中人们真实的逻辑并不是从"是"就自动到了"应该"，以达到自己的价值目的；相反，人们总是怀着梦想或是目的来不断发现和审视着获得的信息，当发现这些信息是有用的时候才做出相应的规划并付诸行动达到目的。实践总是具体的主体在实践，所以不难证明它圆满完成了对"形而上学般的虚假困境"之突破，在实践上证明了"时间在先"与"逻辑在先"和解的可能。无论从时间维度还是逻辑维度，决策活动都是由"应该"即目的价值来引导主体对信息进行"是"的分析。再结合上例，若我们把这种"梦想和需要"理解为"应该"，把"信息"理解为"是"的话，那么不难看出决策的真实逻辑为：从"应该"到"是"。在实践当中，信息总是以一个价值词出现，而合理和明智的决策其实就是主体在进行趋利避害的价值选择，它既表现在主体对信息的理解和把握，也更根本地表现出了主体对真理原则与价值原则、实然与应然以及三主体（信息、评价和决策）的把握和统一。

最后，在一般决策模型下，分析如何计算信息、成本收益等，包括现实成本、时间成本、机会成本等问题。决策第一位的是功利价值的盘算，同时要考虑到伦理价值的问题。知识论基础——价值论立场——方法论依据，这就是决策一般，即一个决策主体对世界的基本看法和观点、采用什么样的知识论基础、站在什么价值立场上、在确定前二者之后采用什么样的决策方法以及什么样的决策态度和决策风格，才能做出最终决策。从

"应该"到"是"是决策的实践逻辑,信息系统创始人戴维斯指出,"信息是那些实际可察觉的、有价值的并经过处理的数据,它对接收者当前的或潜在的行动或决策有意义"[①]。可见,信息本身对主体的意义主要是辅助主体进行决策,决策是旨在实践的一系列评价的结果和结论,包括自我(需要、能力、目标等)评价、客体及环境条件评价、过程及前景(手段、效益、代价等)评价等。对决策的执行实践过程也是一个落实(检验和修正)评价的过程。通过以上分析,我们可知,在主体的决策活动中,信息并不占基础性地位,而只是辅助主体完成决策;主体的价值需要是决策的根本前提也占据着基础性地位;而评价则在方案的具体制定中起着决定性和贯穿始终的作用,这一结论构成了决策过程中评价具体作用的理论基础。

二 决策需遵循的两个理论原则

理清"真理与价值"的辩证关系和区别出"认识与评价"的对立统一问题是客观世界在意识中的反映,并由此构成了决策中必要的两个理论前提,两对矛盾关系其实是理论与现实相碰撞所体现出来的"一体两面"现象。

(一)真理原则与价值原则

价值是主客体之间的一种关系,不以评价为转移。但评价作为对价值观念的把握,包含着将潜在的可能的价值现实化,即通过观念中的合理组合形成决策,然后再将这些价值在之后的实践中创造出来。相对于认识的目的是不断接近真理来说,评价的目标能够真实反映价值;在决策中认识的功能在于把握决策主客体的物理属性、本质特征和运动规律,而评价则在对信息的加权赋值过程中体现出主体的价值偏好和兴趣,无论是决策的目的和结果都是主体意志的体现,本质上是主体客体化的实践过程。价值标准有两个特性:一个是它与主体的存在具有同一性,另一个是主体性的客观存在。价值标准反映着主体的客观需要或利益的满足,二者总是相一致

---

① G. Davis and M. Olson L: *Management Information Systems: Conceptual Foundations, Structure and Development*, McGraw-Hill, 1985.

的，而主体本身的主体性之客观实在就体现在与它相统一的价值标准中。这两大特性，是保证价值标准客观性的根本依据，进而也保证了评价的客观标准问题，使得价值从相对主义当中解脱出来。

在生活当中我们经常会遇到两难抉择问题，比如说，"想吃鸡蛋，但胆固醇会高"，它突出地反映了"想要"和"需要"的冲突。这种冲突说明了评价和价值、主观尺度和客观尺度的不一致。而我们通过上文的分析可知，评价的标准依据价值标准，价值标准反映着一种价值事实，这种事实是作为价值双方的主客体相互作用、相互影响所形成的一种客观的存在状态，是价值客观实在性的最大保证，而评价是否能够真实地理解和从情感上认同这种价值事实，便构成了这一评价是否客观真实的依据。评价既可能是对这种价值事实即价值主客体运动所形成的客观效果的反映，也可能是对某一种可能性的假的后果的预见。这种预见是决策主体进行决策的必要前提，它同科学认识中的"真理事实"同样具有客观有效性，构成了人之所以能够决策的基本逻辑前提。评价标准与价值标准的矛盾虽然在生活当中处处可见，但我们始终不要忘了用价值标准来衡量评价标准，主观的"想要"越符合客观的"需要"，那么这一评价就越客观、越合理、越可行。虽然在生活当中要理解和尊重别人的选择与评价，但并不意味着我们承认所有的评价都是正确合理的。评价标准的客观合理性问题是在不同的评价之间进行度量的尺子，如果没有一个评价标准，我们就无法把握别人的评价是否合理正确，就会陷入一种相对主义的境地。评价标准需要建立在价值标准的基础上，二者存在一个反映和被反映的关系，这是我们所应持有的清晰立场。总体上说，评价标准与价值标准的矛盾需要在现实实践中解决，而一个人的价值需要是否客观真实，其评价、评价标准和价值标准是否真实，评价标准是否符合价值标准，也都需要在实践当中得到检验。

（二）真理原则与价值原则的内在张力

真理原则和价值原则的内在张力在决策实践上就表现为"认知"与"评价"的对立统一问题，从根本上来说，认知的结构与评价的结构是不同的，而要理解这种张力就要将二者置于实践当中，评价是认识与实践的中间环节，是认识到实践、实践到认识的必要中介。事实上，我们要想把认识的结果应用到实践上，必须经过评价环节才能起效。我们认为主体的意识活动主要由"评价"和"认知"两部分构成。而它们之间的区别在于，相对于认知以客观事物为中心，评价则以主体为中心。评价与认知的不同，主要表现在三个方面：首先，二者表达的内容或对象不同；其次，二者的主体以及结果不同；最后，二者的形成机制不同。

就二者表达的内容和对象来说，认知的焦点关乎事实的存在和属性，而评价则是从事实对主体是否具有某种意义的角度来进行一种主体性的判断。比如说，"这件衣服是黄的"就属于认知所表达或呈现的内容；"这件衣服很漂亮"则是一种价值评价。同样是关于一件衣服，从认知的角度和价值的角度便有不同的表达内容。这种不同，我们可以通过相应的语言描述就能明了。在主体与结果上的不同集中表现在，认知的主体不是个人，而是整个人类。认知的主体在认识的过程中要尽量符合或趋近于认知客体，要准确地把握客体的规律和本质。比如："这件衣服到底是不是黄色的？"这边是认知所要关心的内容，同样，不能以一个人的认知为最终的结果，比如说一个色盲的判断就不能构成对事物本身的真实反映，它需要整个人类群体对其进行辨识与判断。相应的，在评价问题上，不但个人可以构成为评价的主体，一定层级上的群体，例如家庭、族群、国家甚至整个人类都可以成为评价的主体，它是要按照主体的尺度表达一种"我"的感受或态度。在结果的差别上，更体现了认知与评价属于人类精神活动的两个相区别的维度，对一个同样的认知对象来说，不同的认知主体必须趋同于一个答案，这便是认知判断中的真假标准。而对于同样的评价对象来说，不同的评价主体可以有不同的答案，它们之间并不冲突，这种不同反而是一种合理。

在二者形成机制上，主要是要区分反映和非反映的问题。我们通常认为认识是遵从反映论的原则，即人们的认识是客观对象在人脑中的反映，当然，这一认识过程有人的能动性的参与。而关于评价是否也遵从反映论，学者看法不一。我们坚持从马克思主义唯物实践观的基本原则来看待评价问题，认为评价属于思维对存在的一种反映。那么它具体反映了哪些内容便涉及价值的本质问题，从"价值是什么"所经历的学科发展历程上来看，就代表了人们认为评价所反映的内容是什么的问题，即有人认为它反映了客体的属性，有人认为它反映了主体的需要，也有人认为它是一种价值关系的反映。而不认同评价是一种反映的学说都可以划归为唯心主义评价论的范畴，它们要么认为评价代表了主体的一种情绪，要么认为是评价创造的价值，这些思想都体现了一种主观唯心主义的特征，造成这一问题误读的主要原因是他们没有将评价和价值放在社会实践当中来理解。在这里，我们要指出的是，评价不但是一种反映论的现象，而且是一种认知，反映的是主客体之间价值关系在社会实践当中所形成的一种客观的、不依赖于评价者主观意识的事实存在。上文已经指出了这种认知与认识论的认知有着本质的区别，在此无须赘述。

关于评价本身的真假问题，即是否真实地做出了评价，也是区分价值客观主义和价值主观主义的重要标志。如果坚持价值是一种反映，并且坚持实践唯物主义的基本态度和立场，那么在这个问题上就会承认评价有真假之分，目前我国的大多数学者都支持这一看法。所应指出的是，价值判断的真假与事实或认知所反映出来的真假问题并不是一回事，评价的真实指评价如实地反映了主体的价值事实，并不指向客观对象，而是指向一种真实存在的价值关系。这种评价的真假要接受价值标准的检验，以价值标准来衡量评价的真假。在这一点上，认识与评价的真假问题都需要放在社会历史的实践当中来检验，那么从最终的判断标准来说又是一致的。

评价和认知作为主体性的、精神性的两种把握世界的方式，具有各自的特点，虽然它们所提供给人的服务的方式、内容不同，但在结果上都是服务整个人类的进步、发展的。我们虽然讲了二者的不同，然而它们并不是对立的，而是一种辩证的统一，这种统一归根结底是"真理尺度与价值尺度的统一"。从哲学不但要解释世界而且要改造世界的角度看，人们对所栖居、生存与发展的对象世界之把握主要通过对象世界的一种本质和规律的掌握来实现，也就是通过认知来实现；而这一认识又是具有强烈的目的性的，这个目的便是人要改造这个世界，而改造世界必须通过评价，正是经过评价才在改造自然界和人类社会的否定性的实践过程当中将人的目的、意志与价值取向带入对象世界当中，所谓的主观能动性便在这一过程当中得到了淋漓尽致的体现。认识—评价—决策—实践是人们从精神上把握世界到将主体客体化的一个完整过程。

（三）真理原则与价值原则的辩证统一

哲学研究初期，人们总是以一种错误的思维习惯，将认识论的思维模式运用到价值问题上，甚至包括现在人们在思考价值问题的时候，还是习惯将价值当作认识的对象来思考。所以价值哲学研究的首要问题是破除对象性的思维方式，不再把价值当作实体或者事物的属性来研究，而是要把价值放在关系当中来研究。但人对一切事物的把握都需要从认识开始，因此价值研究不能脱离认识。这一问题肇始于休谟，他最早提出了"是"无法推出"应该"，自此奠定了事实认识和价值认识不可过渡的问题，也可以说对此问题的追问便是价值哲学研究的起始。对价值的把握是基于在对主客体双方的了解、认知的基础上才得以可能的，而主客体双方都必须是具体和真实的，因而对价值把握的首要前提是对事物的把握和认知，这便将价值与认识统一了起来，而评价作为对价值的主观把握又必须符合事实，这便又说明了价值评价必须尊重客观性的原则。评价可以是多元的，但评价是否合理正确却是有客观标准的。最后要说明的是，"是"与"应该"的矛盾推动了价值哲学的研究，它不过是思维上的一种看似不可调和的矛盾，却会在实践当中和解。价值和真理是人的两个维度，只要主体是明确、真实的，那么在他那里"是什么"与"应该干什么"便会自然而然地统一起来。因为在现实生活当中，没有人不是根据对世界的认知和把握而树立自己的志向、确定自己的价值追求的，由此世界观便与价值观统一起来。

在价值评价方面，又更加明确地体现出了马克思主义价值论与西方传统价值哲学之间的区别。许多西方哲学家都将价值评价理解为纯粹主观的行为，甚至说价值是人们的评价所赋予的，或者将价值理解为一种纯粹感情、情绪的表达。而马克思主义价值论在评价方面，则坚持认为评价是价值的一种反映，或者是对价值事实的反映，或者是即将形成价值的反映。这坚持了价值评价是有标准可以衡量的，价值评价要遵从一种客观性，它虽然在多数情况下表现为一种精神性与主观性，但价值事实却不能以评价者的主观意志为转移。以马克思主义价值论所奠定的评价与价值之间的关系为理论基础，并将其运用到如何看待决策中的评价问题具有非常科学的理论指导意义。

最后，中西之间的决策特点需要做一说明。中国的决策总体上是以科学家为最终的判断标准，即无论采取什么样的民主决策方式或手段，最终目的都是为了得到一个科学的决策。相对于中国来说，西方的民主决策强调每一个主体自己决定自己的权力，它的前提条件是，社会群体当中的每一个主体利益是分散的，那么面对这样分散的利益国家重大决策当中只有通过票决以及保证票决的程序合法才是正义的决策，它的特点是以牺牲科学性来保证决策程序的民主性，那么到底是以中国为代表的"真理赢"为优还是以西方决策程序正义为代表的"多数赢"为优？对这个问题，我们认为中西之间两种决策文化的区别是在长期的实践基础上形成的，而只有符合国情的决策文化才是合理的。

【执行编辑：尹　岩】

中国女性主体性缺失的评价论研究

陈 苗[*]

【摘 要】 我国女性主体在历史上的长期缺席，是外在原因与内在原因共同作用的结果。在女性社会角色的转变过程中，始终贯穿着女性的自我评价活动。近现代以来，女性逐渐进入公共领域，传播技术的发展也为中国女性带来了西方先进的女性主义思想，中国妇女运动随之发展。但突如其来的自由民主，也会导致很多女性陷入矛盾之中，其主体性缺失反而显示出新的特点。本文基于我国女性主体性缺失的现状，从评价论的角度出发，分析我国女性个体的自我评价机制，从而探究我国女性主体性缺失的特点及现实的回归路径。

【关键词】 女性主体性；需要；自我评价

全球化以及传播技术的发展为新世纪的中国带来了先进的思想，也为中国的妇女解放运动的发展创造了历史机遇。然而我国女性并没有像西方女性那样有一个从自我意识觉醒到争取独立平等的循序渐进的过程。就社会大环境而言，长期积淀的男尊女卑的社会风气无法一朝更改，但是女性自我意识已然觉醒，平权运动的势头已无法遏制。因此，生活在传统保守的文化观念和开放复杂的文化环境交织中的现代女性，特别是年轻女性，

---

[*] 陈苗，上海万达电影城有限公司，主要研究方向为妇女研究。

自我意识觉醒带来的对自由的渴望与社会传统造成的心理及行为定式冲突不断,并对女性的自我评价活动产生重要的影响,使得现代中国女性的一些主体性缺失问题也更为复杂。

一 评价论视阈中研究我国女性主体性缺失的可行性

对于主体性的讨论实际上就是对于人的本质的讨论。人作为具体的历史的主体,本质是"一切社会关系的总和"[①]。主体是相对于客体而存在的能够从事自由自觉活动的人,主体性通过主体能动的实践活动所体现,凸显于主体所构建的一切社会关系之中。传统的中国哲学虽然是天人合一的哲学,但同样强调人的实践,儒家的"躬行践履之学",道家的"得道以成至人"或佛家的"内证圣智"也都强调修行是基于主体的实践活动。主体性便是主体通过自身,在直接的实践活动中构建为我关系的能力。

人在实践活动中不仅要认识外部世界,也要认识内部世界,对内部世界的认识就是自我认识。人在自我认识中,"主体两重化了,既是主体,又是客体"[②]。一方面,主体把自我作为认知对象,去揭示作为客体的主体的本质和规律,以便回答"我是什么"的问题;另一方面,主体将自身作为评价对象,去揭示主体与作为客体的主体之间价值关系的本质和规律,以便回答"我对我有什么意义"的问题。因此,自我认识包括对"我是什么"的自我认知活动及在此基础上的"我对我有什么意义"的自我评价活动。

女性对于"我是什么"及"我对我有什么意义"的认识与其对性别的认识密切相关。过去人们关于两性的认识建立在生理差异上,认为女性对比男性是先天的缺失。科学的发展揭示了从生物学角度探究男女性别的不合理性,"对性别角色的期待和评价更主要的是社会的产物"[③]。朱迪斯·巴特勒认为人的身体不只是单纯的物质,而是一种历史的存在,是在社会评价指导下,对男性与女性自身的可能性加以区别引导,使其转化为两种截

---

① 《马克思恩格斯全集》第1卷,人民出版社,2002,第5页。
② 陈新汉:《自我评价论》,上海人民出版社,2011,第78页。
③ 王凤华、贺江平等:《社会性别文化的历史与未来》,中国社会科学出版社,2006,第3页。

然不同的现实性。"One is not simply a body, but, in some very key sense, one does one's body."① 人能够通过重复的表演,去"执行 (do) 自己的身体"②,将其可能性持续不断地转变为现实性,而有效促成这种转变的便是父权背景下的社会基本规范。社会基本规范从两个方向分别建构男性与女性,并使这一切基于性别的社会要求合理化,即"社会的制度安排甚至也可以被看作是对差别的响应"③。对于两性截然不同的要求也导致双方权力地位的失衡与男尊女卑制度的巩固。虽然在这些要求之下无论男女的主体性发展都遭到了限制,但是男性群体的主体性受阻是在其主体性不断凸显之后,社会对于男性主体性发展的要求超越了社会存在的发展水平,男性超负荷承担社会期待而造成内心的痛苦。而女性群体的主体性却是在原有的基础上被不断削弱,直到低于社会的平均水平。

自我评价活动就是"评价主体以自身为评价客体进行评价活动"④,这直接关乎着主体对于自身的定位以及对自身价值的把握,我国女性的自我评价过程中包含着女性对于自身的定位及自身应发挥什么价值的期许,这些要求作为社会意识的反映,受到社会存在的影响。父权社会的背景下,传统女性对"自我"和"关系"的界定都是以男性为中心的。她们通过男性来构建"为我而存在的关系",但本质上构建的是"为男性而存在的关系",使用的也是男性所创建的话语体系与评价体系。虽然有大多数传统女性仍然能够通过成为一个社会认可的"好女人"实现积极的自我评价,达到自我认同,但其主体性的缺失也是毋庸置疑的。

我国进入现代社会之后,现实环境发生了翻天覆地的变化,但传统的思想与行为模式依然在处处左右着社会运行。一方面在女性具体的实践中,基于性别的区别对待依然普遍存在;另一方面虽然女性内心有独立自主的愿望,但是社会习惯中对于女性的评价却多是过去的评价方式,现代性与传统性的拉扯会给现代女性造成巨大的困惑。女性全部的主体性体现在其自由而全面的发展上,但是现代女性无疑是不自由的,其发展也是不全面

---

① Judith Butler: Performative Acts and Gender Constitution: An Essay in Phenomenology and Feminist Theory, *Theatre Journal*, 1988, 40 (4).
② 何成洲:《巴特勒与表演性理论》,《外国文学评论》2010 年第 3 期。
③ 刘霓:《社会性别——西方女性主义理论的中心概念》,《国外社会科学》2001 年第 6 期。
④ 陈新汉:《评价论导论——认识论的一个新领域》,上海社会科学出版社,1995,第 297 页。

的，而且对比传统女性，自我意识初步觉醒的现代女性更能意识到自身的不自由，内心也更为痛苦，在评价自我时也更容易迷茫，而自我评价的困境又会影响女性的现实活动，从而阻碍女性主体性的发展。女性主体性的发展与其自我评价活动紧密相连，可以说是"一荣俱荣，一损俱损"。而女性作为一个庞大的群体，是由一个个具体的女性个体组成的，因此，从女性的个体自我评价入手，分析女性个体自我评价的特点，也可窥见整个社会对于女性的要求及女性所处的现实困境，从而为女性主体性回归寻找更行之有效的现实路径。

二 女性个体自我评价中的标准选择

个体自我评价的过程是"主体把经过选择的主体需要与作为客体的主体属性之间所形成的价值关系反映到主体的意识中来"①。只有主体根据需要选择了评价标准，才能继而运用思维范畴整合反映到主体意识中的价值信息，从而完成自我评价的过程。因此，这种被主体所意识到了的需要是个体自我评价的出发点，对于整个评价活动至关重要。人的需要总是无法挣脱一定时期的社会生产力，马斯洛将人的需要由低到高划分为生理需要、安全需要、归属和爱的需要、自尊需要和自我实现需要，对分析女性需要的发展有重要启示。

人最初的需要无论性别都根植于人的生存和延续的本能，即获得食物维持生命，通过生育延续物种。当这一需要得到满足时，对安全稳定的生活的需要便产生了。人们群居于地势平坦、气候稳定、资源丰富的地方进行早期农业生产，安全的需要也逐渐得到了满足。女性由于生育总是在一个阶段难以进行生产活动，同时随着农耕工具的发展，男性逐渐从幕后走向台前，成为农耕文明的主要创造者，于是母系社会走向父系社会。当生存不再是社会最大目标，较低层次的需要"就不再是行为的活跃的决定因素和组织者了"②。人们的注意力转向了更高级的需要，即组建家庭，保证

---

① 陈新汉：《自我评价论》，上海人民出版社，2011，第82页。
② 〔美〕亚伯拉罕·马斯洛：《动机与人格》，许金声等译，中国人民大学出版社，2013，第18页。

血脉和财产承继，缔造生命不朽，以满足爱与归属的需要。而个体构建家庭，家庭组成社会，社会交往的基本形态便确立了，个体变成了群体中的个体，在群体中确认自身即自尊的需要便应运而生。自尊的满足能够给人以自信，使人更积极地构建"为我而存在"的社会关系，创造人生价值，从而自我实现。自我实现是指"人对于自我发挥和自我完成的欲望，也就是一种使人的潜力能够得以实现的倾向"①。人通过评价自己所创造的价值来确认自己的人生价值，从而获得自我认同与幸福感。生理需要和安全需要是自然人的需要，这两个层次的需要并没有明显的性别色彩。自私有制产生，人以家庭形式开始进行社会交往时，人便以一种宽泛的爱与归属的名义将自己与动物逐渐区分开来，从自然人过渡到社会人，开始追求一种超越的满足感。自尊的需要和自我实现的需要是进入社会人阶段后人的主要需要。

女性的主体性缺失始于女性退出公共领域进入家庭领域的过程中，日益缺失在女性的自尊需要和自我实现的需要得到满足的过程之中。自尊的需要源自女性对自身身份角色的确认，自我实现的需要源自女性对人生价值的追求。人只有确认了自身，对"我是谁"有了明确的认识，才能进行"我有什么意义"的自我评价活动，在此之后人又会获得"我是谁"这一问题新的认识，新的自尊需要得到满足之后又会产生新的自我实现的需要。关于自尊的需要和自我实现的需要相互缠绕贯穿于个体一生的发展之中。因此，满足自尊需要的实践过程是主体进行自我评价的基础，而自我评价活动也处处影响着人在现实实践中的价值创造活动。

虽然男女都有着自尊的需要和自我实现的需要，但是二者需要的内容及其各自满足需要的方式却截然不同。在传统的父权社会的背景下，男性作为本质的存在，男尊女卑是无可置疑的信仰。男性的自尊是自己给予的，或是通过男性群体对他的认可所获得的。女性在男性面前恭顺服从，她的一切行动和意志都处在他的凝视之下，以他为永恒的标准。男性扮演着一个能动的、自由的创造者的形象，他的才能在公共领域闪耀着理性之光。而女性"作为本质确立自我的主体的基本要求与将她构成非本质的处

---

① 〔美〕亚伯拉罕·马斯洛：《动机与人格》，许金声等译，中国人民大学出版社，2013，第24页。

境的要求"① 之间存在着巨大的冲突，女性的需要本质上是男性的需要，是女性本身所体现出来的功能——性、生育、教育后代——恰好满足了男性的需要。因此，女性要获得自尊，必须融入自己非本质的处境之中，女性被赋予的需要也只能通过赋予者才能得以满足，实现需求的主要方式就是婚姻。大部分传统女性为了顺利进入婚姻都付出了一定的代价。比如中国古代的缠足、非洲部分地区盛行的割礼、某些传统宗教地区女性被要求遮蔽等都是对女性的一些具体行为要求，而达到这些要求也只是进入婚姻的必要不充分条件，即使忍受痛苦，女性也不一定能获得稳固的婚姻关系，因此，维系仅有一次的婚姻关系成为传统女性一生的命题。她只有在枷锁中自如行走，满足她"非本质的"自尊需求，才能确认自身，才能达到"非本质的"自我实现，从而认同自我。

两性在自尊的需要和自我实现的需要上的差异既是社会运行的结果，也是父权社会运行的基础，性差异"也许是我们文化中最普遍的思想意识、最根本的权利概念"②。当两性不断将这种差异与要求内化为稳定的自我意识之后，他们的身体便会无意识遵从，从而失去对其他可能性的选择，主体性缺失便无可避免。

三 女性个体自我评价中的良心与异化

人作为社会性的动物，在社会交往之中必然会产生调节人与人之间以及社会与个人之间的社会规范，其中主要包括国家层面上的法律规范和社会生活中的道德规范。这些社会基本规范通过人千百万次的实践，"使人的意识去重复不同的逻辑的式"，从而使得"这些式能够获得公理的意义"③，内化为"内部绝对的自我确信"④。这积淀于人的意识深处，彰显着公理的"逻辑的式"就是个体的良心。良心是历史的概念，它虽具有稳定性，但也随着社会发展而产生变化。与良心密切相联的法律规范是国家意志的体现，

---

① 〔法〕西蒙娜·德·波伏瓦:《第二性》第1卷，郑克鲁译，上海译文出版社，2011，第24页。
② 〔美〕凯特·米利特:《性政治》，宋文伟译，江苏人民出版社，2002，第33页。
③ 〔俄〕列宁:《哲学笔记》，人民出版社，1993，第166页。
④ 陈新汉:《评价论视阈中的良心机制》，《上海大学学报》2010年第1期。

内容随着政权更迭或者政治改革都会发生变化。但是社会道德规范却隐匿于社会风俗习惯中，具有长期的稳定性，并不轻易因时事而变。这种长期稳定性对个体带来的潜移默化的影响使得社会道德规范成为个体良心的主要来源。对于传统的中国女性而言，性道德是构成其社会道德规范的根本。父权社会在性要求上的双重标准、一夫多妻的婚姻制度等都是对女性的压迫。男性的权力是生产性的，长期发展着的社会制度与社会基本规范，早已从时间的积累中获得了"它们的意义、它们的尊严、它们的道德和宗教价值"①。它们不断创造和规范着女性的伦理世界，使其将"被动的服从转化为积极的宗教感情"②，在社会的凝视下从"他律"走向"自律"，这个过程便是女性异化的过程。

马克思的异化理论认为在资本主义生产关系中，劳动者最终会与自身背离。这为解释妇女受压迫的历史提供了一个视角，对于揭示中国女性的异化也有重大启示。在传统中国社会中，女性的异化集中体现在以下四个方面：① 婚姻是女性的命运，所有的教育都是要将她培养为一个合格的妻子，与此同时，她也自觉地以男性的喜好为标准进行自我塑造。她作为自身的一个产品，最大的价值在于让自己从属于一个男人。② 女性沦为生育机器。当怀孕被赋予了社会意义，传宗接代成了女人最大的使命，但孩子作为女性最重要的劳动产品，却依然是属于男性的。女性与自己的劳动产品相异化了。③ 无偿的重复性劳动将女性禁锢在第二性的位置上。日复一日的家务劳动就像西西弗推石上山又坠落一般，女性的生命停滞在了永恒的现状中。④ 女性深陷孤立无援的处境。传统女性分散在男人中间，"通过居所、工作、经济利益、社会条件和某些男人——父亲或者丈夫——联结起来，比和其他女人联结得更紧密"③。在一个为自我而战的女性面前，除了男性还有女性，而她的背后，却没有一个战友。

良心作为一种心理机制，是以不安或谴责的情感方式影响人的自我评价。当个体在发展中所产生的需要和满足需要的方式，与作为良心来源的

---

① 〔德〕恩斯特·卡西尔：《人论》，甘阳译，上海译文出版社，2018，第383页。
② 〔德〕恩斯特·卡西尔：《人论》，甘阳译，上海译文出版社，2018，第185页。
③ 〔法〕西蒙娜·德·波伏瓦：《第二性》第1卷，郑克鲁译，上海译文出版社，2011，第12页。

社会基本规范相符合时,良心就不会感到不安,个体也能自我认同。反之则会痛苦,并对自身的需要、身份、行为、价值等产生困惑。当二者发生冲突时,主体若选择遵从良心,势必要放弃自身的部分利益,从而感到痛苦;若主体选择违背良心,便可能会因违反社会基本规范而遭受外界质疑或良心谴责,也会产生痛苦。因此,无论个体做何种选择,都逃不开一定程度的痛苦,除非个体的需要与社会基本规范的发展亦步亦趋。

在传统的父权社会中,社会的基本规范是根据男性的需求确立的,在一定程度上是绝大多数男性的共识。而男女两性在确定自身的利益的过程中存在历史的时间差,女性的需要是男性赋予的,本质上来说是对男性需要的补充。因此,女性良心不安的原因多来自男性无暇顾及的私人领域,并不像男性的良心不安那样凸显着人类理性的发展的高点。较之男性彰显着伟大的痛苦,女性良心不安的痛苦总是表现为简单的情绪,她的自我评价总是与社会赋予她的使命相关联。当女性有违她的使命时,良心便备受煎熬。女性就是在日渐苛刻的基本规范中背离自身,经年累月以这些规范为来源的良心也在极度敏感中走向异化。良心的异化是个体异化的极端,甚至能让个体结束生命。此类悲剧在传统妇女群体中不胜枚举,但人的生命存在是一切历史的基础,"自杀从不会表明心灵的伟大"[1]。对于女性而言,最为深重的苦难并非是长期屈居男性之下,而是每个女性都成为自己最严格的监视者,以异化的良心作为武器伤害自己。

四 现代女性自我评价的困境与其主体性的回归

人的认识活动与实践活动都为社会生产力的发展所制约,而现代社会生产力的变革,特别是互联网技术的发展,将人类社会推入全新的信息时代。每个人都被打上了时代的烙印,成为一个个具体信息的载体,人们超越性别、种族、年龄通过互联网进行全球性对话。据《中国互联网络发展状况统计报告》,截至 2020 年 3 月,我国网民规模达 9.04 亿人,互联网普

---

[1] 〔古罗马〕奥古斯丁:《上帝之城:驳异教徒》,吴飞译,上海三联书店,2007,第 32 页。

及率达 64.5%，60 岁以下的网民占所有网民的 93.1%，40 岁以下占比 69.1%。网络社交已然成为不可或缺的现代社交方式，并对女性的自我评价活动和现实生活产生了巨大的影响。

其一，互联网的发展对女性自我评价活动的影响。

首先，互联网丰富了女性自我评价的标准选择。网络彻底打破了传统中女性通过男性来认识世界和构建社会关系的格局。现代女性能够获得最宽阔的视野，接触最多元的思想，进入最新潮的群体，从而衍生最丰富的需要，形成最全面的标准，建构最完善的自我。互联网也加速了女性主义思想的传播，使得部分先进的中国女性率先聚集起来为了平等的共同目标采取行动，并对自身及自身处境形成更准确的认知和评价。

其次，互联网增加了女性整合价值信息的负担。网络的匿名性使得每个个体都能在网络世界中表达自我，但是海量的信息流容易使理性能力较弱的女性迷失方向或被少数的意见领袖引导。例如，微信、微博以及近年来爆火的短视频社交平台上存在大量的动辄百千万粉丝的意见领袖，即使他们良莠不齐，但他们的观念都可以借助粉丝大范围地传播。因此，互联网使得女性在自我评价的过程中价值信息整合的难度加大，在价值判断和评价推理的过程中容易被误导，使女性的自我评价结果可能出现偏差。

最后，网络舆论增加了女性作出极端自我评价的可能性。网络舆论是公众在网络平台上对某些公共事务发表意见的特殊舆论形式，网络舆论力量是现代社会公众领域一把双刃剑。虽然开放的环境使得女性通过网络摆脱了孤立的状态，在对自身行为的对错产生疑惑时能够寻求情感或者观念的支持。但当个体成为网络舆论事件的当事人或参与者时，互联网大数据无法反映一个事件或者一个当事人的全貌，具有误导性的数据和网络的匿名性可能会使"群体根本不受理性的指引"[1]，从而走向失控。而女性较之男性，整体的理性发展较为滞后，更容易在网络舆论中为情绪所引导，难以对事件或者是自我进行客观的自我评价，也更容易走向极端自我否定或极端自我肯定。

其二，现代中国女性的现实困境。

---

[1] 〔法〕古斯塔夫·勒庞：《乌合之众——大众心理研究》，何丽译，民主与建设出版社，2013，第 109 页。

信息时代下,中国女性在中外、古今的思想文化碰撞中显现出"坚持固定不变的生活形式的倾向和打破这种僵化格式的倾向之间的一种张力"①。

首先,现代女性在事业家庭间左右为难。虽然女性重回公共领域是社会发展的必然,但是在现实工作中女性依然难以与男性平分秋色,大多数工作领域中男性都拥有绝对的话语权。另外,女性生育的黄金期也是女性职业发展的关键期,虽然可以依靠科技冻卵冻精,但是关于其伦理性的争议也不曾停止,选择人群也多为经济实力或理性能力较高的女性群体。而大多数女性依然是常规的生育行为,这一定程度上会导致女性事业的停滞或中断。生育后的妇女,为更好履行养育者的义务,也会倾向以家庭为重。"凡是利益的背面总有负担,若负担太重,利益便是束缚。"② 如果一心追求事业需背负负面的社会舆论,这样的代价对于大多数自我意识刚觉醒的中国妇女而言未免太大了。

其次,现代女性对婚姻生活欲拒还迎。无法否认的是多数人依然将结婚看作现代女性最重要的选择。一个事业成功、家庭破碎的女性难以得到正面的社会评价。经济发展可以快速改变政治制度,但对社会风气的影响却小得多。从古至今婚姻都擅长用浪漫的虚假去粉饰生活本身的平凡琐碎,用贤良淑德去消解女性在男性家庭中的委曲求全。而如今婚姻幻想的破灭和法律制度的完善,使得离婚率和离婚接受率攀升。这是法制带来的进步,也是法制带来的困境。一个高度提倡契约精神并以此为法律基准的社会,婚姻作为最原始的契约却逐渐失去公信力,其中必然包含着婚姻制度中难以扭转的不合理性。

再次,现代女性在生育中的举棋不定。一方面,女性陷入生与不生的两难中。虽然避孕技术将女性从生育的魔咒中解脱出来,但传宗接代的思想依然普遍存在。二孩政策也使更多女性转向生育,这对女性的事业发展、两性和谐、家庭支出等方面都会产生压力。另一方面,女性在"生男"与"生女"上也充满矛盾。传统父系单姓继嗣制度和女性从夫而居的婚姻制度导致生育男孩偏好大范围存在。而女性在成长过程中经历的一系列基于性

---

① 〔德〕恩斯特·卡西尔:《人论》,甘阳译,上海译文出版社,2018,第 383 页。
② 〔法〕西蒙娜·德·波伏瓦:《第二性》第 1 卷,郑克鲁译,上海译文出版社,2011,第 196 页。

别的差别对待也会增加生育男孩的愿望。因此，现代女性依然被各方压力裹挟，无法真正地主导生育行为。

最后，现代女性对经济依附的态度暧昧不明。现代商品经济催生出了女性强大的购买力，但大多数女性的实际收入与其购买力间都存在一定的差距，男性却恰巧可以弥补这个差距。女性的物质需求一定程度上被合理化，使得女性在两性关系中看似被偏爱，也会促使女性产生逃开工作领域、寻求他人依附的倾向。女性从因性别身份感到卑微转变成了因此而怀揣侥幸。即使现代女性的视野和野心早已今非昔比，但这个时代并未真正给予女性乘风破浪的支持及从头再来的勇气。无孔不入的消费主义更是将她们钉在物质的十字架上，难以积极地塑造自我。

其三，女性主体性回归的现实路径。

无论是男性还是女性，在信息时代都接受着更多的包容和批判。现代中国也已经站在了历史的节点上，女性运动的壮大和女性的解放成为必然。只有从我国当代女性的现实困境出发，寻找行之有效的方式方法，使女性能够更合理地自我评价，才能更好地解决女性主体性缺失的问题。

首先，正确的性教育是女性主体性回归的根本要义。一方面，从性别教育而言，关于性别气质的刻板印象应被扬弃，人类的美好品质应被保留，却应该是全人类所共同拥有的。平等意味着无论男女，首先都是作为"人"而存在，"只有在共同体中，个人才能获得全面发展其才能的手段"①。另一方面，从性观念教育方面，虽然避孕技术让女性在"性"上"同男性达成一种纯粹关系"②，但在现实的中国社会中，性观念的开放程度远超性教育的发展程度。性知识薄弱以及避孕意识的欠缺会增加未婚先孕和疾病传播的风险，而女性的生理构造使女性更容易遭遇此类危险。加之社会评价在这类行为中对男女双方的双重标准，也容易给女性造成二次伤害。综上所述，家庭和学校在性教育上除了必要的生物学知识及性健康知识外，更要重视男女成长过程中性的责任意识的培养，正确引导他们的性意识与性行

---

① 〔美〕奥尔曼：《异化：马克思论资本主义社会中人的概念》，王贵贤译，北京师范大学出版社，2011，第143页。

② 〔英〕安东尼·吉登斯：《亲密关系的变革——现代社会中的性、爱和爱欲》，陈永国译，社会科学文献出版社，2001，第6页。

为，从小培养孩子的性别平等观念和自我保护意识；国家应推行义务性教育，利用现代手段宣传平等的性观念，不断扩大性教育的覆盖面。

其次，社会制度的完善是女性主体性回归的基础保障。① 审视制度的建立上是否完善。从教育、家庭、就业、政治、养老等多角度审视现行的社会制度是否真的做到了将两性的利益放在共同的天平上而不致使它向一方倾斜。② 审视制度的推行上是否全面。虽然义务教育、同工同酬、政治权利等都有着明确的法律规定，但现实中女性依然是边缘人物。例如在贫困家庭中，受教育的机会总会向男性倾斜。在家庭生活中，养育的责任总先落在女性身上。在政治生活中，男性参政比例远高于女性。③ 利用互联网为制度的完善助力。我国的网络社会格局业已成型，网络人口结构越来越接近于中国社会本身的人口结构。建立线上教育平台、整合公益性资源平台、官媒参与网络社交、完善网络舆情危机评估指标体系等都能有效促进现有社会制度的完善。

最后，智能手机 APP 是女性主体性回归的新型手段。随着智能手机的覆盖率提高，人们通过手机 APP（智能手机中的应用软件）实现了手机端的网络社交。对比 PC 端网络社交，手机网络社交显示出了无可比拟的便捷性，各类 APP 不断完善着手机功能，拓宽着社会交往的广度和深度。APP 平台通过使用者反馈的数据信息，为用户提供相应服务，从而增加用户黏性以更好地经营移动平台。因此，开发一款全面的、专业的、真实的公益型的 APP，将其与我国现代女性真正的需要相联系，不仅能够运用互联网优势宣传正确的女权思想，为现实中的女性个体提供思想指导，也能为现代女性走出困境提供教育、就业、家庭、法律及心理等各个方面的有效援助。

总之，女性主体性问题实质上是人的问题。何而为人，人又为何？笔者认为人理应是一个不断发展的过程，是一个上下求索的过程，是一个凸显主体性的过程，是一个人终将成为人的过程。随着现代中国女性自我意识的不断觉醒，她们身上必将迸发出更多人性的璀璨之光及人生的可能。

【执行编辑：刘　冰】

新冠病毒肺炎疫情下的个体评价活动省思

贺平海*

【摘　要】 人的生存和发展价值就是人生价值的基本内容。人是社会的人，人的存在和发展离不开一定的社会环境，社会环境是人生存和发展的前提。新冠病毒肺炎疫情暴发改变了当下的社会环境，影响人的生存和发展价值。个体自我评价活动是认识人生价值的有效途径。透过个体自我评价活动的具体分析，有助于深刻认识新冠病毒肺炎疫情下的人生价值，更加珍视人生价值，并始终铭记：在任何时候，社会的发展都须以人的生存与发展为目的。

【关键词】 新冠病毒肺炎疫情；人生价值；省思

从认识论本质上看，评价活动就是主体对客体属性是否满足主体需要的客观关系的反映。在评价活动中，主体从"自身的内在尺度"，即自身的需要出发把握客体属性对于满足主体需要所具有的意义。因此，"离开了评价活动既不能形成实践目的，也不能形成实践方法"[①]。个体评价活动的主体是"现实的人"。"既然人天生就是社会的，那他就只能是在社会中发展自己的真正的天性"[②]，个体评价活动在社会生活中产生，同时受特定的社

---

* 贺平海，中国井冈山干部学院教学科研部副教授，主要研究方向为马克思主义中国化。
① 陈新汉：《评价论导论——认识论的一个新领域》，上海社会科学院出版社，1995，第15页。
② 马克思、恩格斯：《神圣家族》，《马克思恩格斯文集》第1卷，人民出版社，2009，第335页。

会历史条件制约。新冠病毒肺炎疫情因其突发性强、传播速度快,对社会破坏巨大。尽管福山把新冠病毒肺炎疫情看作是对经济短期、阶段性的影响因素,"要世界退回到五十年前的发展水平,这是不可能的。尽管逆全球化极有可能出现,但要考虑的只是程度问题"①,但无论如何,作为一个叠加因素,新冠病毒肺炎疫情的出现,让个体评价活动处在一种非常态社会环境中。在特定的环境和条件下,如何通过个体自我评价活动看待生命意义?如何通过向外的评价活动看待国家、社会的价值?在新冠病毒肺炎疫情在全球范围内还远未得到控制的当下,作为置身其中的个体,笔者试着对上述问题做一简单思考。

一 新冠病毒肺炎疫情下社会环境的变化

马克思指出,"因为人的本质是人的真正的社会联系,所以人在积极实现自己的本质的过程中创造、生产人的社会联系"②。"人并不是抽象的栖息在世界以外的东西。人就是人的世界,就是国家,社会"③。每一个个人主体"当然是处于既有的历史条件和关系范围之内的"④,因而是生活在各种具体社会关系中活生生的人。个人主体因为血缘、工作等原因,衍生出多种社会关系,其内容涵盖经济、政治、文化、教育等多个方面。多种社会关系交织在一起,形成其现实的社会环境。诸多个人主体的社会环境叠加构成总的社会环境。

新冠病毒肺炎疫情是全球范围内重大的公共卫生危机,加之多个国家和地区应急管理措施的影响,在全球范围内诱发经济危机,部分国家和地区引发国家或地区治理危机,扰乱了正常社会生活,破坏了社会秩序,甚至爆发暴力冲突,对经济运行、国家和社会治理产生了不良影响。

---

① 《福山再发声:我承认新自由主义已死,但中国模式难以复制》,凤凰网,http://news.ifeng.com/c/7vpUZ6bwiT3.
② 马克思:《詹姆斯·穆勒〈政治经济学原理〉一书摘要》,《马克思恩格斯全集》第42卷,人民出版社,1979,第24页。
③ 《马克思恩格斯选集》第1卷,人民出版社,1972,第18页。
④ 马克思、恩格斯:《德意志意识形态》,《马克思恩格斯文集》第1卷,人民出版社,2009,第571页。

（一）诱发经济危机

"人们从几千年前直到今天单是为了维持生活就必须每日从事的历史活动，是一切历史的基本条件"①。这个"每日从事的历史活动"，就是满足人们生活所需要的物质资料生产活动，以此为基础发展起来人类社会丰富的经济活动，进而成为人类社会生活的基础。现代科技助推全球化深入发展，生产、消费等都成了全球性的。服务贸易迅速扩张，发展速度甚至超越商品贸易。2018 年世界商品贸易总额约为 39.342 万亿美元②。新冠病毒肺炎疫情暴发后，大大阻断了经济活动的进行。据世界贸易组织统计，2020 年一季度商品贸易量同比下降 3%。第二季度的初步预测，全球商品贸易量同比将下降 18.5%③。新冠病毒肺炎疫情让全球生产直线下降。国家统计局发布数据显示，我国第一季度国内生产总值（GDP）同比下降 6.8%④。据美国商务部公布首次预估数据显示，受新冠病毒肺炎疫情影响，2020 年二季度美国国内生产总值（GDP）环比折年率下降 32.9%，创下自 1947 年美国政府开始跟踪该数据以来的最大跌幅⑤。欧盟国家、印度、韩国等 GDP 增速普遍回落。尽管中国在有效控制疫情之后，在第二季度经济止跌回升，但在世界经济不景气的大环境下，无论生产还是外贸，前景都难言乐观。

（二）引发国家治理危机

据世界卫生组织数据，截至 2020 年 7 月 26 日 16 时，全球确诊病例达到 15 785 641 例，死亡病例达到 640 016 例⑥。新冠病毒肺炎疫情暴发，对任

---

① 马克思、恩格斯：《德意志意识形态》，《马克思恩格斯文集》第 1 卷，人民出版社，2009，第 531 页。
② 《十张图带你看 2019 年世界贸易》，企业观察网：http://www.cneo.com.cn/article-151490-1.html。
③ 世贸组织（WTO）：《2020 年二季度世界贸易可能下降 18.5%》，https://baijiahao.baidu.com/s?id=1670907486673221602&wfr=spider&for=pc。
④ 《我国第一季度 GDP 同比下降 6.8%，3 月经济加快恢复》，国际在线，http://news.cri.cn/20200417/28781886-3e05-9337-64fa-1cfaf14ada5c.html。
⑤ 《美国二季度 GDP 暴跌 32.9%给出史上最惨成绩单，失业人数攀升救济金或将停发》，手机网易网，https://3g.163.com/news/article/FISLVV2I05503FCU.html。
⑥ 《全球疫情简报：美机构统计全球病例数超 1 600 万 菲律宾连续 4 日新增超 2 000》，新华网，http://www.xinhuanet.com/world/2020-07/27/c_1126289434.htm。

何国家和地区当政者来说都是新问题新挑战。此时,"就需要一种表面上凌驾于社会之上的力量,这种力量应当缓和冲突,把冲突保持在'秩序'的范围以内"①。新冠病毒肺炎疫情需要高效的国家治理行动和较强的治理能力。在疫情期间,国家治理行动和能力的效果集中反映在新冠病毒肺炎疫情的控制程度上。疫情控制效果是国家治理水平在特殊条件下效能的反映。从世界卫生组织公布的确诊信息看,新冠病毒肺炎疫情在全球范围内至今还没有完全控制住,局部地区单日新增病例还很高。综观世界各国抗击疫情情况,从疫情出现之初对病毒认识不够、对其危害性准备不足、物资储备严重匮乏,特别是防疫物资严重紧缺,出现个别国家截留他国定制口罩等防疫物资的情况。在制定政策过程中的进退失据,执行措施的漏洞百出,造成局部地区出现了第二波、第三波疫情。凡此种种,反映了世界范围内总体上疫情控制不力,国家治理能力存在不足,应对疫情不力。

(三)导致社会运转失序

新冠病毒肺炎疫情暴发以及防疫措施实施,打乱了原有社会秩序,让原有社会功能部分失灵。

(1)居民日常生活受到干扰。第一,新冠病毒肺炎疫情暴发后,出于阻断病毒传播的需要,多国做出封城、居民居家隔离的决定,居民正常的出行受到不同程度的限制。第二,新冠病毒肺炎疫情暴发后,一段时间粮食、蔬菜等生活必需品供应不畅,严重影响到居民正常生活消费。据中国国家统计局《中国经济景气月报》2020年3月提供的数据,1—2月份中国社会消费品零售总额同比下降20.5%,餐饮收入同比大幅下降43.1%,限额以上住宿业客房收入同比下降近50%②。

(2)国内外交通运输不畅。亚洲、欧洲、美洲等大洲之间大量国际航班被取消,国际航班一票难求。国内火车、公共汽车停开、减少班次以及严格限制乘客人数,造成陆路交通运输几乎中断。中国湖北省武汉市和仙桃

---

① 恩格斯:《家庭、私有制和国家的起源》,《马克思恩格斯文集》第4卷,人民出版社,2009,第189页。
② 陈斌开:加快"消费型"投资补齐民生短板,《消费经济》2020年5月。

市因疫情严重，实施公共交通全部停运的管控措施；而上海、广州、重庆、沈阳、北京、杭州等经济发达城市由于管控范围大、成本高等原因，实施交通管控时间较晚；其他城市管控时间基本集中在 2020 年 1 月 25 日到 2020 年 2 年 2 日①。此外，多次出现由于政策因素导致国际间联系中断的情况。当某个国家和地区出现严重疫情时，其他国家和地区会出台政策，对此国公民或者一定时期到过该国的人发布禁止入境令。

（3）各类学校普遍停课，文化娱乐活动几乎全部禁止。根据联合国教科文组织发布的数据，全球范围内，从小学到高中都面临停课，这一危机正对全球 3.63 亿学生造成影响，包括 5 780 万接受高等教育的学生，全球五分之一的学生无法走入学校②。受新冠病毒肺炎疫情影响，2020 年东京奥运会被迫推迟一年。享誉全球的体育赛事，如欧洲五大足球联赛、美国篮球职业联赛、F1 赛车多站比赛等被迫取消或延迟。

（4）暴力抗议事件剧增。个别国家和地区，因为居家隔离、戴口罩等防疫措施招致部分市民不满甚至发生冲突，并且因为与失业、贫富差距、种族歧视等问题相关联，引发部分城市骚乱。

二 新冠病毒肺炎疫情对作为个体评价出发点需要满足的负面影响

个体"不是处在某种虚幻的离群索居和固定不变状态中的人，而是处在现实的、可以通过经验观察到的、在一定条件下进行的发展过程中的人"③。社会环境的剧烈变化，严重改变了个体的生活条件，影响了其生活状况，改变了其对未来生活的预期，影响到个体需要的变化。

"他们的需要即他们的本性"④，"任何人如果不同时为了自己的某种需

---

① 姬杨蓓蓓、莫世杰、成枫：《公共交通管控对新冠肺炎（COVID‐19）疫情暴发期的影响分析》，《重庆交通大学学报（自然科学版）》2020 年第 6 期。
② 联合国教科文组织：《新冠病毒肺炎疫情导致全球 1/5 学校停课》，https://new.qq.com/omn/20200311/20200311A0CYTS00。
③ 马克思、恩格斯：《德意志意识形态》，《马克思恩格斯文集》第 1 卷，人民出版社，2009，第 525 页。
④ 马克思、恩格斯：《德意志意识形态》，《马克思恩格斯全集》第 3 卷，人民出版社，1960，第 514 页。

要和为了这种需要的器官而做事,他就什么也不能做"①。需要是社会生产的,是一定历史条件下的产物。"为了生活,首先就需要吃喝住穿以及其他一些东西"②,同时,"在现实世界中,个人有许多需要"③,"人以其需要的无限性和广泛性区别于其他一切动物"④。以吃喝住穿等物质生活需要为基础,形成丰富的个体需要体系。新冠病毒肺炎疫情改变了个人的社会环境,必定对个人存在与发展的个人需求发生负面影响。兹简要分析如下。

(一)对基本生活需要的负面影响

新冠病毒肺炎疫情发生后,物质生活资料的生产衰减,国际贸易量急剧下降。在生产和交换两个环节中,无论在消费资料的种类、数量还是在品质方面,都严重限制了生活资料的供给。出于控制疫情的需要,部分城市、居民小区被封,生活资料运输发生困难,多地食品供应不足,居民不能自如地选购到消费品。尽管通过网上购物,部分缓解了购物的困难,然而较之正常状态下的状况,无论是在食物种类充裕供给,还是在外出享受食物时愉悦的精神状态,都是不能比拟的。也有通过网上视频直播促销商品的活动大热,但因原材料短缺、工人缺乏造成产能不足,进而造成消费品缺乏,从而对个人需要的抑制是客观存在的。

新冠病毒肺炎疫情暴发,公司业绩严重萎缩,大量公司破产,全球范围内掀起大规模裁员浪潮,全球失业率大增。3月份,中国全国城镇调查失业率为5.9%。4月份美国失业率飙升至14.7%,印度为23.52%,加拿大为13%⑤。国际劳工组织的一项研究发现,全球约有42%的年轻人在疫情期间仍在工作,但由于新冠危机,他们的收入有所下降。自疫情发生以来,每六个

---

① 马克思、恩格斯:《德意志意识形态》,《马克思恩格斯全集》第3卷,人民出版社,1960,第286页。
② 马克思、恩格斯:《德意志意识形态》,《马克思恩格斯全集》第3卷,人民出版社,1960,第531页。
③ 马克思、恩格斯:《德意志意识形态》,《马克思恩格斯全集》第3卷,人民出版社,1956,第326页。
④ 马克思:《资本论》第1卷,《马克思恩格斯全集》第49卷,人民出版社,1982,第130页。
⑤ 《全球失业率大幅攀升!中国失业率到底有多严重?》,https://3g.163.com/3g/article_cambrian/FCB5BLO40539E7PD.html。

年轻人中就有一个停止工作①。由于失业及收入下降，直接造成个人消费能力的实际下降。此外，因失业和收入减少也造成对未来的消费愿望下降。

（二）对交往需要的负面影响

人类社会是其成员间各种交往活动的结果，交往是维系社会存在的纽带，交往也是个人存在的社会形式。新冠病毒肺炎疫情的高危险性让个人之间因对病毒传播及致命性的恐惧而减少接触。出于防控疫情的需要，各国政府制定措施，如居家隔离、禁止公共场合聚集、禁止集中用餐等，减少和封堵疫情传播。从国际间看，当疫情传播后，一些国家开始封闭国界，航空公司大量削减航班。国际航协发布的数据显示，2020年全球客运量（航空旅客数量）预计比2019年下降55%②。作为国际间主要交通方式，航班大规模缩减，大幅度减少了国家间人员往来规模，对国际经贸往来、人文交流等方面产生极大负面影响。由此可见，新冠病毒肺炎疫情抑制了人与人之间直接的面对面的交往需要。

与此同时，借助微信、抖音等互联网社交软件，网上视频聊天、网络会议等方式的沟通交流剧增。今年1—2月，中国移动互联网累计流量达到了235亿GB，同比增长了44.2%。2月份当月户均移动互联网接入流量达到8.88个GB，同比增长了45.5%，也达到了近12个月以来的最高点③。在印度，今年3—4月，Live.me、TikTok和ShareChat，其平台上的每日活跃用户量分别增长了25%、11%和10%④。一定程度上，互联网发展了疫情条件下的交往活动，也发展了人们的社会交往需要。

（三）对精神生活需要的负面影响

疫情防控期间，居住北京的某外企工作女子，本应居家隔离，却不戴口罩

---

① 国际劳工组织：《全球超四成年轻人因疫情收入下降》，https：//baijiahao.baidu.com/s?id=1674828011909687119&wfr=spider&for=pc.

② 《国际航协预测：4年后全球航空客运需求才能恢复到疫情前水平》，https：//www.sohu.com/a/410365499_260616.

③ 工信部：《疫情期间通信服务使用量增长明显》，https：//baijiahao.baidu.com/s?id=1662123811890370628&wfr=spider&for=pc.

④ 《疫情刺激印度社交应用使用激增，日活跃用户量创下新高》，https：//baijiahao.baidu.com/s?id=1664547145718348999&wfr=spider&for=pc.

到户外跑步。这一事件经网络曝光后不断发酵，大量言论指责甚至谩骂该女子。这一平时再正常不过的举动，却招致如此激烈反应，恰恰反映了新冠病毒肺炎疫情下真实的社会生态。疫情期间，公共娱乐活动场所，如餐厅、酒吧、咖啡馆、运动场、影剧院、旅游景点等相继关闭，各种体育赛事、音乐会的电视和网络直播全部终止，就连深受中国普通大众欢迎的广场舞也被迫停止。

（四）对安全需要的负面影响

对于安全需要的范围，马斯洛作了较为全面的概括，"我们可以把它们大致归纳为安全类型的需要（安全、稳定、依赖、保护、免受恐吓、焦躁和混乱的折磨、对体制的需要、对秩序的需要、对法律的需要、对界限的需要以及对保护者实力的要求）"[①]。新冠病毒肺炎疫情暴发后的初始阶段，人们无从了解致病原因、传播途径、治疗方法和手段等。对生命健康的格外珍惜和对死亡的恐惧，让人们忧心忡忡，焦虑烦躁。而部分国家的政府应对疫情的进退失据，又让人们的安全感急剧下降。

综上所述，新冠病毒肺炎疫情条件下，一方面，原有需要受到负面影响，都受到疫情改变的社会环境的制约；另一方面，原有需要体系的内部结构发生变化。"主体的需要改变，客体的功能也显出不同"[②]。个体需要是个体评价活动的出发点。作为意识到的个人需要，个人利益也相应发生变化。个体利益是个体评价活动的标准，由需要变化所引起的评价标准的变化必然使评价结论发生变化。而评价结论一经形成，也必将成为自己的行动指南，实现从认识中的评价活动到实践中的评价活动转化。新冠病毒肺炎疫情暴发，抑制了个人需要，改变了需要预期，改变了个体评价标准的内容，必然改变了个体的行为。

三 关于新冠病毒肺炎疫情中 个体评价活动变化的分析

新冠病毒肺炎疫情条件下，因评价标准具体内容变化，导致评价活动

[①] 〔美〕亚伯拉罕·马斯洛：《动机与人格》，许金生等译，中国人民大学出版社，2007，第21页。

[②] 陈新汉：《自我评价论》，上海人民出版社，2011，第66页。

本身，尤其是评价结果发生相应变化。兹对个体自我评价活动和对外评价活动作些分析。

(一) 新冠病毒肺炎疫情中个体自我评价活动的变化

人生价值的自我意识是个体自我评价活动的重要内容。人生的自我价值和社会价值通过自我评价机制反映到个体意识中来，形成个体的人生价值。在新冠病毒肺炎疫情中，通过自我评价活动所形成的人生的自我价值和社会价值发生了变化。

1. 新冠病毒肺炎疫情中个人自我价值的变化

基本物质生活、交往、精神生活及安全等方面需要是个人主体需要体系的主要内容。主要基于上述需要形成的利益，形成评判自我价值的评价标准。新冠病毒肺炎疫情条件下，个人主体进行自我评价活动，就是以自我评价活动标准为标尺，以评价活动规范将价值事实纳入个人主体意识结构，形成个人自我价值的自觉。本部分内容可以从如下方面观察，即选择"优先需要"、价值事实和个人自我评价中的价值悖论。

(1) 安全作为"优先需要"意识的凸显。个人的需要体系中，各个部分地位并不均衡，其重要性会随着主体自身状况和外部条件变化而在不同部分之间转化。安全需要作为个人主体需要的一部分，无时无刻都存在着。"身体健康而不仅是生存，是一个基本的人类需要"[①]。正是因为新冠病毒肺炎疫情，安全需要在个人主体需要体系中的重要性凸显出来，成为个人主体需要体系中的"优先需要"。需要说明的是，"优先需要"并不排除其他需要的存在，而是与其他需要共存于个人需要体系中。安全需要本身是个人需要的主要内容，常规条件下，其有多方面的内容，如食品安全、出行安全等，但因新冠病毒肺炎疫情影响成为"优先需要"时，必然要求个人主体优先考虑采取一切措施，获得防疫用品，远离疫情中心，选择安全处所，尽最大可能保证自己免于病毒感染，保证生命安全。在疫情的特殊条件下，安全需要，尤其是防疫的安全需要，成为保证其他需要实现的前提。

(2) 个人主体自我价值意识的变化。自我价值评价中的核心问题是对个

[①] 〔英〕莱恩·多亚尔，伊恩·高夫：《人的需要理论》，汪淳波、张宝莹译，商务印书馆，2008，第73页。

人主体是否满足自身的需求的自我意识,即对自我价值的自我意识。根据前文分析的内容,即主要是看能否实现自身生存、保持与他人交往、享有精神生活以及保证安全的需要。据此形成个人的自我价值事实,经过自我评价活动的思维形式反映到个人主体自我意识中,形成关于自我价值的判断。

每个人并非生活在社会的孤岛,判断自我价值还需置于人的"现实性"环境中,即人的社会环境中来考虑。从新冠病毒肺炎疫情的影响看,受制于生活资料供应不足和获取途径缺乏,有人确实难以获得粮食、蔬菜等基本生活资料。但是由于政府增加供给,社会多方主体组织货源,帮助送菜送粮送餐,线上线下联动,让个人主体有能力保证自身的生存。疫情阻断了人与人之间自然的往来,然而借助于互联网上各种社交软件,人与人之间在特殊条件下感受到"天涯若比邻"的温情。尽管不能外出参加各种文娱活动,但人们的精神生活并没有因此枯燥乏味。手机社交媒体上数以亿计的视频,展示了各种"晒美食""晒娃",创新性居家运动方式等爆发式涌现,一定程度上弥补了精神生活的不足,在战疫的肃杀氛围中增添了生活的亮色。战疫期间,免于病毒感染,保证生命安全是最优先事项。个人主体严格执行居家隔离要求,佩戴防护用品,可以最大限度防止病毒感染,保证个人安全。将上述四个方面的价值事实,纳入个人主体自身的自我意识,总体上能够得出肯定性的评价,从而肯定了个人主体的自我价值。

截至 2020 年 8 月 19 日,全球范围内新冠病毒感染者总计逾 2 200 万人,其中死亡人数接近 80 万人①。事实上,从全球范围看,在新冠病毒肺炎疫情暴发之初,为数众多的人,因为得不到防疫医疗用品而感染病毒,更有病毒感染者因医疗资源匮乏而不幸离世。作为其中的个人主体,由于自身的优先需要——安全需要得不到满足,从而对自己的自我价值赋予一定程度的否定性评价,对于因病死亡的个人,"死"作为生命体的终结,是对个人自我价值的彻底否定。

(3)关于个人自我价值悖论的思考。就人生的自我价值而言,"人的生存和发展是人的最基本的和最本质的需要"②。因为人的价值"超越于一切

---

① 凤凰网:全球新冠肺炎疫情实时动态,https://news.ifeng.com/c/special/7uLj4F83Cqm.
② 陈新汉:《自我评价论》,上海人民出版社,2011,第 286 页。

价值之上，没有等价物可替代"①，所以，"在任何情况下把人当作目的"②，"要通过自身而给与自身以客观性并且要实现自身的目的"③。新冠病毒肺炎疫情条件下，我们既看到绝大多数人能够自觉居家隔离，遵守防疫安全规定，做好安全防护措施，同时，我们也注意到，一些人认为，带上口罩让人无法呼吸，居家隔离限制了自由。他们外出聚餐、集会，在公众场合不做必要的防护，不能保持安全距离，许多人在这种集体活动中被感染，以至于有人感叹："戴个口罩怎么就那么难?！"有人以文明的差异性解释这种现象。"当今时代，最大的矛盾是'自由优先'还是'秩序优先'，这恰是希腊文明和中华文明的核心要义。"④ 无论"自由优先"抑或"秩序优先"，在个人主体的自我评价活动中，须以肯定个人的自我价值为前提。"自由"与"秩序"都不是目的。倘若"自由"或"秩序"不能赋予人生的正价值，甚至让个人主体失去生命这个价值载体，很显然，这种"自由"走向了人生自我价值的反面。

2. 新冠病毒肺炎疫情下个人社会价值的变化

自我评价活动中的个人社会价值的意识，即是对我之于社会的价值事实的判断。其核心内容是个人主体对于社会是否有贡献及贡献大小的评判。

（1）维护社会安全是"优先需要"。疫情期间，个人主体对社会的贡献，是优先保证控制病毒传播，保证社会安全。因此，维护社会安全就是个人主体对于社会需要的优先选项。疫情条件下，维系健康安全的社会环境，要求所有个人主体都为社会安全做出贡献。尤其是相关专业人员更是不能缺位，医护人员在防疫战疫中守住岗位，尽职尽责；对于承担社会运转其他相关工作的人员来说，要各司其职，托住社会运行的底线；对于广大普通群众而言，既要按照要求做好自身防护，又要尽其所能为社会安全贡献一分力量。社会安全需要的满足是个人安全需要满足的保障。

（2）个人主体社会价值意识强化。疫情发生后，个人主体的个人社会价值优先项就是防控疫情，维护社会安全。医护人员群体中的个人主体做出

---

① 〔德〕康德：《道德形而上学原理》，苗力田译，上海人民出版社，1986，第87页。
② 〔德〕康德：《道德形而上学探本》，唐钺译，商务印书馆，1956，第43页。
③ 〔德〕黑格尔：《逻辑学》下卷，杨一之译，商务印书馆，1970，第522页。
④ 王义桅：《如何正确汲取疫情教训》，http://www.crntt.com/doc/1058/3/2/2/105832209_3.html? coluid = 7&kindid = 0&docid = 105832209&mdate = 0723101041.

了重大贡献。从全球范围看，绝大多数国家和地区的医护人员，即便在自身没有足够防护设施的情况下，不顾自身可能受到病毒侵袭的巨大风险，勇于担负起自身的责任，在防控疫情、救治病人方面贡献突出。他们是抗疫前线最美丽的"逆行者"。世界卫生组织发布的每日疫情报告显示，截至2020年4月8日，52个国家和地区累计向世卫组织报告医护人员新冠病毒感染病例22 073例。由于缺乏报告医护人员感染情况的系统性机制，全球医护人员感染的实际情况可能更严重①。疫情期间，另一个为防控疫情做出突出贡献的是物流人员。疫情期间，大量物流人员坚持工作，2020年2月中旬，中国邮政、中通、圆通、德邦、京东物流等10余家快递企业已经全面恢复运营。② 到2020年2月，快递小哥复工到岗人员超过200万人③。2020年前7个月业务量完成408.2亿件，前7个月国际快递业务量完成9.2亿件④。他们的超负荷工作，为医疗工作、居家隔离居民提供了基本物资供给，保证了社会基本运转。此外，各国普通民众也大多能遵守居家隔离规定，减少了传染别人或者相互传染的可能，减轻了社会防疫压力。这是全球范围内疫情传播没有进一步恶化的基本保证。可见，上述群体中的个人主体在为社会的有效工作中，其社会价值得到高度彰显。

如前文所述，疫情期间，也有人频繁外出聚餐、集会，在公众场合不做必要防护，没有保持安全距离，不仅自己被病毒感染，还造成自己的家人、朋友相继感染，所在地区病毒感染人数急速上升且居高不下，对社会安全造成严重破坏。其中更有少数感染者，在频繁的活动中把病毒传染给他人，成为"超级病毒传播者"。出现了中国哈尔滨人韩某传播80多人，加纳一名工人传播给533人，一名英国人将病毒传播给多国11人等案例。在目前感染病毒人数居前列的国家中，由于公共场合活动使病毒大规模传播而导致病人剧增是重要原因。很显然，这种情况下，个人主体对社会安

---

① 世卫组织：《全球逾2.2万医护人员感染新冠》，健康界：https://www.cn-healthcare.com/article/20200412/content-534342.html.
② 《全国快递复工，快递100推出疫情期间快递可用性查询功能》，https://www.sohu.com/a/372390409_120374133.
③ 《疫情期间邮政快递车辆优先通行，快递公司复工人数超200万》，贤集网：https://www.xianjichina.com/news/details_186621.html.
④ 《408.2亿件快递里的新经济信号》，中央纪委国家监委网站：http://www.ccdi.gov.cn/zghjf/202008/t20200813_223714.html.

全显示的是负价值。

个体在为自身需要而努力的过程中,要考虑到如何满足社会需要,在很多时候必须首先考虑如何满足社会需要,才能从根本上保证个体自我需要的满足。个人主体在实现个人主体的自我价值的同时,也在创造其社会价值;个人主体在实现其社会价值过程中,保证了个人自我价值的实现。可以说,个人主体是在其自我价值和社会价值的相互成就中彰显了其人生价值。

(二)新冠病毒肺炎疫情中个人对外部评价活动的变化

个人对外部的评价活动,就是个人主体对外部客体的评价活动。在评价过程中,个人主体以对自身需要的意识为基础,正确选择对外评价活动中的评价标准。并以此评价标准,对外部的客体与个人主体之间的价值事实展开评价活动,形成有关客体对于个人主体的意义。新冠病毒肺炎疫情条件下,个人主体的需要体系中安全需要同样成为对外评价活动的"优先需要",以意识到的"优先需要"为基础,形成对外评价活动的现实标准。笔者此处拟在新冠病毒肺炎疫情条件下,探讨以此评价标准对社会、政府之于个人主体的意义。

1. 对社会作用的评论变化

现实的个人主体一定是"意识到必须和周围的个人来往,也就是开始意识到人总是生活在社会中的"①。马克思指出,"只有在社会中,自然界才是自己的合乎人性的存在的基础,才是人的现实的生活要素。只有在社会中,人的自然的存在对他来说才是人的合乎人性的存在,并且自然界对他来说才成为人"②。因此,现实的人,"不仅是一种合群的动物,而且是只有在社会中才能独立的动物"③。个人只有在社会中才能存在,社会是个人存在的基础。个人主体对社会的评价,就是对除了自身之外且自己身处其中

---

① 马克思、恩格斯:《德意志意识形态》,《马克思恩格斯文集》第 1 卷,人民出版社,2009,第 534 页。
② 马克思:《1844 年经济学哲学手稿》,《马克思恩格斯文集》第 1 卷,人民出版社,2009,第 187 页。
③ 马克思、恩格斯:《〈政治经济学批判〉导言》,《马克思恩格斯文集》第 8 卷,人民出版社,2009,第 6 页。

的社会有机体的评价。

新冠病毒肺炎疫情条件下,社会应提供个人生存与发展必要的条件,首先创建一个健康安全的环境。这就要求社会有机体通过其他个人或者社会组织,为作为评价主体的个人提供能安全获取的生活资料、防护用品,保证其有学习、娱乐的机会等,保证其享有正常的生存与发展的条件。以中国为例,疫情期间,在经历最初的无序状况后,政府迅速做出反应,各级政府、社区联动,有效地开展封城、封小区,并制定相应的管理制度,最大限度地阻隔因携带病毒的人群自由流动带来的传播和扩散。面对因居民被限制自由出行而带来的生活必需品的供应不畅,社区、快递小哥、志愿者积极行动起来,通过线上线下联动,迅速改变了供应不足的状况,满足了基本需求。通过线上教学,保证了大中小学生的学习少受影响。此外,韩国、日本、新加坡和欧洲一些国家在抗击疫情方面也有成功做法,疫情一定程度得到控制,人民的生活逐步恢复常态。由此可见,社会有机体保证个人主体的安全需要得到基本满足,社会对于个人存在与发展的意义得到确证。而疫情持续高发,染病人数不断增加的地区则是反面例证。

2. 对政府治理的评价变化

全球范围内的疫情传播及扩散,一定程度体现了政府治理水平高低和治理能力的高下。"自危机开始以来,短期优先事项一直很明确。最明显的是,必须解决卫生紧急情况,例如确保提供足够的个人防护设备和医院容量"①。新冠病毒肺炎疫情条件下,政府通过制定政策、科学调配人力和抗疫物质资源,发挥抗击疫情的领导作用。领导抗击疫情的效能集中体现在各国当前疫情状况中,具体体现在感染人数、治愈人数及死亡人数的指标中。福山认为,民众"需要对于政府的信任"② 是造成防治疫情成败分野的重要原因。以斯蒂格利茨对"政府失灵"的理解,即"政府所拥有的能够改善社会民生的权力可能会被一些团体或个人利用,这些个人或团体会以牺牲他人为代价攫取利益"③。这也可以被认为是防治疫情阶段上失败的原

---

① 约瑟夫·施蒂格利茨:《疫情中经济的优先事项》,《联合早报》2020 年 7 月 9 日。
② 危险远远多于机遇——弗朗西斯·福山谈新冠病毒肺炎疫情,ZAKER 新闻: http://www.myzaker.com/article/5eb90acfb15ec065316107ac.
③ 〔美〕约瑟夫·E·斯蒂格利茨:《美国真相:民众、政府和市场势力的失衡与再平衡》,刘斌、刘一鸣、刘嘉牧译,机械工业出版社,2020,第 148 页。

因。我们需要思考的是，造成"对政府不信任"或"政府失灵"的深层原因。为什么不信任？为什么会失灵？这显然需要在政府如何组织等技术性问题之外去思考。不是真正以广大群众的生命安全为出发点来实施抗疫举措，这可能是为什么拥有巨量优质医疗资源却致死亡人数众多的根本原因。"因为国家制度如果不再真正表现人民的意志，那它就变成有名无实的东西了"①。

小结："世界上各个经济体为应对冠状病毒大流行，而开始实施'封锁'政策的时间并不长，但感觉像过了上百年"②。新冠病毒肺炎疫情可能是阶段性的，然而它让正常的社会生活失序。在多年不遇的重大疫情面前，我们不得不重新审视人生价值。当我们的社会生活重归正常之后，更应该铭记：从人的生存与发展出发，以人的生存与发展为目的。这是人类在付出几千万人感染病毒，数十万人因疫情离世的惨痛代价后应该强化的信条。

【执行编辑：陈新汉】

---

① 马克思：《黑格尔法哲学批判》，《马克思恩格斯全集》第1卷，人民出版社，1956，第316页。
② 约瑟夫·施蒂格利茨：《疫情中经济的优先事项》，《联合早报》2020年7月9日。

文化与价值研究

Research on Culture and Value

德法之辩的法治文化思考*

孙美堂**

【摘　要】 "德法之辩"中隐含的真问题并不是"德"与"法"的形式特征，而是"治"的历史形态与价值属性。学术研究的深化，应该把"德"和"法"的问题转换成"治"的问题，即如何实现"治"的现代转型。它包括重新定义"治"的含义、"治"的主体性、"治"的目的价值，以及"治"法的现代化等问题。对这个问题的追问与追求，最终应上升到法治文化的高度。

【关键词】 德法之辩；主体；治；法治文化

一　问题背景

我国社会治理是应该实施德治还是法治，抑或是德治与法治并重？如果兼而有之，二者是何关系？思想理论界虽然就此讨论了多年，但鲜有清晰深刻之论。"以德治国""德治"和"法治"结合之类的提法虽然成为主流，但它仍是个需要反省的理论问题。鉴于这种情况，本文试图在法治文

---

* 基金项目：中国法学会19大专题项目"社会主义法治文化建设"［CLS（2017）ZDZX08］；北京高校中国特色社会主义理论研究协同创新中心（中国政法大学）校级科研委托项目"马克思法哲学的方法论基础"（2017KY–01）。

** 孙美堂，中国政法大学马克思主义学院教授，博士生导师，主要研究方向为价值哲学、法治文化。

化这一学科范围内，讨论"德治"和"法治"之辩中隐含的一些尚未被学界澄清的问题。

就笔者所知，"德治"论是后来才有的；"法治"论最初并不是针对"德治"，而是针对"人治"而言。"文革"结束后，人们痛定思痛：这场灾难的原因之一是我们长期行人治，而没有法治。人治实质就是家长制、长官意志、权大于法；公共事务由个人意志左右，公共管理和决策主观随意性大，等等。"法治"论的基本观点包括：以事实为根据，以法律为准绳；法律面前人人平等；程序正义是实质正义的前提；倡导"以法治国"或"依法治国"，直至提出"社会主义法治文化"，把法治当作社会文明和文化建设的方向加以推进。

20世纪90年代初有学者开始提倡"以德治国"。"德治"论有补充"法治"论甚至是为之"纠偏"之意。这种观念一般不否定法治，而是认为只有法治没有德治，不能进行有效的社会管理与治理。因为现实生活无限复杂，不可能什么问题都靠法律解决；国家不可能制订无所不包的法律，更多的是靠人们的道德维系；如果道德败坏，再缜密的法律也得不到贯彻执行；执法者有了高尚的道德，才能真正践行法治。从这个意义上说，德治甚至高于法治。在他们看来，法律是刚性的、强制性的，道德是柔性的、自觉的；法律是外在的，道德是内心的；法律是他律，道德是自律；法律是底线规范，道德是上限提升。因此，完美的举措应该是"以德治国"与"以法治国"并列，依法治国和以德治国相结合。这二者有如鸟之两翼，车之两轮，相辅相成，相得益彰，不可偏废。

这种观点提出后，也有部分学者不认可。理论上说，这种观点的内涵和定位确有模糊之处：道德的具体内涵是什么？如何深化和提高？这些道德规范、原则和标准，是实然还是应然？从学者的道德主张过渡到现实生活和大众实际奉行的公共规则，具体如何施行？这些问题，"德治"论者并没有、似乎也不屑深究，其叙事还停留在20世纪50年代以来那种很"虚"的层次上。有的"法治"论者还批评"德治"实际是"人治"，把本该由民主法治解决的问题转化为道德问题，特别是人们的私德问题，这偏离了社会管理与治理的目标；人为地树立不切实际的道德标杆，导致道德普遍的虚伪化。这不但起不到预期的社会效果，反而降低了道德应有的社会功能；德治往往诉诸情感、"乡愿"，不讲规则，满足于摆平眼前的问题，却留下更大的隐患。

相对而言，对上述"德法之辩"，笔者对"法治"论有更多的认同。不过笔者认为，这两类观点有共同的问题：离开了本应深入的社会治理现代化问题，纠缠道德和法律的形式特征，偏离了问题的实质与关键。

（1）"德法之辩"对问题的把握是准确的吗？当我们说"法治"和"德治"时，我们究竟在说什么？难道我们是想说，不仅法律是社会治理所需，道德也是社会治理需要的吗？难道我们是想说，法律工作者也要讲道德吗？如此说来，宗教、科学、艺术等，也是社会治理所需，法律工作者也需要科学和艺术素养等。那岂不是在法治之外还要加更多的"治"？中国古代把诗书礼乐当作治理社会的手段，政教合一的国家用宗教管理社会，岂不是"礼治""乐治""文治""教治"？如此一来，问题就不严谨、就泛化了。

（2）"德治"与"法治"是同一层面的问题吗？道德与法是否构成"治"的"两翼"？对等的、同一层面的问题才构成"两翼""两轮"。我们可以把左右手比喻为相得益彰的"两翼"，却不能把左眼与右耳比作相辅相成的"两轮"。我们不否认法律、道德的重要性，就像我们不否认科学、艺术等的重要性一样。我们面对的不是道德和法重要与否的问题，而是它们是不是"治"的问题、能否在"治"这个意义上将二者并列的问题。一个社会需要法律，也需要道德，这与二者是否一起构成公共管理与治理中的"两翼""两轮"，显然是两码事。道德做得再好，也无法解决法律中的问题。所以笔者觉得，谈法治就谈法治，不必谈德治。不是说道德不重要，而是说道德问题是另一个领域的问题，应"另案处理"。

（3）"德治"与"法治"并重论有两个基本假定。其一，法是外在的、强制性的，是他律；道德是内在的、自觉的，是自律，只有二者结合才完美。其二，道德即是德，或者说道德无条件地善。不赞成"德治"几乎等于不讲道德，等于承认恶。这两条假设恐怕都难以成立。为什么呢？第一，把道德当作一种社会文化现象考察时，我们是在做客观描述（描述伦理学）。这时既不涉及恶也不涉及善。一旦我们具体考察人们特定的道德行为时，就既涉及善也涉及恶。道德既包括善行也包括恶行。譬如我们批判旧道德"以礼杀人"，难道不证明道德也可以是恶吗？可见，不主张"德治"＝不讲道德＝承认恶行，这个"逻辑"站不住脚。第二，自律还是他律，强制还是自觉，不因社会文化形式（法、道德等）而异。把自律、他律视为道德和法律的先验本性，也是不能成立的。是自律、自觉还是他律、强制，主要取决于两个原因：一是"以文化人"的成熟程度。无论是法律还是道德，"化"得越深入越成熟，越成为人们内心信念乃至信仰，就越是自律的。二是该文化形式对人的肯定与否。无论是法律还是道德，只要人们能从中感受到自己的权利、尊严和价值得到肯定，就容易自律。人们之所以普遍认为法律是强制性的他律，是因为传统的中华法系以刑法为主，是官府约束民众的。如果我们完成法的现代转型，法律成为人们互惠互利、共生共荣的生活方式，成为保障人的自由、尊严、价值与基本权利的法治文化，遵从法律可以成为"从心所欲，不逾矩"①的自觉行为。那样，法是否可以成为人们自觉和自律的规范呢？

鉴于以上分析，笔者认为，问题的实质根本不是"德治"好还是"法治"好，抑或"德治"与"法治"并重好的问题。学界流行的"德法之辩"思路，根本就是误区。

二 "德法之辩"背后的文化无意识

"德法之辩"是个"中国特色"的问题。也许是笔者孤陋寡闻，其他国家、其他文化圈似乎未见类似的辩题。法律有法律的功能与适用范围，道德有道德的功能与适用范围，二者并没有纠缠不清的关系。唯独我们要争论这样一个问题，为何？这与我们的文化传统和文化无意识有关。

中国文化建立在小农经济和宗法社会基础上，它有明显的"家国同构"特点，即以家庭伦理为本位，构建宗法王权和民间交往的游戏规则。这样的社会与文化具有鲜明的宗法道德色彩：即使是公共政策、公共交往，也要用私人间的交往方式解决；即使是政治和法律问题，也要按伦理道德处置。统治阶级管理国家，既用道德引导和伦理教化，也用严酷的刑罚惩戒。按儒家观念，道德引导高于刑罚惩戒。孔子云"道之以政，齐之以刑，民免而无耻；道之以德，齐之以礼，有耻且格"②；孟子也说"徒善不足以为政，

---

① 《论语·为政》。
② 《论语·为政》。

徒法不足以自行"①，就是这个思路。历代统治者都奉行"恩威并施""德主刑辅""宽猛相济"的原则，也是这个做法。一方面，中华传统的国家管理模式长期标榜德治为主、刑罚为辅的原则，人伦纲常、礼义廉耻、忠孝仁义、礼乐教化、以德服人、以孝治天下、修身齐家治国平天下等等，这类说法和举措不胜枚举。它的目的是把人的道德情感激发出来，为皇权政治所用；把个人心性、家庭情感，与公共交往和国家管理画等号，引导人们自觉地做忠臣、孝子、顺民。你自觉地进行道德修养，恪守忠孝仁义，安分守己，按道德律令行事，做正人君子，那你就自律好了。另一方面，宗法皇权政治从不存在真正的"以德服人"的"仁政"，社会从来不是单靠道德来管理和治理的。该出手时就出手；如果你离经叛道，作奸犯科，犯上作乱，那我就用刑罚收拾你。史上有所谓"四杀五诛""十恶不赦""株连九族"等说法；各种酷刑、酷吏，不绝于史，由此可见一斑。表面温情脉脉的道德理想主义，实则是以冷酷的惩戒为基础。正因为如此，学界有种说法：阳儒阴法。

严格来说，这些传统的道德和法律原则，只是古代专制社会统治者劝导和惩戒民众的方式，还不是现代意义上的公共治理与管理。它主要有两大问题：

（1）它以统治者为价值主体，以"牧民"为目的，与社会主义的人民主体和人民主权观念相悖。

我们不否认中华法系的优秀遗产和独特价值，但从一定意义上说，它毕竟是为统治阶级服务的。如果透过形式化的话语和抽象思辨，追问"德治"与"法治"的主体性、目的价值与历史形态，我们不难发现：无论是"德治"还是"法治"，是"阳儒阴法"还是"德主刑辅"，这只是表面形式的差别；它们的本质相同，都是统治者的"牧民术"，是他们用来整治老百姓的工具、手段、技巧。这里的价值主体是以皇帝为首的统治者，价值客体是人民大众。恩与威、德与刑、宽与猛、自省与他律，都是围绕宗法皇权甚至围绕皇帝一个人转。它的价值导向和目标，都是为统治者服务，都是以宗法皇权体系"长治久安"为目标。对宗法皇权体系来说，价值主

---

① 《孟子·离娄上》。

体和价值目标是不言而喻、无须讨论的；该讨论的只是德与法、恩与威、内与外等手段和形式，亦即用什么样的方式才能更好地维护统治利益，体现统治意志，实现统治目标。这种不考虑主体和目的，只考虑德与法的形式特征，实质是老百姓不在场的"治"，是与平民的权益无关的"治"。我们直接按照这个模式来治国，恐怕是有问题的。

（2）与小生产和宗法社会结构相适应，而不适应现代工业文明、大型复杂性社会。

"恩威并施""德主刑辅"的统治模式，不是现代意义上的国家治理和公共管理范式，而是与宗法皇权社会相适应的；宗法皇权组织又建立在小农经济和宗法家族（从早期氏族部落一直延伸到现代的宗族组织）基础上。以家族组织为原型构建国家组织，以家庭伦理为蓝本书写公共规则，将个人和小家庭的模式扩展为国家与社会模式，就有了某种必然性。无论是组织结构还是游戏规则，传统社会的公共生活和交往，都有明显的家族文化色彩。典型的是《礼记·大学》所谓"修身、齐家、治国、平天下"的逻辑。现代社会是大型复杂性社会，公共生活和公共交往越来越复杂，民主和法治是大势所趋。现代中国社会的治理，显然无法按照"德主刑辅"之类的宗法原则来进行。

按照马克思的理解，"人们的社会历史始终只是他们的个体发展的历史，而不管他们是否意识到这一点"①。也就是说，社会文明发展程度取决于个人在社会中的独立自由程度。社会中个体的发展是以社会联系和交往为中介的，亦即只有在联系和交往中，个体才是现实的。但是人们的社会联系与交往方式又是发展演化的。马克思把这一历史发展演化描述为从依附状态到独立自由个性发展。人类最初因为落后的生产力和狭小的交往方式，作为个体的人没办法从自然的束缚下解放出来，也不能从专制王权的统治下解放出来，普遍地湮没在自然束缚和人身依附关系中。当个人处于孤立的依附状态时，社会管理就无须考虑作为个体的人（尤其是底层平民）。无论是法律还是道德，人民大众都无缘作为主体"在场"。随着生产力的发展，人的独立和自由才逐渐萌生和发展。马克思说："人的依赖关系

---

① 《马克思恩格斯选集》第4卷，人民出版社，1995，第532页。

(起初完全是自然发生的），是最初的社会形态，在这种形态下，人的生产能力只是在狭小的范围内和孤立的地点上发展着。以物的依赖性为基础的人的独立性，是第二大形态，在这种形态下，才形成普遍的社会物质变换、全面的关系，多方面的需求以及全面的能力的体系。建立在个人全面发展和他们共同的社会生产能力成为他们的社会财富这一基础上的自由个性，是第三阶段。"① 个体的独立自由状态与中介的联系方式，以及这种联系与交往方式的发展史，决定了法的历史形态与价值属性。马克思曾谈到私法、人的独立性以及生产发展三者间的关系："私法和私有制是从自然形成的共同体的解体过程中同时发展起来的。在罗马人那里，私有制和私法的发展没有在工业和商业方面引起进一步的结果，因为他们的整个生产方式没有改变。在现代民族那里，工业和商业瓦解了封建的共同体，随着私有制和私法的产生，开始了一个能够进一步发展的新阶段。"②

从上述理论视阈重新审视德治与法治问题，我们可能看得更清楚、更深刻些。在古代中国社会，个体还没有条件获得独立性，人们还没有可能从狭隘落后的小生产中解放出来，没有可能从宗法王权和宗法家族组织中解放出来。小生产条件下的宗法血缘关系和宗法皇权制度既是人们生存的条件，也是人们生存的界限，帝王（官府）和家长（宗族）则是这种制度、秩序与力量的人格代表，人们的自由本质和独立个性还是"自在"的。于是，社会的价值主体只能是以皇权为纽带组织起来的官僚群体，以及以族权为纽带组织起来的血缘群体；个体只是其中的一个环节，还不是真正的自我。在社会联系和交往中，人们的独立人格与自由个性尚未彰显，社会也就不需要相应的法则来规范纯属个人间的权利义务关系，只需要一套笼统的法则，让个体有效地消融在血缘组织和官僚秩序中。落后的经济、政治、文化与社会条件，使得个人、家族和公共生活领域还处在一种原始混沌的状态，公共生活与公共秩序也就必然地将个人心性、血缘情感与公共交往规则混同起来，这才是将"德"（主要是宗法伦理）与"法"（宗法皇权秩序）结合起来共"治"的原因。

总之，中国传统治理理念之所以只谈"德"与"刑"而不谈"治"

---

① 《马克思恩格斯全集》第46卷（上），人民出版社，1979，第104页。
② 《马克思恩格斯选集》第1卷，人民出版社，1995，第132页。

的主体性、目的价值和历史形态等，是因为这种管理与治理理念，心目中只有宗法皇权和宗法族权，没有普通的个体，没有独立自由的个人，没有历史。这种将伦理、法律与政治混为一体的做法，这种视人们（尤其是底层平民）的独立人格为无的治理原则和理念，并不是现代民主法治社会所追求的，不属于以人民大众为主体的社会主义法治文化。如果我们不明白这点，仅仅在德与法的形式上做文章，不辨析法治的主体性，没有深刻的历史感，没有现代文明的价值导向，我们就会陷入历史的窠臼而不自知，理论上很难有新的进展，实践中也难以推进我国社会主义法治建设。

三 "治"的现代化

综上所述，"德治"与"法治"之辩，以往人们把重点放在德与法的关系上。但在笔者看来，关键问题既不在德也不在法，而在治。"德治""法治"的形式之辩是假问题，"治"的现代转型才是真问题。道德和法律各有其适用领域与社会功能，就像科学、教育、宗教、文化也各有其适用领域和社会功能一样。我们不会要求"文治""礼治""教治"与"法治"并重，同理也不必要求"德治"与"法治"并重。我们今天亟须做的，不是在道德与法律之间不偏不倚、全面兼顾，不是要将二者结合起来共同推进；毋宁说是要将道德与法律分清，深入检讨各自关涉的领域、角度和问题，深入检讨各自的内涵、功能与目的，应该让它们各安其位，各司其职。鉴此，笔者主张把"德"和"法"的问题转换成"治"的问题：如何实现"治"的现代性转型？我们要检讨的问题是：社会的公共管理与治理如何走向科学、民主、文明和现代化？它具体包含以下几层意思：

（1）"治"的合理定位问题——"治"的含义是什么？"治"是个什么性质的问题？

让我们回到问题的起点："德治"与"法治"之辩，原本是讨论如何"治"，包括：公共管理与治理如何实现民主化、理性化、现代化？如何防止公共权力被个人随意左右？如何避免主观臆断、公权私用等现象？确立什么样的社会规范和人们间的权利义务关系，这个社会才是有序的和正义的？什么是良法，什么是善，什么是正义？等等。由此可见，"治"主要是公共管理、社会治理、制度建设问题。简言之，"治"主要是法治。虽然它与伦理道德有关系（就像它与科学、教育、宗教、文化有关系一样），但它本质上属于法学和政治学的问题。伦理道德虽然也包括社会规范，但它本质上属于人性的肯定与拓展问题。我们强调"治"主要是法治，不等于我们否认道德在社会正义和秩序中的意义，就像我们不否认科学、教育、宗教、艺术等，对促成社会正义和秩序也有意义一样。我们强调"治"主要是法治，不等于我们否认法官、检察官也需要讲道德，就像我们不否认他们也需要有科学知识的道理一样。确认"治"是法律范畴而不是道德范畴，与社会也需要伦理规范、执法人员也要道德情操，并不矛盾。前者属于对象的本质与内涵问题，后者属于与这个对象相关联、相交叉的问题。在分析的基础上对不同问题进行协调，才是有序的；未经批判与分析的"两个坚持"，则是混沌的。

（2）"治"的主体问题——谁来"治"？

"治"的现代转型，包括对"治"的主体的重新确认。谁治谁？在"治"的过程中，人们间的相互关系是怎样的？是统治者用道德和法整治老百姓，还是自由平等的公民自我管理和治理？法治是否真正体现"主权在民"？也就是说，"治"的主体性问题才是隐藏在"德法之辩"幕后的真问题。没有对主体的追问与反思而谈德治和法治，难免空洞、抽象。

辨析"治"的主体性问题，就是要讨论在法治建设如何落实"人民主体"原则，亦即真正落实宪法规定的"中华人民共和国的一切权力属于人民"的原则，使人民群众真正成为法治的主体。要做到这点，我们的法就应体现人民大众的意志、利益与权利，使得法律成为公民互惠互利、共生共荣的生活方式与交往方式；在法律实践中，人民大众不能失语，不能缺位。公共管理和治理应该成为人民大众普遍参与的和自我管理的方式。一旦人民群众在场，一旦法体现人民意志和利益，一旦人民的权利、利益和尊严得到法律的保护，他们必然会自觉依法办事。相反，如果人民大众不在场，如果他们只是被"治"的对象，而不是法治文化的主体，这就不是社会主义法治文化所应有的状态。现实社会的很多矛盾和冲突，其中不可忽视的原因之一，是在公共管理与治理中，人民大众尤其是底层普通民众失语、不在场，只是被动的接受者。这种"不在场"的地位和被动接受的角色，其自由意志和合法权益必然难以保障。如果法与人民群众的意志和权益相悖，就会失去群众基础。

（3）如何"治"？用什么样的手段和方式治，才是文明的、人道的、合理的？

笔者主张把"德法之辩"的重点转到"治"的现代性问题，就要把"如何治"的问题置于现代文明的语境下思考：什么样的管理和治理方式才是科学的、文明的、正义的和有效的？显然，社会主义法治应有之"治"，不是用非正义、非理性、非人道的手段来整治老百姓，而应当是全体人民用理性和文明的方式，规范他们相互间的权利义务关系，以实现社会正义和个人自由。这个目标可从两个方面具体化：

一是程序正义与实质正义的统一。作为现代文明的法治，应起到维护人们正当权益、自由和尊严的作用，起到维护社会正义、公平和秩序的作用，起到善善恶恶的效果。如果说实现这一目的是实质正义的话，则它需要程序正义提供保障。程序正义目的是求真，是为了保障事实的客观准确；实质正义目的是求善，是为了保障结论合法。从一定意义上说，程序正义比实质正义更重要，因为如果没有程序正义就无法保证事实清楚、证据可靠，也就无法避免冤假错案，何谈实质正义！程序正义的结果也会有瑕疵，但程序正义下的问题是个别的，不具有普遍性。如果离开了程序正义，就意味着没有制度性担保，其不良后果会是普遍的。

二是目的善与手段善的统一。一方面，要改进和完善公共管理与社会治理，必须改进和完善"治"的手段与方法，用现代法治文明的手段进行治理。例如提倡理性、人道和文明的法治手段，禁止暴力、刑讯逼供等野蛮行为；坚持公开透明的司法原则，避免暗箱操作；坚持"以事实为根据，以法律为准绳"的原则，通过程序正义来追求实质正义，避免主观臆断、权力干涉等"人治"弊病等。另一方面，要改进和完善公共管理与社会治理，必须澄清和完善"治"的目的价值。社会主义法治应以人为本，把保障广大人民群众的权利、尊严、自由与福祉，维护社会整体的正义与秩序当作最高目的。目的善与手段善互为因果：以保障人们的权利和福祉为目的的法，必然努力促进手段善；采取科学、文明和人道的手段，又会增进法的目的善。

（4）"治"的目的价值问题——为什么治？"治"最终为了什么？

从最终意义上说，治理和管理的现代转型应以人民群众为法治建设的主体，是人民群众的自我管理和治理，它出自人民、服务人民、以人民为价值目的。这种"治"的价值目标，可以从三个方面看：其一，社会的管理和治理，是为了更好地维护每个人的权利、尊严、自由和福祉，让人的价值在法治中得到肯定。只有能保障人民权利、自由与福祉的法才是正义的。其二，社会的治理和管理，要在全社会确立公平正义，要使公共生活和公共交往规范有序。只有公平正义有序的良性环境，人们的权利和幸福才能得到保障。其三，公共治理和管理的最高目标，应是使法从他律向自律转换，从约束向自由转换，让法成为一种文明和文化。如果法根本上是在肯定人而不是在否定人，那就会让人生活得更幸福更自由更有尊严而不是相反；如果社会主义法治文化成为人民团结起来"自惠"的生活样法，那么，法治就会成为一种文化和文明的生活方式，人们也就乐于尊法、守法、依法办事，臻于孔子所谓"从心所欲，不逾矩"的自由状态。

四 法治文化与"治"的现代转型

文化即"人化"——人们按"人"的标准和理想"化"自己和周遭的自然，使之适合"人之为人理应如此"的理想状态。这个"化"的历史实践及相应的成果形态，就是文化。故文化体现了具体历史条件下人们对"人是如何"的理解。文化的具体形态复杂多样，法就是其中之一。也就是说，法律与宗教、道德、艺术等一样，共同构成文化的具体形态。人类文明史上，各种不同的文化及其特质，也体现在它独特的法律方面。例如古罗马法就构成古罗马文化的重要组成部分；同样，礼乐教化、纲常伦理，也是中国传统文化的重要内容。一个国家的法，不止是法典条文、法律制度、司法行为等"硬件"，还是渗透于其中的文化与价值等"软件"；法不止是司法系统本身的事，它也体现为全体国民的价值观、生活方式。从这个意义说，法也是一种文化。

广义说，法治文化是从文化的角度看法，把法视为一种文化形态。这里的"法"是指法典、制度、司法行为、法哲学理念、相关行为方式等构成的整体。一个社会用法来规范和处理人们间的权利义务关系，做出"合法"与"非法"评判，并认为这种规范和评判符合"人之为人"应该是的那种标准。从这个意义上理解的法，就是法治文化。不过，泛泛地讲法治文化，理论意义不大。我们通常讲的法治文化是狭义的，即现代文明形态的法，或者说是法达到了现代文明形态。一个社会的法，通过文明和正当程序，来保障社会正义和人民的利益与自由，人民也自觉遵法、用法，按法的精神思考与行为，从而形成自然而然的生存方式。这种生存方式就是法治文化。本文把德法之辩转换为"治"的现代性问题，也就是要追求这样的法治文化。

文化是人们普遍的生活方式和存在状态，法治文化状态也是这样：它不是一部分人把法作为手段"整治"另一部分人，而是一个国家、一个族群的人们生存时普遍的常态。只有当绝大多数人自觉、自由、主动、平等地掌握法、参与法、敬重法，依法办事，并通过社会普遍认可的合法行为来保障自己的权益时，那种生活方式和生存状态才是法治文化。

文化与蒙昧、野蛮相对而言。文化的大趋势是向文明、理性、人道发展——虽然具体过程很复杂。法治文化也是这样：它以文明、理性、人道的方式解决问题，通过科学的制度、合理的程序、正义的规则来实现社会正义与秩序，体现人民大众的意志，维护人的权利、尊严、自由和福祉。它反映一个社会的文明程度，也是一个人的文明教养的体现。它是善的手段和目的的统一，是科学价值与人道价值的统一，用中国传统文化的说法，也是"威"与"仁"的统一。

文化是生活的本真状态，它不是表演、作秀，也不是强制。文化意味着生活本身就是这个样子。法治文化也是如此。法要成为文化，必须是人民大众自然而然的生活本身。法要真正出自人民、代表人民，是人民参与，也是人民遵循的行为规范与价值体系。法要达到自觉自由状态，它就必须有一种自治机制：法的积极意义和良性循环机制，促使人能动地按文明法的方式生活。一旦法治不是外在于自己的否定力量，而是内在于自己的肯定力量；一旦法治不是人们之间互相计较甚至互相争夺的机制，而是促成人们互利互惠、共生共荣的内驱力，则参与法、遵从法、敬畏法，就蔚然成风。依法办事、依法治国，就不只是外在的、强制性的他律，更多的是人们自觉自由的行为。有一种观点认为："法治文化是人民团结起来'自惠'的文化"①，诚哉斯言！

【执行编辑：张亚月】

---

① 卢敬春：《法治文化是人民团结起来'自惠'的文化——专访中国政法大学终身教授、中国辩证唯物主义研究会副会长李德顺》，载《中国法治文化》2016年第6辑。

马克思是普罗米修斯主义者吗？
——伯克特对所谓的马克思"生产主义的"和"消费主义的"观念所作的辩驳

彭学农[*]

【摘　要】 生态批评家认为，马克思的历史观是普罗米修斯主义的历史观，表现在生产主义和消费主义两方面。伯克特认为，批评家们的主要问题在于不能理解现实的人及其历史发展这一核心主题与马克思对资本主义生产力的肯定之间的辩证关系，从而不能把握马克思体现在生产和消费观上的生态学思想。伯克特从卷帙浩繁的政治经济学批判文本出发，对批判家的指责进行了全面的回击，深刻地揭示了历史唯物主义与生态学的内在统一性。

【关键词】 普罗米修斯主义的历史观；生产主义；消费主义；更少限制的人的发展

美国著名生态学马克思主义者伯克特指出："可能对马克思的最普遍的生态批评是，在赞赏作为共产主义前提条件的资本主义生产力的发展时，马克思陷入了'普罗米修斯主义的'或者说'生产主义的'历史观。"[①] 伯克特这

---

[*] 彭学农，上海大学社会科学学部（筹）哲学系副教授，主要研究方向为马克思主义哲学。
[①] Paul Burkett, *Marx and Nature: A Red and Green Perspective*, Chicago: Haymarket Books, 2014, p.147.

里所说的普罗米修斯主义的历史观，指的是把历史看作人类支配和征服自然的过程的观念。"把马克思标示为普罗米修斯主义者的批评家一般地认为，马克思预示了共产主义条件下人类对自然的不停息的甚至不断增强的统治，而共产主义本身则被设想为这样一个社会，在那里，随着资本主义提供的机械化技术的进一步发展所导致的劳动时间的减少，每单位的物质生产和消费水平将不断提升。"① 简言之，生态批评家一般把普罗米修斯主义历史观划分为生产主义和消费主义这两个方面，而姆克劳克林（Mclaughlin）、明吉翁（Mingione）、本顿（Benton）则是上述观点的典型代表。②

针对上述批评，伯克特做出了两种回应：一种是防御性的回应，即从马克思政治经济学批判视阈中的劳动范畴与自然财富等关系方面入手，对马克思与生态学的关系进行了辩护③。一种是积极的回应，批评家们的主要问题在于不能理解现实的人及其历史发展这一核心主题与马克思对资本主义生产力的肯定之间的辩证关系，从而不能把握马克思体现在生产和消费观上的生态学思想。

一　人的发展是马克思生产观的核心

针对"生产主义"的指责，即马克思把人类生产活动看作是对自然的永不停息的甚至不断增强的统治过程的这一指责，伯克特从人的发展与生产的关系作了辨析。

物质生产的观点在马克思的历史观中确实具有核心地位，但这是否等同于生产主义呢？马克思有些言论似乎对此持肯定的态度。比如，《资本

---

① Paul Burkett, *Marx and Nature: A Red and Green Perspective*, Chicago: Haymarket Books, 2014, p. 147.
② 参见 Andrew Mclaughlin, "Ecology, Capitalism and Socialism", *Socialism and Democracy*, No. 10, Spring/Summer, 1990, p. 95; Enzo, Mingione, "Marxism, Ecology and Political Movement", *Capitalism, Nature, Socialism*, Vol. 4, No. 2, June, 1993, p. 86; Ted Benton, "Marxism and Natural Limits: An Ecological Critique and Reconstruction", *New Left Review*, No. 178, November/December, 1989, pp. 74–77.
③ Paul Burkett, "Introduction to the Haymarket Edition," p. xv. 参见彭学农：《伯克特对马克思政治经济学批判中劳动范畴生态学意蕴的辩护》，《学术交流》2019年第3期。

论》第三卷谈到,"发展社会劳动生产力,是资本的历史任务和存在理由。资本正是以此不自觉地为一个更高级的生产形式创造物质条件"①。这里马克思似乎把资本主义为共产主义提供不受限制的物质基础当作资本的历史使命。在第三卷近结尾处,马克思又指出,"社会的现实财富和社会再生产过程不断扩大的可能性,并不是取决于剩余劳动时间的长短,而是取决于剩余劳动的生产率和这种剩余劳动借以完成的优劣程度不等的生产条件。"② 这里,马克思又似乎表现出生产主义。在恩格斯的《反杜林论》里,也有一段话似乎会引起类似的联想:"生产资料的扩张力撑破了资本主义生产方式所加给它的桎梏。把生产资料从这种桎梏下解放出来,是生产力不断地加速发展的唯一先决条件,因而也是生产本身实际上无限增长的唯一先决条件。"③ 但伯克特指出,这些话单独提出来,确实可以往生产主义上引,但如果从更广阔的范围来看,就不是这么回事。

伯克特认为:"马克思关于资本主义历史进步的信念不是建立在对以自然为基础的物质财富的人类中心主义偏好的基础上。考虑到马克思坚持认为自然条件是财富的一个必要组成部分,以及坚决主张人类生产者具有自然和社会特性的观点,至少可以说,这种偏好是自相矛盾的。"伯克特这段话的意思是,马克思对资本主义进步性的热情,不可归结为对自然的征服。马克思肯定过配第的观点,即劳动是财富之父,自然是财富之母。马克思也说过,人是自然的一部分,自然是人的无机身体。马克思固然强调人是一种社会存在,但这种社会存在是建立在自然存在的基础上的,而人的自然存在包括了人本身的自然力,也包括了与这种自然力相对立的自然物质。伯克特强调指出,马克思把人周围的自然物质既看作人的生活和生产资料的来源,也看作精神的和审美的对象。因此,"对马克思来说,资本主义的进步性并不意味着克服人类生产活动的所有的自然限制,只不过是说这种进步性要求作为资本主义剥削必要前提的可供剥削的劳动力和物质条件的无限制的供应"④。伯克特进一步指出,对马克思来说,资本主义的进步性

---

① 《马克思恩格斯全集》第 25 卷,人民出版社,1974,第 149 页。
② 《马克思恩格斯全集》第 25 卷,人民出版社,1974,第 926 页。
③ 《马克思恩格斯全集》第 20 卷,人民出版社,1971,第 307 页。
④ Paul Burkett, *Marx and Nature: A Red and Green Perspective*, Chicago: Haymarket Books, 2014, p. 149.

不仅表现为克服人的自然和社会发展方面的限制，也表现为否定了剥削性的阶级关系的历史必然性这一绝对的物质缺乏原则。这些表现虽然与对自然的征服混杂在一起，但这只是资本主义的先进性中存在的悖论。

伯克特认为，马克思实际上看到的是资本主义通过超越传统的人与自然的关系而形成的人的发展的潜力。为了增强这种解释的说服力，伯克特引用了马克思和恩格斯的两段概述性的言论。马克思在《资本论》第三卷里说过："资本的文明面之一是，它榨取剩余劳动的方式和条件，同以前的奴隶制、农奴制等形式相比，都更有利于生产力的发展，有利于社会关系的发展，有利于更高级的新形态的各种要素的创造。因此，资本一方面会导致这样一个阶段，在这个阶段上，社会上的一部分人靠牺牲另一部分人来强制和垄断社会发展（包括这种发展的物质方面和精神方面的利益）的现象将会消灭；另一方面，这个阶段又会为这样一些关系创造出物质手段和萌芽，这些关系在一个更高级的社会形态内，使这种剩余劳动能够同一般物质劳动所占用的时间的较显著的缩短结合在一起。"① 恩格斯在《论住宅问题》中则指出："正是由于这种工业革命，人的劳动生产力才达到了相当高的水平，以致在人类历史上破天荒第一次创造了这样的可能性：在所有的人实行明智分工的条件下，不仅生产的东西可以满足全体社会成员丰裕的消费和造成充足的储备，而且使每个人都有充分的闲暇时间去获得历史上遗留下来的文化——科学、艺术、社交方式等等——中一切真正有价值的东西；并且不仅是去获得，而且还要把这一切从统治阶级的独占品变成全社会的共同财富并加以进一步发展。关键就在这里。人的劳动生产力既然已发展到这样高的水平，统治阶级存在的任何借口便都被打破了。"② 伯克特认为，这两段言论存在三层意思：第一，资本主义的进步在于它发展了生产力；第二，通过发展生产力，它否定了造成统治阶级拥有社会剩余劳动时间和产品的支配权因而拥有人的发展机会的任何物质稀缺原则；第三，通过发展生产劳动的社会合作形式，它克服了前资本主义社会人类在社会和自然方面都受限制的发展形式，形成了全面的物质生产和精神生产能力。因此，马克思、恩格斯并不是把人对自然的征服当作未来社会的核心因素。

---

① 《马克思恩格斯全集》第 25 卷，人民出版社，1974，第 925—926 页。
② 《马克思恩格斯选集》第 3 卷，人民出版社，1995，第 150 页。

伯克特还从马克思的三大形态理论的内在关系来佐证这一观点。他认为，很明显，把三大形态区分开来的因素是第二大形态的生产者与生产的必要条件的社会分离（也就是物的依赖性）和第一大形态的与生产条件相统一的人的依赖性或受限制的形式。第三大形态代表了向第一大形态的人与生产条件之间的统一性的回归。在那里，个人的自由全面发展依赖于资本主义下发展起来的普遍的社会物质变换、全面的关系、多方面的需要、全面的能力，而个人的自由全面发展又以其他一切人的自由全面发展为前提，以人和生产条件的统一为其前提。后者表现为联合起来的生产者对劳动和自然的社会化的财富创造力进行自觉的管理。总之，马克思不认同"把人置于以自然为代价创造出来的物质财富和自由时间的不断上涨的潮头上"①的资本主义，而是把资本主义看作作为社会和自然的存在物的人的发展的必要条件。

把马克思归结为生产主义者的人也忽视了这样一个观点，尽管资本主义的社会化大生产"为超越更早的、更受局限的人的发展形式提供了基础，但由于资本主义生产中的阶级剥削关系和异化关系，这种超越仅仅以对立的形式表现出来"②。马克思一贯认为，资本主义存在着"大量对立的社会统一形式"③，资本主义生产的物质条件和相应的生产关系就在这样的对立形式中发展着。在这些剥削、异化、对立和矛盾中，"劳动的客观条件变成活劳动的对抗性的对立物"，这里的客观条件包括劳动的一般社会力、自然力和科学。因此，资本主义社会，作为物质的和审美的手段的自然条件对人的丰富的全面的个性的发展不但没有帮助，反而"直接变成了一种武器，这种武器部分是用来把工人抛向街头，把他变成多余的人，部分是用来剥夺工人的专业和消除以专业为基础的各种要求，部分是用来使工人服从工厂中精心建立的资本的君主专制和军事纪律"④。

马克思关于前资本主义的与自然关系的相对受限制的特点的评论常常

---

① Paul Burkett, *Marx and Nature: A Red and Green Perspective*, Chicago: Haymarket Books, 2014, p. 154.
② Paul Burkett, *Marx and Nature: A Red and Green Perspective*, Chicago: Haymarket Books, 2014, p. 149.
③ 《马克思恩格斯全集》第 46 卷上册，人民出版社，1979，第 106 页。
④ 《马克思恩格斯全集》第 47 卷，人民出版社，1979，第 566 页。

被当作马克思反自然的生产主义的证据:"这些古老的社会生产机体比资产阶级的社会生产机体简单明了得多,但它们或者以个人尚未成熟,尚未脱掉同其他人的自然血缘联系的脐带为基础,或者以直接的统治和服从的关系为基础。它们存在的条件是:劳动生产力处于低级发展阶段,与此相应,人们在物质生活生产过程内部的关系,即他们彼此之间以及他们同自然之间的关系是很狭隘的。"① 伯克特认为,对马克思来说,前资本主义的与自然的关系,"不是指非历史的自然限制,也不只是指前资本主义人与自然关系的受限制的特性(虽然部分是这样)。它首先指的是一切阶级社会中普遍存在的剥削性的、失去控制的、不可靠的人类生产活动和人与自然关系"②。马克思主要看到的是,这种受限制的人与自然关系造成了人与人之间的对抗性关系。正因为这种对抗性关系,马克思才对前资本主义的人与自然关系持批判态度。但这是历史性的批判,而不是绝对的批判。当人与自然的更受限制的形式更有利于人的发展时,马克思肯定不会一味要求人对自然关系的扩大化。资本主义的进步在于它为人与自然之间的更少限制的关系奠定了基础,更少限制并不必然意味着反生态,而更丰富更全面的人与自然关系,不是不可以导入到生态学和生物圈意识中,因为人与自然关系的全面化与社会经济关系的全面化是可以相互促进的。伯克特认为,当马克思在《1857—1858年经济学手稿》中称赞资本对自然和社会纽带普遍占有中资本的伟大文明作用时,他不是在贬低自然或人的自然性,相反,他是在确认一种人与自然共同进化的更少限制的更自觉的形式,以与更早的地方形式和自然崇拜区分开来。

总之,马克思对资本主义的先进性的肯定,不是对生产主义的肯定。本文在开头引用的马克思、恩格斯的三段话,现在可以作出合理的解答了:资本的历史任务在于通过发展生产力来超越人与自然的狭隘关系从而为人的全面发展创造条件;社会再生产过程不断扩大的可能性受到社会需要的限制,社会生产过程的扩大包括了生产者社会的生活过程的扩大;生产本身实际上的无限增长,以个人的充分发展为目标,而个人的发展包含了健

---

① 《马克思恩格斯全集》第23卷,人民出版社,1972,第96—97页。
② Paul Burkett, *Marx and Nature: A Red and Green Perspective*, Chicago: Haymarket Books, 2014, p. 149.

康的可持续的自然和社会环境。另外,"生产主义的"指责认为,马克思在资本主义对自然的统治中看到了直接通向共产主义的高生产方式和高消费方式的路径。伯克特认为,这意味着把资本主义内在的生态矛盾直接转移到了共产主义社会,显然不符合马克思要合理地调控人与自然之间的物质变换关系的设想。在《法兰西内战》中,马克思思考过资本主义向共产主义过渡的问题,在他看来,在个人的更自由发展的前提下,共产主义生产不能简单地继承资本主义,也不能仅仅由新选出的社会主义政府签署法令来完成这一继承过程,实际上,这一过渡"必须经过长期的斗争,必须经过一系列将把环境和人都完全改变的历史过程"[1]。简言之,"普罗米修斯主义的解释严重地误解了资本主义的历史进步性和共产主义的任务"[2]。

二 资本、科学、自然的矛盾关系观是马克思生产观的延伸

伯克特认为,如果仔细地考虑马克思恩格斯在资本主义和科学上的立场,可以更清楚地看出,马克思恩格斯不认为资本主义能够为共产主义的人与自然关系提供技术性的基础。

在马克思看来,科学是人类历史进步的标志,它使人与自然的对象性关系更加丰富和深刻。但是,科学作为人的本质力量的展现,正是在资本主义社会才得以可能。因此,对生产力的进步性与对科学的先进性的肯定是携手同行的。下面我们来看伯克特是如何梳理资本、科学与自然的关系的。

伯克特认为,在马克思看来,虽然"资本不创造科学","但是它为了生产过程的需要,利用科学,占有科学","只有资本主义生产方式才第一次使自然科学为直接的生产过程服务,同时,生产的发展反过来又为从理论上征服自然提供了手段。科学获得的使命是:成为生产财富的手段,成为

---

[1] 《马克思恩格斯全集》第 17 卷,人民出版社,1963,第 363 页。
[2] Paul Burkett, *Marx and Nature: A Red and Green Perspective*, Chicago: Haymarket Books, 2014, p. 150.

致富的手段"①。资本对科学的利用和占有以及直接把科学运用于生产过程，创造了一个普遍利用自然和人的属性的体系："以资本为基础的生产，一方面创造出一个普遍的劳动体系，——即剩余劳动，创造价值的劳动，——那么，另一方面也创造出一个普遍利用自然属性和人的属性的体系"，资本对科学的生产性使用有助于解释"资本破坏这一切并使之不断革命化，摧毁一切阻碍发展生产力、扩大需要、使生产多样化、利用和交换自然力量和精神力量的限制"，这也有助于解释资本如何为更少限制的人的发展形式打开了空间，因为它常常"既要克服民族界限和民族偏见，又要克服把自然神化的现象，克服流传下来的、在一定界限内闭关自守地满足于现有需要和重复旧生活方式的状况"②。资本利用科学，也在一定意义上发展科学。马克思指出，资本积极地"把自然科学发展到它的顶点"③。这一积极评价的根本基础是，正由于科学为资本服务，科学变得独立于劳动了，"科学分离出来成为与劳动相对立的、服务于资本的独立力量，一般说来属于生产条件与劳动相分离的范畴。并且正是科学的这种分离和独立（最初只是对资本有利）成为发展科学和知识的潜力的条件"。④

但是，"资本主义中间推动科学发展的应用的方式与生产力相同，即使生产力与生产条件分离，并使生产条件成为积累的手段。"⑤ 正如马克思指出的，"科学作为应用于生产的科学同时就和直接劳动相分离"。资本主义对科学的占有与对劳动的占有具有相同的逻辑，即都以劳动与其必要条件的社会分离为前提，这就可以说明，资本在生产中占有和使用自然条件如何推动了科学的发展："自然因素的应用——在一定程度上自然因素被列入资本的组成部分——是同科学作为生产过程的独立因素的发展相一致的"，"由于自然科学被资本用作致富手段，从而科学本身也成为那些发展科学的人的致富手段，所以，搞科学的人为了探索科学的实际应用而互相竞争。另一方面，发明成了一种特殊的职业。因此，随着资本主义生产的扩展，

---

① 《马克思恩格斯全集》第 47 卷，人民出版社，1979，第 570 页。
② 《马克思恩格斯全集》第 46 卷上册，人民出版社，1979，第 392 页、第 393 页。
③ 《马克思恩格斯全集》第 46 卷上册，人民出版社，1979，第 392 页。
④ 《马克思恩格斯全集》第 47 卷，人民出版社，1979，第 598 页。
⑤ Paul Burkett, Marx and Nature: A Red and Green Perspective, Chicago: Haymarket Books, 2014, p. 159.

科学因素第一次被有意识地和广泛地加以发展、应用并体现在生活中，其规模是以往的时代根本想象不到的"①。

在注意到资本主义激励科学活动时，马克思也认识到资本利用科学、人类理论的进步的反进步的特征："科学对于劳动来说，表现为异己的、敌对的和统治的权力"②，"只有资本主义生产才第一次把物质生产过程变成科学在生产中的应用，——变成运用于实践的科学，——但是，这只是通过使工人从属于资本，只是通过压制工人本身的智力和专业的发展来实现的"③。

但是，"科学对资本的从属具有一种植根于资本把自然当作生产可出售的使用价值的手段的反生态特性"④。资本在科学的协助下，废除了以前的一切社会阶段的对自然的崇拜，使得自然界"不过是人的对象，不过是有用物；它不再被认为是自为的力量；而对自然界的独立规律的理论认识本身不过表现为狡猾，其目的是使自然界（不管是作为消费品，还是作为生产资料）服从于人的需要"⑤。因此，科学就成了人与自然相异化的一个强有力的因素。这个因素与科学促进人的更少限制的发展构成了资本主义的内在困境。

此外，马克思还谈到了资本主义总体上低估科学知识的趋势。马克思指出："对脑力劳动的产物——科学——的估价，总是比它的价值低得多，因为再生产科学所必要的劳动时间，同最初生产科学所需要的劳动时间是无法相比的，例如学生在一小时内就能学会二项式定理。"⑥ 在马克思的理想中，自然科学与关于人的科学应该是一门科学，但是，资本主义低估了科学创造所包含的劳动价值，必然使以自然科学与人的科学相结合为目标的生态学的发展和应用受阻。最终，科学只是在为无偿使用自然界的利益团体服务的时候，才能获得最大的发展。但是，资本主义在资本、科学与

---

① 《马克思恩格斯全集》第 47 卷，人民出版社，1979，第 570、572 页。
② 《马克思恩格斯全集》第 47 卷，人民出版社，1979，第 571 页。
③ 《马克思恩格斯全集》第 47 卷，北京：人民出版社，1979，第 576 页。
④ Paul Burkett, *Marx and Nature: A Red and Green Perspective*, Chicago: Haymarket Books, 2014, p. 161.
⑤ 《马克思恩格斯全集》第 46 卷下册，人民出版社，1980，第 393 页。
⑥ 《马克思恩格斯全集》第 26 卷 1 册，人民出版社，1972，第 377 页。

自然之间的矛盾关系中的挣扎着的发展,对普遍的生态学的创立提出了必然性的要求。

"资本主义确实创造了更少对立和更少限制的人与自然共同进化的潜力"①,但资本主义本身不会允许这种潜力发挥出来。只有工人阶级能够"把科学从阶级统治的工具变为人民的力量,把科学家本人从阶级偏见的兜售者、追逐名利的国家寄生虫、资本的同盟者,变成自由的思想工作者!只有在劳动共和国里面,科学才能起它的真正的作用"②。

三 消费是人的本性的实现方式

伯克特进一步分析了另一个所谓的马克思的普罗米修斯主义观念,即马克思对历史进步的信念依赖于由资本主义造成的反生态的大规模消费。

伯克特认为,批评者持这一观点是由于其忽略了马克思对资本主义创造的人的发展潜力的估价和马克思对资本主义消费关系的性质的批评。

伯克特指出,早在《德意志意识形态》批判施蒂纳的时候,马克思就谈到了人们的需要即人的本性,而满足人的需要的过程和方式,则与消费以及分工、交换和交往相关。因此,在马克思那里,消费是人的本性的实现方式。在马克思晚年的著述中,这一观点始终未变。

伯克特认为,批评者由于忽视马克思对资本主义生产的特殊阶级形式的性质的分析,也必然忽视与生产形式相关的特殊消费模式的性质的分析。马克思认为,资本主义消费模式的历史进步性在于其首先地和最主要地来自资本主义生产方式不受预先提供的消费水平所决定这一事实:"它是一种没有预先决定和预先被决定的需要界限所束缚的生产"③。在这种生产方式推动下,在竞争性的货币积累的逻辑中,"人的生产能力得到发展,因而使人的才能在新的方面得到发展",这就导致"需要的范围和满足这些需要的资料的范围的扩大"④。个体企业生产在观念中具有可销售性的使用价值,

---

① Paul Burkett, *Marx and Nature: A Red and Green Perspective*, Chicago: Haymarket Books, 2014, p. 162.
② 《马克思恩格斯全集》第17卷,人民出版社,1963,第600页。
③ 《马克思恩格斯全集》第49卷,人民出版社,1982,第98页。
④ 《马克思恩格斯全集》第47卷,人民出版社,1979,第260页。

但这不会使这些使用价值仅限于满足先前表达过的需要。这些企业不仅为其他企业先前服务过的顾客而竞争，而且力争创造新的销售市场。随着生产的机械化和固定资本的大规模使用，持续的生产成为必要，这就提供了创造新需要的动力。这样，"生产规模不是决定于既定的需要，相反，产品量决定于生产方式本身所规定的和不断增长的生产规模"，即使每个资本家的生产的目的是使单个产品包含尽可能多的无酬劳动，但"这一点只有通过为生产而生产才会达到"①。简言之，资本主义只能创造一个需求不断扩大和丰富的系统。"新生产部门的这种创造，即从质上说新的剩余时间的这种创造，不仅是一种分工，而且是一定的生产作为具有新使用价值的劳动从自身中分离出来；是发展各种劳动即各种生产的一个不断扩大和日益广泛的体系，与之相适应的是需要的一个不断扩大和日益丰富的体系。"② 简言之，马克思是一般地赞赏资本主义消费模式的进步的，特别是欣赏其造成了人的需要的满足，并同生产一起造成了新的需要。但是，这里的需要和消费都不可与异化的需要和异化的消费相混淆。

伯克特认为，"马克思在需要创造过程中看到的人类潜能不可归结为反生态的大规模消费主义"③。马克思在《1857—1858 年经济学手稿》中构想的资本的剩余价值的生产和与此相关的消费的关系可以说明这一点："生产相对剩余价值，即以提高和发展生产力为基础来生产剩余价值，要求生产出新的消费"。而消费要与生产相应，就必须："第一，要求扩大现有的消费量；第二，要求把现有的消费推广到更大的范围，以便造成新的需要；第三，要求生产出新的需要，发现和创造出新的使用价值。换句话说，这种情况就是：获得的剩余劳动不单纯是量上的剩余，同时劳动（从而剩余劳动）的质的差别的范围不断扩大，越来越多样化，本身越来越分化。"④ 伯克特认为，上述扩大的消费的三个方面，只有第一个是纯数量的，第二个考虑了更大的消费范围，这个角度是包含了质的，第三个则纯粹是质的。把这三个方面综合起来考虑，会发现其核心在于如何推动消费的质的更少

---

① 《马克思恩格斯全集》第 49 卷，人民出版社，1982，第 98 页。
② 《马克思恩格斯全集》第 46 卷上册，人民出版社，1979，第 392 页。
③ Paul Burkett, *Marx and Nature: A Red and Green Perspective*, Chicago: Haymarket Books, 2014, p. 165.
④ 《马克思恩格斯全集》第 46 卷上册，人民出版社，1979，第 391 页。

限制的发展。确实，在上述列举之后，马克思就用质的词汇具体说明了"发现、创造和满足由社会本身产生的新的需要"所预示的人的潜力："培养社会的人的一切属性，并且把他作为具有尽可能丰富的属性和联系的人，因而具有尽可能广泛需要的人生产出来——把他作为尽可能完整的和全面的社会产品生产出来（因为要多方面享受，他就必须有享受的能力，因此他必须是具有高度文明的人）"①。马克思当然意识到自己的构想的相对性。他认识到，虽然资本主义生产的发展将扬弃奢侈的需要和自然必要性的需要之间的对立，但"在资产阶级社会里，这只是以对立的形式实现的，因为这种发展本身又只是规定一定的社会标准来作为必要的标准，而同奢侈相对立"②。但无论如何，在人与自然的更广阔的物质变换关系的意义上以及在否定少数剩余占有阶级的垄断性历史法则的意义上，资本主义为奢侈和自然必要性的对立的扬弃奠定了基础。

伯克特指出，马克思对人的潜力在资本主义消费模式中的进步的讨论，由于联系到两大阶级之间的对立，导向了另一个历史进步的观念，即劳动阶级的潜力在消费领域也取得了进步。把工人阶级与以前的社会形态中的劳动者相比，"工人的享受范围并不是在质上受到限制，而只是在量上受到限制。这就把工人同奴隶、农奴等等区别开了"，简言之，由于雇佣劳动者的"消费处于经济关系之外"，即资本和劳动的经济关系之外，这就"根本改变了工人的关系，使之不同于其他社会生产方式中的劳动者"③。

伯克特认为，马克思对不断扩大的消费的性质的讨论对劳动阶级也是适用的。马克思虽然对工人的消费在量上的局限性持批评态度，但他主要关注的是工人的消费的更少限制和更丰富的特点。例如，当讨论工人如何扩展经济向好时的享乐时，马克思指的不是享乐主义的物质消费的狂欢，而是工人参与更高的包括文化方面的满足："因为工人在营业兴旺时期，即有可能在一定程度上进行积蓄的时期，扩大自己的享受范围"④。这里根本没有什么东西是内在反生态的。

---

① 《马克思恩格斯全集》第46卷上册，人民出版社，1979，第392页。
② 《马克思恩格斯全集》第46卷下册，人民出版社，1980，第20页。
③ 《马克思恩格斯全集》第46卷上册，人民出版社，1979，第242、243页。
④ 《马克思恩格斯全集》第46卷上册，人民出版社，1979，第246页。

总之,"马克思把资本主义对工人阶级更高水平和质量的消费的社会和物质基础发展看作这个系统历史进步的更重要方面之一。这无论在过去还是在当今工人的大多数人中都是必要的"①。当考虑马克思对资本主义社会工人阶级的消费机会的性质的批判性分析时,这就更清楚了。伯克特认为,马克思的这一分析包括了两个方面,这两个方面都没有给工人以消费主义的空间。

一方面,马克思分析了在资本主义社会,工人的消费总是处于自然必要性的水平的原因和特点。马克思指出,虽然工人的消费地位使工人与传统劳动者区分开来,但"由于工人以货币形式,以一般财富形式得到了等价物,他在这个交换中就是作为平等者与资本家相对立,像任何其他交换者一样;至少从外表上看是如此。事实上这种平等已经被破坏了"②,因为,工人为了能获得货币工资,生产中的工人生产能力的使用必须对资本来说是有油水的东西。这就限制了资本家能付的货币工资,也就限制了工人的消费。这里限制的不仅是量,也是质:"这是因为在建立在贫困上的社会中,最粗劣的产品就必然具有供给最广大群众使用的特权。"③ 因此,虽然资本主义趋向于解除支持奢侈和自然必要性对立的先在的物质和社会限制,但实际上,工人只是在一定的自然必要性的水平上得到消费的提升,因为自然必要性的特殊社会标准由资本的绝对物质需求——可剥削的劳动力和这种剥削所需要的条件的再生产——所限制。因此,当资本家和其他剩余占有阶级的奢侈消费对资本实现从工人生产中抽取的剩余价值成为必要时,奢侈和自然必要性的对立以新的形式再生产出来:"这种生产方式为非生产者生产财富,因而一定会使奢侈品具有必要的形式,以便使它只能为享受财富的人所占有"④,同时,需要和满足需要的资料的增长"造成需要的丧失和满足需要的资料的丧失",在工资最低的工人那里,"甚至对新鲜空气的需要"⑤ 也不再成为其需要了。这种工人消费低于自然水平的状态,是马

---

① Paul Burkett, *Marx and Nature: A Red and Green Perspective*, Chicago: Haymarket Books, 2014, p. 167.
② 《马克思恩格斯全集》第 46 卷上册,人民出版社,1979,第 242—243 页。
③ 《马克思恩格斯全集》第 4 卷,人民出版社,1958,第 105 页。
④ 《马克思恩格斯全集》第 49 卷,人民出版社,1982,第 107 页。
⑤ 《马克思恩格斯全集》第 42 卷,人民出版社,1982,第 134、133 页。

克思恩格斯著作中贯穿始终的且极为重要的主题,如《资本论》第一卷第10章对资本内在地把工作时间延长到自然界限之外的趋势的分析,《1844年经济学哲学手稿》对异化劳动的讨论,《英国工人阶级状况》对工人的沦为牲口式的生活状态的分析。这些论述是难以归入反生态的范畴的,也就是说,工人消费机会只是相对来说具有推动工人发展的潜力,而事实上,工人的消费离一个正常人的要求还差得很远。

另一方面,马克思揭示了资本主义提升工人需要和消费的过程中存在的问题与后果,这可以从马克思对承担价值和剩余价值的使用价值类型的批判性评论中反映出来。

资本不断扩大再生产造成了庞大的商品堆积,这种商品必须转化为资本,这就意味着"使用价值的性质,商品的特殊使用价值本身,是无关紧要的"①,重要的是商品可以被当作有利润的销售的能力,"商品必须对社会即对买者具有使用价值,就是说,它必须满足一定的现实的或想象的需要"②。相应地,资本经常试图克服在有效需要上的阶级性限制,"寻求一切办法刺激工人的消费,使自己的商品具有新的诱惑力,强使工人有新的需求等等"③,"正像工业利用考究的需要进行投机一样,工业也利用粗陋的需要,而且是人为地造成的粗陋的需要进行投机。因此,对于这种粗陋的需要来说,自我麻醉,这种表面的对需要的满足,这种在需要的粗陋野蛮性中的文明,是一种真正的享受"④。随着资本主义的粗鲁的商品化消费关系的发展,生产不再是"作为人的生产率的发展,而是作为与人的个性的生产发展相对立的物质财富的再生产"⑤。使用价值的这一异化,也导致了劳动过程的物质具体性的被吞噬:"由于机器体系所造成的规模巨大的生产,产品同生产者的直接需要的任何联系也都消失了,从而同直接使用价值的任何联系也都消失了"⑥。这一切就造成了这一现象:"商品作为产品的一般必要形式,作为资本主义生产方式专有的特征,明显地表现在随着资本主义生

---

① 《马克思恩格斯全集》第46卷上册,人民出版社,1979,第242页。
② 《马克思恩格斯全集》第49卷,人民出版社,1982,第355页。
③ 《马克思恩格斯全集》第46卷上册,人民出版社,1979,第247页。
④ 《马克思恩格斯全集》第42卷,人民出版社,1979,第138页。
⑤ 《马克思恩格斯全集》第48卷,人民出版社,1985,第21页。
⑥ 《马克思恩格斯全集》第46卷上册,人民出版社,1979,第209—210页。

产的发展而造成的大规模生产中，表现在产品的片面发展和数量庞大上；这就使产品必然具有一种社会的性质和同社会关系紧密联系在一起的性质，但又使产品作为使用价值同满足生产者需要之间的直接关系，表现为某种完全偶然的、无关紧要的和无足轻重的东西。"①

总之，马克思对资本主义创造的人的发展潜力的估价和对资本主义消费关系的性质的批评，在肯定消费是人的本性的实现方式的同时，也批判了消费中存在的奢侈消费和自然必要性消费之间的对立问题，在肯定消费对工人的需要的提升的意义时，也批判了工人消费的低劣性。在这些估价和批评中，马克思不仅没有丝毫消费主义倾向，反而处处体现出从人的自然和社会本性的角度考虑消费问题的生态意识。虽然马克思不可能预测到 20 和 21 世纪的精确的反生态的消费形式，即所谓的消费主义，但马克思的人为的需要创造的观点与当代批判消费主义的理论之间的关系在根本上是内在一致的，马克思甚至用明确的语言概述了这一观点："这种大量产品必须实现为交换价值，必须通过商品的形态变化，这不仅是为维持以资本家身分进行生产的生产者的生活所必需，而且是为生产过程本身的更新和连续所必需。因此，这种大量产品也进入了商业的范围。"②

四 简短的评论

福斯特在与伯克特的《马克思与自然》同时期写作的《马克思的生态学》一著中也对普罗米修斯主义问题作过辨析。福斯特与伯克特在为马克思的生态学进行辩护时有一个分工，即前者着重分析马克思的唯物主义基础，后者则注重阐明马克思的政治经济学批判的逻辑。福斯特从唯物主义的角度对普罗米修斯主义指责也作了个回应，这可以从另一个角度说明伯克特的辩驳的背景和意义。

福斯特认为，本顿、吉登斯、克拉克、劳依、布哈斯卡、科拉可夫斯基的对普罗米修斯主义的指责，"其内部隐含着一定的反对现代主义的（后

---

① 《马克思恩格斯全集》第 49 卷，人民出版社，1982，第 8 页。
② 《马克思恩格斯全集》第 49 卷，人民出版社，1982，第 8 页。

现代主义的或前现代主义的）假设——这种后现代主义的假设在许多绿色理论中都成为神圣不可侵犯的"①。在这些人看来，真正的绿色主义就应该抛弃现代主义本身，因此，既然马克思的作品以及整个马克思主义都是现代主义的极端形式，它们就是应该被抛弃的反生态学的形式。

 福斯特认为，对马克思来说，应该赞美的普罗米修斯是埃斯库罗斯的《被锁链锁住的普罗米修斯》中的革命性的神话人物，他藐视奥林匹斯山上的众神并把火带到人间。在这里，普罗米修斯是人类的能动性的集中体现，而不是一个主宰人类命运的神话人物。马克思在《博士论文》中敬仰的普罗米修斯就是这样的一个形象。培根把普罗米修斯与科学和唯物主义的出现联系起来，也是这样一个用法。普罗米修斯后来作为机械唯物主义的形象完全没有出现在马克思的作品中，马克思的批判者们对马克思的指责恰恰是马克思本人在《哲学的贫困》中对蒲鲁东的指责："马克思特别批判了蒲鲁东机械的普罗米修斯主义，他的机器直接来源于劳动分工——以及把此作为'天命的目的'的规划。蒲鲁东'新的普罗米修斯'就是一个像上帝一样的形象，他隐藏着蒲鲁东所提出的关于机器的纯形而上学观念，使它从生产和剥削的社会关系中分离出来，并把它看作符合它自己的技术逻辑。"②

 当然，马克思的批判家们是从马克思的政治经济学批判体系出发进行批判的，福斯特的回应只是从背景方面作了一个梳理，还不是对批判家们的正面应战。伯克特的突出贡献，在于直接从政治经济学批判的卷帙浩繁的文本出发，对批判家的指责进行了全面的回击，深刻地揭示了历史唯物主义与生态学的内在统一性。③ 伯克特的这一工作，对于当今充满生态危机的时代具有重大的启示意义：其一，我们不能像绿色主义者那样，"把资本

---

① 〔美〕福斯特：《马克思的生态学——唯物主义与自然》，刘仁胜等译，高等教育出版社，2006，第150页。
② 〔美〕福斯特：《马克思的生态学——唯物主义与自然》，刘仁胜等译，高等教育出版社，2006年，第146页。
③ 本文主要评述了伯克特就马克思对资本主义生产力的肯定与所谓的普罗米修斯主义之间的关系问题的思考。伯克特实际上还对马克思设计的共产主义社会的自由时间理论是否是普罗米修斯主义的问题进行了系统的反思，从而更全面地深化了本文的主题。参见彭学农：《伯克特论马克思自由时间理论的生态学维度》，上海社科联：《上海市社会科学界第十五届学术年会文集》，上海人民出版社，2017。

主义的生产力的发展及其对自然的影响看作是巨大的错误"①，而是要分析和理解这一现象的前因后果及其蕴含的向可持续制度转化的潜力；其二，我们应该像马克思那样，不应该把资本主义生产"看作某种可以简单地赞扬或谴责的东西，相反，我们应把它看作批判分析和政治斗争的对象"②。

【执行编辑：尹　岩】

---

① Paul Burkett, *Marx and Nature: A Red and Green Perspective*, Chicago: Haymarket Books, 2014, "Introduction to the Haymarket Edition", p. xvi.
② Paul Burkett, *Marx and Nature: A Red and Green Perspective*, Chicago: Haymarket Books, 2014, "Introduction to the Haymarket Edition", p. xvi.

论严复的现代国家观

张亚月*

【摘　要】 国家属于全体国民，这是现代国家的基本性质，因此现代国家即是现代国民国家。民族主义往往是构建现代国家的主要动力之一，因此"现代民族国家"也就成为现代国家的别称。19、20世纪之交，正是寰球范围内现代民族国家纷纷成型之际；清朝统治下的中国则在殖民主义浪潮中风雨飘摇，革命者决意以"民族主义"作为动员革命、推翻清朝的旗帜。但对于中国这样一个有着悠久国家形态和既有国家民族的古老帝国来说，应以何种路径来实现现代国家转型？先贤严复作为"中国西学第一人"，在1898年时就设计出了合理方案：对外"联各国之欢"，对内"结百姓人心"，政治上除旧布新、破"把持"之局。严复的主张在本质上正对应于现代国民国家"外争主权、内争人权"的基本路径，因此严复所期待的现代中国正是现代国民国家的方向。

【关键词】 严复；民族意识；现代国民国家；现代民族国家

一　题引：现代国家的性质在于其属于全体国民

现代国家之所以区别于前现代的王国或皇帝国，根本原因在于其国家

---

* 张亚月，上海大学社会科学学部（筹）哲学系副教授，主要研究方向为伦理学、公民社会理论、社会建构论、休谟哲学等。

性质不同，前者属于全体国民，后者则是国王或皇帝的私产。通常从前现代国家到现代国家的演变，其核心内容就是国家性质由国王或皇帝之"家天下"向"国民之国家"的转化，这即是人们通常所说的"现代化"的关键维度——政治现代化，它在现实中表现为政治、经济、社会组织和动员方式以及大众观念和话语体系等全方位的系统性转化。

从前现代国家到现代国家的转化，在欧洲要比在亚洲提前发生至少 100 多年以上。生活在 18 世纪的康德已经敏锐地注意到了这样的转化，他在 1795 年出版的《永久和平论》里，针对当时欧洲常见的政治实践——某一国的国王因为继承或者婚姻而得以兼领另一国之国王的情形——评价道：应当说是国民们得到了一位新君主，而不能说国王得到了一个新国家①。哲学家的这一思想一定程度上其实也是对当时欧洲社会大众思潮的捕捉和呈现。虽然康德只是在《永久和平论》的第一个脚注里讲到此番话，但确实已经关涉到了现代国家的性质问题：从根本来说，现代国家是属于其全体人民的；国家并不是国王的私产。

这也是启蒙时代以来最重要的理论成果之一，从思想界到社会大众，越来越多的人认识到：国家不应当是国王个人的，国家主权应当属于全体国民，执政者的权力来自人民的让渡和赋予。这种关于现代国家应然性质的观点，也正是社会契约论的核心观点。由国王之国家向国民之国家的演进，正是国家性质朝向现代性价值的正确发展方向。在这样一种现代视野下，无论是国王还是其他类型的执政者，就丧失了其统治的天然合理性，而需要以其对国民、对国家、对社会的服务作为其统治合法性的依据。

整个 19 世纪，欧洲国家的主流都是不断朝向现代国民国家发展。即便是俾斯麦主导建立的德意志帝国（1871—1918），虽然名为帝国，却有很强的国民国家之实；比如德国早在 19 世纪 80 年代就开始率先建立起社会保障制度，大幅提升了国民大众的福祉。而以中国、日本为代表的东亚国家在

---

① 在何兆武译的康德《永久和平论》（上海世纪出版集团，2005，第 6 页）中，这段话表述为："一个世袭的王国并不是一个可以被另一个国家所继承的国家，但是治理它的权利则可以为另一个生物人所继承。这个国家于是便得到了一个统治者，但是统治者作为这样的一个统治者（也就是领有另一个王国的人）并没有取得这个国家。"在李秋零主编的《康德著作全集》第 8 卷（中国人民大学出版社，2010，第 349 页）中，对《永久和平论》原文中的这第一条脚注的翻译，更能显露其思想精髓："……在这种情况下，是国家获取一个君主，而不是这个君主……获取国家。"

转向现代国民国家的道路上则普遍相对滞后。日本借助于1868年开始的"明治维新"走出了一种类似于沙皇俄国的现代转型道路①，通过短短几十年努力就成功跻身世界强国行列，并在与其原宗主国（中国）的对抗中显示出了其现代转型后所迅速取得的国家实力。而清朝治下的老大中国，却因为历史的沉重包袱和统治者的颟顸迟钝而难于实现朝向现代国家的历史跨越，直至辛亥革命爆发、清朝权贵被迫退出历史舞台。统治者的失败不免会招致国家和民族的灾难——"共和"之后一直存在的军阀割据、混战局面，更加激发了包藏虎狼之心的东邻日本对于中国的觊觎，这才有了后来损失代价极为惨重的"14年抗战"。

  历史不容假设。虽然我们不为清朝皇权的终结有丝毫遗憾，但不得不为其所耽误的中国社会现代转型机会而扼腕叹息。尽管有堪称全民族最智慧之头脑的先贤严复，曾为清朝政府谋划出对当时中国来说最切合实际的强国富民之路，却终因造化弄人而未能上达"天听"，严复的救国良策终被埋没。至今再看严复于1898年初发表于报端的《拟上皇帝书》②，其中对于中国当时面临的国际形势分析得切中肯綮，对于中国国弱民贫的缘由也分析得极为深刻，并得出"今日之积弱，由于外患者十之三，由于内治者十之七也"③的惊心论断。更可贵的是，120多年前的严复，就对中国应当如

---

① 晚清赴任驻日使官的清帝国官员黄遵宪（1877—1882年期间在日本），撰写了《日本国志》，将日本明治维新的经验介绍到中国，诸如日本推翻幕府统治、加强天皇权力等实践，从而使中国的思想精英对于日本的"变法"有了了解。王汎森在《戊戌前后思想资源的变化：以日本因素为例》（见《二十一世纪》1998年2月号）一文中，对黄遵宪的日本经验评价道："虽然对当时日本的自由民权运动以及议会制度存有好感，但是他最强调的，还是日本如何成功地透过中央集权而成为一个现代的国家"。日本在朝向现代国家转型中所存在的弊端，致使其后来走上了军国主义道路。

② 在《严复集》中，这篇文章以"拟上皇帝书"的题目收录。此文最初以此题目于1898年年初在《国闻报》上发表；后在1901年时，严复将这篇原本准备进呈而未能进呈的"拟上皇帝书"更名为"上今上皇帝万言书"予以刊印。本文中仍取其最初发表在《国闻报》上的名称"拟上皇帝书"。据严复所记载的1898年9月14日光绪帝召见他时的对谈（对谈内容于当年9月19日发表于《国闻报》），严复当时问起光绪帝是否看过自己这篇"拟上皇帝书"："不知曾蒙御览否？"光绪告之"他们未呈上来"，但光绪帝希望严复"汝可录一通进来，朕急欲观之"。然而严复蒙诏觐见后仅一周，慈禧即复出"训政"，23日起光绪就被幽禁于瀛台，28日谭嗣同等六人被杀害，戊戌变法就此宣告失败。严复此文此后也再无缘上呈光绪，所以这篇在救国安邦、雄才大略并不亚于"出师表"的咨政宏文，料想光绪帝很可能至死也未能读到过。

③ 严复：《严复集》，王栻主编，中华书局，1986，第61页。

何走向现代、如何成为世界强国,提出了至今仍然有效的洞见,让今人读来尤不免扼腕唏嘘、掩卷长叹。

现代国家即是现代国民国家,这是因为现代国家的主权属于全体国民。但与现代国家紧密相关的还有另外一个概念:现代民族国家。不唯大众,就连学界也普遍有点难以分辨这几个相关概念。现代民族国家这一概念的流行源出于此:在19、20世纪之交,与传统国家向现代国家转变相伴相生的,正是席卷全球的民族主义风潮,民族意识和民族主义成为诸多新兴现代国家的主要建构动力,因此现代民族国家也就成为现代国家的另一个名称。

虽然从学界到媒体和大众,经常习惯性地把现代国家称作现代民族国家,但实际上以英、美为代表的现代国家并非由于民族主义因素而形成,而是因为其人民要求平等的政治和社会权利才发展成民主、法治、自由的现代国家,因此将这类国家称作现代民族国家是非常不合适的,对它们的恰当称呼应当是"现代国民国家"。只有那些既有之民族为了谋求本民族之统一版图而新建的国家,如德国、意大利等,才符合现代民族国家①的概念所指。但现代民族国家也只是在其构建时期主要以民族主义为动员力量,但在其建成后必然也要走向现代国民国家的方向,才能够长久存在。从根本上来说,成功的现代民族国家必然会是现代国民国家。所以现代国民国家才是现代国家的真正实质,这个概念足以涵盖现代民族国家。

19世纪末到20世纪初,正是全球化浪潮的激荡时期;在激流竞帆的国际舞台上,朝向现代国家的世界潮流浩浩汤汤,不进则退者会被迅速淘汰出局。与前现代专制帝国相比,新兴的现代国民国家由于其民主性质而具有显著的竞争优势,致使传统的专制帝国往往无法与之抗衡②,比如甲午海战中的中日两国。惨败之后的清帝国,已经从上到下意识到国家需要改变,需要向西方列强学习。但在当时国际民族主义风潮影响下,中国的一些精英人物把建构现代中国的动员力量放在了民族主义上,这实际是对中国既有的国家形态和国家民族的一种忽视或否认。10岁多起就浸淫西学、弱冠

---

① 在19世纪末到20世纪初时,某些民族为了反抗压迫其的多民族帝国(例如俄罗斯帝国、奥匈帝国或奥斯曼帝国)而发起民族主义建国运动,因此而来的国家应当归类于现代民族国家。

② 比如"一战"中就有两个帝国分崩离析(奥匈帝国和奥斯曼帝国)、一个帝国被革命党人取而代之(沙俄帝国)、一个帝国(德意志帝国)难以为继而转型成为民主共和国。

之年后留学英国的严复,一方面具有国际视野和现代国家的实地经验,另一方面则在理论方面远远超前于同时代人,所以他能在现代中国应当如何建构这个最为重大的问题上极具慧眼——从严复的诸多著述中可以看出,严复为中国选择的正是现代国民国家的现代转型道路,他所主张的正是现代国民国家的价值:民主、自由、法治、宪政。这倒不是说当年的严复就知道现代国民国家的名词或者现代性价值,而是因为他无论从理论还是从经验都深知:民主国家的人民更有活力,自由而尊严的个体更具有创造性,并能为捍卫自身的权益而捍卫国家之安全、能为发展自身的福祉而繁荣社会,这样一来才能够实现国家富强。

早在1895年发表的大量著述如《原强》《辟韩》中,严复就充分表达了其对于国民国家亦即民主国家才会具有更强实力的观点,也已然提出西方强国"以自由为体,以民主为用"的论断。到1898年初在《国闻报》上发表《拟上皇帝书》万字长文时,严复针对当时中国的衰弱局面提出了系统的救国、强国纲领,他劝诫光绪帝要从三个关键方面推进维新变法:外交、民心和政治革新。解读严复版的救国道路,其核心实质就是要让清王朝的统治者来自上而下地主导着中国朝向现代国民国家转型。只是颟顸的清王朝权贵对于时代潮流和世界大势反应极为迟钝,步步错过改革机遇,致使其没挨到"一战"爆发就已经被辛亥革命所终结。

尽管如此,严复从1895年起就为中国实现国富民强所设计的现代转型道路,却并不因为被机运埋没、未能在现实中奏效而有所失色。在100多年后的今天,回顾严复超前于时代的现代国家观念和理论,仍然对当下现实有很强的借鉴启发作用。严复的西学背景和西方社会亲身体察,让他具备了当时举国难出其右的国际视野与全球眼光。早在甲午海战之前严复就已经深刻意识到了世界民族之林中正在进行的残酷竞争[①],因此严复应该很早就具备了强烈的民族情感和民族危机意识。严复从13岁起在福建马尾水师

---

① 比如严复在《天演论》"导言四"中的"复案"里写道:"……彼美洲之红人,澳洲之黑种,何由自交通以来,岁有耗减;而伯林海之甘穆斯噶加,前土民数卜万,晚近万仅数万,存者不及什一,此俄人亲为余言,且谓过是恐益少也。物竞既兴,负者日耗,区区人满,乌足恃也哉!乌足恃也哉!"见于《严复集》第1333页。书中注明了"伯林海之甘穆斯噶加",即是白令海的堪察加(Kamchatka)。以其他种族之消亡来警醒"黄种"中国人奋起抗争,严复作《天演论》的意图在此是再显明不过了。

学堂就读，自此与中国海军结缘；25岁留学归来被李鸿章延揽至北洋水师学堂，而立之年后逐渐做到了校长的职位；这样的背景和经验使得严复深谙甲午海战之胜败关系到国运盛衰。历时数月的中日甲午战争让严复极为忧心，他的许多昔日同窗和学生殉国牺牲，这些都使严复深受刺激，每听战报噩耗几乎"手不能书"、常常"夜起大哭"。

强烈的民族危机意识和甲午海战的惨败，驱使严复自1895年起宛如火山喷发一般发表了大量著述，他试图通过《天演论》《原强》《辟韩》等的恳切陈词，努力唤起中国人的民族意识以"自强保种"，在世界民族之林中"竞天择""求生存"。但另一方面，严复对于民族主义又极为谨慎，他仅仅在中国人对外而言的意义上使用民族主义，也总是在国家民族的层面上言说民族主义，这使严复与同时期那些草率使用民族主义、甚至对内使用民族主义的激进人士，形成了鲜明反差。100多年前，正是中华民族处于国家危亡仓皇之际，那时候迫于凶险时势，理论界和媒体往往不辨粗精，将世界上的各种新鲜理论和名词都搬入中国的思想场域，以期能对救国发生作用。但在百年之后的今天回头再看，当时的有些理论和概念对于现实却带来明显的负面作用，比如被当时革命口号"驱逐鞑虏、恢复中华"所扭曲和误导的民族主义。而若以现代国民国家对外"争主权"、对内"争人权"的特征来考察严复对于民族概念和民族主义的运用，就会发现他对此持有极为审慎而恰当的态度——只将其当作对外"争主权"的工具，而在国家内部则几乎是闭口不提民族主义。虽然在严复那一时期，中文里还未出现民族国家、国民国家这些现代概念，但精通西学、富于国际经验又有极强理论敏感性的严复，从一开始，就对于中国的现代国家建构道路看得清、想得对、致思周严、着眼长远。严复所主张的，正是一种符合现代国民国家理论、符合现代性价值的现代国家观。

二 严复1895—1898年系列著述中的强烈民族意识

甲午战争从1894年7月开启战事，到1895年2月17日威海卫海军基地陷落、北洋舰队覆灭，历时半年有余。1895年3月，甲午海战的硝烟尚未散去之际，严复所译的《天演论》就开始广泛流传，其中的"物竞天择""适者生存"等语不啻为惊雷，击中了当时国人之心灵。严复为《天演论》所写的序文《论世变之亟》于当年2月4—5日发表于天津《直报》；提出了"鼓民力、开民智、新民德"的《原强》一文，发表于当年3月4—9日的《直报》；提出要学习西方国家富强之经验、要建立君主立宪国家等维新主张的《辟韩》一文，则发表于当年3月13—14日的《直报》，并于次月转载于《时务报》上；斥责科举考试、揭露八股之害的《救亡决论》，发表于5月1—8日的《直报》，这篇文章不仅严词批判"华风之敝……始于作伪，终于无耻"，认为传统"旧学"、科举词章、金石书法等于救国无益，只有认真向西方国家学习、引入"西学"，才是"救亡图存"的唯一途径。从这些著述中，直可以看见严复先贤忧国忧民、以学术和理论报国的一片丹心。

强烈的民族意识是严复1895年这些著述中的显著特点，而这也是严复要借助于赫胥黎之《进化论与伦理学》来"作"《天演论》的主要缘由，即以"物竞天择、适者生存"激发中国人民的斗志，以其他种族之消亡来警醒"黄种"以"自强保种"。甲午战争对于中国思想界有巨大的催化作用，因为人们普遍认识到，"变"了"法"的日本居然能够战胜中国，因此中国也必须"变法"了。这是甲午之后的中国大的思想环境；而对于严复来说，因为对于甲午海战中国海军经营几十年毁于一旦痛彻心扉，所以他看中了赫胥黎1893年刚刚出版的这本书的介绍进化论思想的前半部分，将其译为中文并在其中加入大量"复案"（即严复所加的按语），以向读者灌输他自己关于社会演进、种族竞争和发展的思考。

《天演论》中已经有非常显著的民族意识。只不过当时"民族"概念尚且未在中文中正式诞生，所以《天演论》中的民族（意识），通常是由"国人""国民""民"和"国种""种族"来传达的；前三个词用于指代一个国家内部的人民或民族，后两个词则用在与其他国家和人民相对而言时对于一国内部人民或民族的指代，经常用来指代中国人。1898年《天演论》更加正式的版本发表，比之1895年的简易版本，新版本里又增加了桐城派大儒吴汝伦为其所作之序。在吴汝伦这篇不足千字的序文中，"种族"一词就先后两次出现，可见严复《天演论》中的民族意识已经深深影响到了为其作序者。作为严复的古文老师、与严复亦师亦友的吴汝伦,显然很是了解严复迻译《天演论》的用意:"卫其种族之说……于国论殆有助乎?"① 原文中的这个问号,体现了吴汝伦对于严复此译著能否受到大众欢迎并继而作用于开启民智,并不十分有把握;但他期望《天演论》能够"待而得其人,则吾民之智渝矣"②。这里所谓民智,其第一条内容应当就是关于自身民族意识的觉醒,这也是《天演论》最大的社会价值所在。

在《天演论》自序中严复也透露了他之所以选译此书的原因:一方面此著原本具有强烈的伦理性(主要是此书后半部分即伦理学部分),严复感觉其有些方面与中国圣贤所言相通,这样就易于为中国大众所理解和接受,这是严复从现实角度出发的考虑;另一方面其实还是因为此书围绕着"自强保种之事",恰好符合严复在甲午海战后意图唤醒民众自强保种的需要:"赫胥黎氏此书之恉,本以救斯宾塞任天为治之末流,其中所论,与吾古人有甚合者。且于自强保种之事,反复三致意焉。"③

正是因为严复要借斯宾塞之书而宣扬民族意识,所以在《天演论》中严复大量增加"复案",以尽可能带出关于种族和竞争的讨论。如"导言二"中的"复案":"国种之始,无尊卑上下君子小人之分,亦无通力合作之事。其演弥浅,其质点弥纯。至于深演之秋,官物大备,则事莫有同,而互相为用焉。"④ 严复话语体系中的"种",既指物种,又指人种;其就一定区域而指人种时,无疑就是今天的民族之意。如《天演论》"导言十五"中有赫胥黎原句之译文:"今者天下非一家也,五洲之民非一种也。物竞之水深火烈,时平则隐于通商庀工之中,世变则发于战伐纵衡之际。"⑤

在严复于1895年发表的《原强》一文中,严复开始用"黄种"来专门指代中国人,而将东南亚之亚洲人称为"赭种之民":"北并乎锡伯利亚,南襟乎中国海,东距乎太平洋,西苞乎昆仑墟,黄种之所居也。其为人也,

---

① 吴汝伦序文的这一段话原文为:"抑严子之译是书,不惟自传其文而已。盖谓赫胥黎氏以人持天,以人治之日新,卫其种族之说,其义富,其辞危,使读焉者怵焉知变,于国论殆有助乎?……严子之意,盖将有待也。待而得其人,则吾民之智渝矣。"(严复:《严复集》,王栻主编,中华书局,1986,第1318—1319页)
② 严复:《严复集》,王栻主编,中华书局,1986,第1319页。
③ 严复:《严复集》,王栻主编,中华书局,1986,第1321页。
④ 严复:《严复集》,王栻主编,中华书局,1986,第1327页。
⑤ 严复:《严复集》,王栻主编,中华书局,1986,第1350页。

高颧而浅鼻，长目而强发。乌拉以西，大秦旧壤，白种之所产也。其为人也，紫髯而碧眼，隆准而深眶。越裳、交趾以南，东縈吕宋，西拂痕都①，其间多岛国焉，则赭种之民也。而黑种最下，则亚非利加及绕赤道诸部，所谓黑奴是矣。今之满、蒙、汉人，皆黄种也。由是言之，则中国者，遂（邃）古以还，固一种之所君，而未尝或沦于非类，区以别之，正坐所见隘耳。"② 值得一提的是，这里严复不仅将其他亚洲人与"黄种"相区别，并且指明"今之满、蒙、汉人，皆黄种也"，这充分表明严复正是从国家民族角度（即后来才有的"中华民族"这一国族层面的概念），来诠释和定义中国人。此文中严复更是认为中国自古以来就是一个"种"、一个民族，而未尝沦于非"黄种"。应当说严复对于中国人国家民族的这种理解非常符合中国人的历史脉络。

从1898年起，严复开始比较集中使用"黄种"概念，在当年6月间于《国闻报》上先后发表《有如三保》《保种余义》两文，两文不仅从标题中就可窥见"自强保种"之意，文中更是集中讨论民族意识，两文都涉及了"黄种"概念。严复所用的"黄种"一词，特指与其他国家、民族相对而言的中国人；"黄种"这一概念基本上与后来中文中出现并使用至今的"中华民族"，具有基本相同的内涵与外延。这一时期的文字中，严复在没有特别对应于外部时，还是更常用"民"来指代中国人；但在相对于外部其他民族而言时严复则常用"黄种"来特指中国民族、指代中国人。

在1898年6月11—12日发表的《保种余义》一文中，严复讨论了各民族素质之高下，其中以"黄种"指代中国人，而用"黄人"来指代亚洲人："夫黄种之后亡于黑种、红种、棕种者，岂智力之足抗白人哉! 徒以地大人多，灭之不易，故得须臾无死耳。合亚洲黄人号八百兆，而支那居其半，支那之人亦窃恃此以无恐，然吾窃虑支那之民虽众，未可恃也。"③ 值得注意的是，也是从1898年起，严复开始采用"支那"一词来作为指代中国人民族的专有名词，在这一年的多篇文章里都曾使用，频次比"黄种"还要高许多。

---

① 痕都：即今之印度。
② 严复：《严复集》，王栻主编，中华书局，1986，第10页。
③ 严复：《严复集》，王栻主编，中华书局，1986，第86—87页。

在那样一个连相关概念都没有、更谈不上概念体系的时代，严复却能用自己的话语体系将位于国家民族层面的"中华民族"，用"国种""黄种"等概念以及"支那"这一名词来清晰、准确地加以表达，这实际上反映的是严复对于以国民为主体的现代国家性质的清晰洞见，因而他才能够既保有强烈的民族意识，又能够透彻地将国际社会中已然出现的民族现象（概念尚未在中文中问世），准确地运用在国家民族层面，并与中国人这一国家民族整体相等同、相关联。

而在1898年6月3—4日发表的《有如三保》一文中，严复意味深长地讲述了一个"黄种"情结的故事：一位曾经在福建船厂工作的法国人，娶了位中国妻子。夫妻伉俪情深，不久后回到法国，并生下二女一子，孩子们大概因为母亲的关系所以都心向中国。尤其是那两位混血女孩子，当读报看到中国被瓜分豆剖的消息后就涕泪长流，鼓励其弟要努力学习，长大后要"归华，为黄种出死力也"。严复还特别交待："此固友人亲见之者，非谬悠之说也"。严复继而感慨道："诸公何必学孔子，但能以这二女子之心为心，则不佞高枕无忧，有以知中国之不亡矣。"①

三 严复《拟上皇帝书》中呈现的现代国家意识

在《原强》一文中，严复痛陈："日本以寥寥数舰之舟师，区区数万人之众，一战而蹶我最亲之藩属，再战而陪京戒严，三战而夺我最坚之海口，四战而覆我海军。"②严复对于甲午海战之惨败原因追究得也最为深刻，他在"原强续篇"一文中做出一个惊天论断，即一个"和"字败了北洋："和之一言，其贻误天下，可谓罄竹难书矣⋯⋯是故举今日北洋之糜烂，皆可于'和'之一字推其原。"③军事失败源于政治失败，这就使得意欲为"黄种"找到"保种自强"之出路的严复，必然要去思考如何在国家政治层面实现强国保种。

---

① 严复：《严复集》，王栻主编，中华书局，1986，第83页。
② 严复：《严复集》，王栻主编，中华书局，1986，第7页。
③ 严复：《严复集》，王栻主编，中华书局，1986，第39页。

到 1898 年时，严复对于当时国家危难局面的思考就已经有了深层的判断和结论："今日之积弱，由于外患者十之三，由于内治者十之七也"，也就是说，当时国家面临的重重危机，由外患而来的仅占三成，而由国家政治弊端所造就的却有七成！这样的言论在当时实在可谓是振聋发聩之言了：

> 今夫外患之乘中国，古有之矣。然彼皆利中国之弱且乱，而后可以得志。而今之各国，大约而言之，其用心初不若此。是故徒以外患而论，则今之为治，尚易于古叔季之时。夫易为而不能为，则其故由于内治之不修，积重而难返；而外患虽亟，尚非吾国病本之所在也。臣故曰：今日之积弱，由于外患者十之三，由于内治者十之七也。①

正是因为对于国家积弱之原因有此判断，所以维新运动期间的严复，对于革除陈弊、振奋国事、使国家由弱转强，应当还是有十足信心的。严复在 1898 年 1 月 27 日至 2 月 4 日间，在自己主办的《国闻报》上连载 9 期，发表了"严复版"的救国总纲领——《拟上皇帝书》。这篇宏文中既体现了严复为"黄种"之出路而精心谋划的拳拳之心，更呈现出严复关于中国应如何由弱变强、转型为一个现代国家的总体构想。其思路简言之就是三条：其一要在国际上"联各国之欢"，与"有义之国"建立同盟关系；其二要在国内"结百姓之心"，以平等、民主来逐渐实现国内整合；其三要在国家政治中除旧布新，以破除守旧势力"把持"政局、阻挠革新，建构起接近于现代的治国理政模式。

严复在《拟上皇帝书》中所指出的强国之路，究其实质，恰是朝向现代国民国家的转变；他为中国选择的现代国家方向，正是英国式的君主立宪制，是在维护当时既有之君权的框架下，自上而下推进国民国家、推进民主和法治社会的进路。可能很多人会因为严复支持清王朝就由此给他打上落后、保守、保皇的标签，但实际上在深谙英国君主立宪制优势的严复那里，他只是要在当时中国的国情下为中国人找出一条成本最低、见效最快、效果最好的现代转型道路来。严复对于光绪皇帝的盼望与期待，在当

---

① 严复：《严复集》，王栻主编，中华书局，1986，第 61 页。

时来说是完全合理的；他作为满腹西学的忧国忧民者，向国家权力之中枢皇帝建言献策，以期待其能够带领中国走出困境与危机，这与传统文化人"愚忠"于帝王家完全不是一回事。

坚持君主立宪制的严复，早在1895年发表系列文章时，就已经完全具备了对于现代政治的基本观念。严复虽然并不反对清皇权的总体框架，但他早在1895年的著述中就对旧式的君主专制进行了严厉批判（见于《辟韩》），对于西方列强之所以富强的原因做了分析（见于《原强》），认为西方国家的富强既来源于其社会的平等、自由、民主："自其自由平等观之，则捐忌讳，去烦苛，决壅蔽，人人得以行其意，申其言，上下之势不相悬，君不甚尊，民不甚贱，而联若一体者，是无法之胜也。"① 同时也来源于其法治和公道："自其官工商贾章程明备观之，则人知其职，不督而办，事至纤悉，莫不备举，进退作息，未或失节，无间远迩，朝令夕改，而人不以为烦，则是以有法胜也。"②

很显然，感受到民族存亡危机、又深谙现代国家之道的严复，只能将其救国之道进献于光绪帝。同样显而易见的是，严复所写的《拟上皇帝书》，是要用民主、法治、宪政、自由的现代国家治理模式来改造清朝的皇权统治，最终实现君主立宪制下的现代中国。虽然严复的国家观中仍然保有皇帝，但从其所主张的国家基本价值来看，却已然是一种现代国家观。

严复在《拟上皇帝书》开篇，首先痛陈甲午战败后中国所面临的更加深重的危机："顾今者大势岌岌，不治将亡，为有识所同忧"③，并发出再不奋起就可能会亡国为奴的警示："且使中国一朝而分，则此四百兆黄炎之种族，无论满、蒙、汉人，皆将永为贱民，而为欧人之所轻蔑践踏。"④ 继而劝勉光绪帝要励精图治："臣闻古今有不为治之国，而天下无不可治之时。"⑤ 文辞恳切凝重，严复为民族前途和国运盛衰的忧虑之情，简直流淌于笔端："中国者，大府之国，广土众民，有四五千年之教化，五洲诸部，方之蔑矣……一隅有警，则君臣相顾失色，甚者罢朝痛哭，不知所图。举

---

① 严复：《严复集》，王栻主编，中华书局，1986，第11页。
② 严复：《严复集》，王栻主编，中华书局，1986，第11页。
③ 严复：《严复集》，王栻主编，中华书局，1986，第61页。
④ 严复：《严复集》，王栻主编，中华书局，1986，第65页。
⑤ 严复：《严复集》，王栻主编，中华书局，1986，第61页。

朝之人，无有能为陛下画一策、出一谋以御侮威敌者，徒容忍洟泣，顺敌所求，如偿逋然，画诺而已，求遂责解，相对欢欣，如克大敌者。见兔既不思顾犬，亡羊复不思补牢。臣伏处草野，仰观朝廷所为，私窃痛之。臣闻古今有不为治之国，而天下无不可治之时。陛下果欲有为，则臣今所言，未必无可采择者，惟留神幸察。"①

这篇幅洋洋洒洒的"上书"，先从国家民族、民族国家的全景式视角对中国所面临的国际国内局势做了极为透彻的分析，第二段即分析了危机的缘由主要在于内政："臣惟中国之积弱，至于今为已极矣。此其所以然之故，由于内治者十之七，由于外患者十之三耳。"②继而以其超迈的国际眼光和"现代视野"，分析了中国所面临的国际局势："古之战国务并兼，而今之各国谨平权。此所以宋、卫、中山不存于七雄之世，而和兰、丹麦、瑞士尚瓦全于英、法、德、俄之间"③，意即西欧强国当时的目的并不在于吞并中国国土而在于经商获利，所以"使中国一旦自强，与各国有以比权量力，则彼将阴消其侮夺觊觎之心，而所求于我者，不过通商之利而已，不必利我之土地人民也"④。严复同时指出类似日本这样对我国国土怀有觊觎之心的国家，才是真正需要防范的敌国："日者，中国之敌，非西人也"⑤。严复对日本的判断终为应验。

正是在这样的国际视野下，严复为光绪皇帝提出了外交上的策略：在国际上要"联各国之欢……以维持东方太平之局"⑥，并与"有义之国"建立联盟关系，"俾中西永永协和，惟各国之助我"⑦。在建立较为安全的国际关系格局的同时，严复劝勉光绪帝在国内要"结百姓之心"、"使四百兆之人皆爱陛下"⑧，因为"立国之道，未有人心未去而国本或摇者也"⑨，"君臣上下既相亲矣，则其赏罚必明，所以顾恤其私者亦必至。伤残则有养废之

---

① 严复：《严复集》，王栻主编，中华书局，1986，第61页。
② 严复：《严复集》，王栻主编，中华书局，1986，第61—62页。
③ 严复：《严复集》，王栻主编，中华书局，1986，第62页。
④ 严复：《严复集》，王栻主编，中华书局，1986，第62页。
⑤ 严复：《严复集》，王栻主编，中华书局，1986，第74页。
⑥ 严复：《严复集》，王栻主编，中华书局，1986，第71页。
⑦ 严复：《严复集》，王栻主编，中华书局，1986，第71页。
⑧ 严复：《严复集》，王栻主编，中华书局，1986，第75页。
⑨ 严复：《严复集》，王栻主编，中华书局，1986，第72页。

廪禄，阵亡则其妻子无饥寒，夫如是，则亦誓死而勿去矣"。①

可以看出，1895 年时严复著述中最为强烈的民族意识（"自强保种"等），到 1898 年的《拟上皇帝书》里已经上升到了国家意识。严复将清朝治下的全体中国人都视为一个整体，实际上就是将中国人视为一个国家民族（虽然这个概念还要四五年后才在中文里出现），主张要加强君民团结，上下一心来对共同对抗那些"有阴谋无义，侮夺吾土地，而蹂躏吾人民"②的国家（比如日本），并与国际上的同盟国家共同行动："吾将与有义之国为连以御伐之"③。在严复的救国强国方案中，已经非常鲜明地呈现出现代国家（即主权属于全体国民的国家）在世界民族之林中竞争求生存、捍卫主权和领土完整的国家意识。

严复 1898 年的这篇洋洋洒洒长达万言的《拟上皇帝书》，与同年发表的《有如三保》《保种余义》等文章，共同呈现出严复关于中国应当如何由弱变强、成为一个现代国家的总体构想，严复不唯在对外如何"争主权"上努力致思，而且也在对内"争人权"上继续追求：早在 1895 年《原强》一文中严复即概括出西方强国是"以自由为体、以民主为用"，将西方强国富而强的根源归结于其民主、法治的社会制度和自由平等的社会伦理秩序，又在《辟韩》一文中指出在西方国家中"国者，斯民之公产也，王侯将相者，通国之公仆隶也"④。而在 1898 年的著述中，严复已经在将他所认识的这些现代国家的富强因素，要努力移植到中国的国家治理当中，所以才要对外"联各国之欢"并与"有义之国"结盟，对内"结百姓人心"，政治上除旧布新、破"把持"之局。所以说严复在这一时期已经初步具有了现代国民国家的国家观念，即主权国家对外在现代民族国家丛林中竞争求生存、对内发展和提升国民权利的国家观念。

四 严复的国家观念正是现代国民国家观

关于现代国家的观念，在西方也是自 19 世纪中叶以来才逐渐成形。出

---

① 严复：《严复集》，王栻主编，中华书局，1986，第 73 页。
② 严复：《严复集》，王栻主编，中华书局，1986，第 72 页。
③ 严复：《严复集》，王栻主编，中华书局，1986，第 72 页。
④ 严复：《严复集》，王栻主编，中华书局，1986，第 36 页。

生于瑞士的德裔政治学家伯伦知理（Bluntchli Johann Caspar，1801—1881）曾提出过"无国民则无真国家"，意思就是说"国民"（或者"人民""公民"等）才是现代国家的主体，是现代国家主权的所有者。这样的意识和观念在欧洲大约于19世纪中后期大体形成。伯伦知理于1881年在德国出版了《新政治学、普通公法及政治历史——16世纪至今》一书，其中讨论了现代国家中的重要问题——民族和国民。他区分了"Nation"（民族）观念和"Volk"（国民）观念，把前者视作分享共同文化遗产的群体，而把后者视作一个国家的公民团体①。

作为中国最早具有现代国家意识和相关理论知识的严复，应当是熟知并赞同伯伦知理观点的，所以严复才会在发表于1904年4月的《读新译甄克思〈社会通诠〉》一文中，将伯伦知理和梅因②、斯宾塞一起列为近世之泰斗。但显然严复关于现代国家的观念，其来源是多源头的，所以纵观严复著作，似乎也只有这一次提到伯伦知理。从严复很早就开始使用国民这一概念来看，在严复这里，他应该是化用了"Nation"（民族）和"Volk"（国民）的概念，而将拥有悠久文明和国家历史的"黄种"、中国人，视作既是分享共同文化的群体、又是未来的国家公民团体。很显然，严复的这种认知既符合中国这样一个在漫长历史发展中早已形成的复合多元民族实体的真实状况，也符合中国现代国家建构的现实需要。

如果认为严复确实具有这样强的理论敏感性，就能够比较好地理解这一现象：何以在严复的文本里，使用"国民"概念要比使用"民族"概念既早且多？严复很可能是在1897年开始首次使用"国民"，这一年11月严复发表于《国闻报》的《驳英〈太晤士报〉论德据胶澳事》一文中讲到"英之国民……"③，用"国民"来指代一国之内的人民；之后从1904年开

---

① 转引自〔法〕巴斯蒂：《中国近代国家观念溯源——关于伯伦知理〈国家论〉的翻译》，《近代史研究》1997年第4期。文中介绍伯伦知理的这本书于1881年在慕尼黑和莱比锡由奥尔登堡出版社出版，关于"Nation"和"Volk"的观念辨析见于书中第756—759页。
② 梅因（Henry James Sumner Maine，1822—1888）：19世纪英国著名的法律史学家。
③ 严复：《严复集》，王栻主编，中华书局，1986，第56页。

始严复著述中频频出现"国民"概念①,似乎是与当时正甚嚣尘上的"民族主义"风潮打擂台赛的感觉。严复虽然早在1895年《天演论》《原强》等著述中就体现出强烈的民族意识,但在严复的著述里,"民族"概念要迟至1902年3月发表的《路矿议》一文中才首次出现。这当然首先是因为"民族"概念大约这一时期开始才在中文中比较多地使用,因此更容易进入严复的语汇库。但值得注意的是,此后严复也只在寥寥几篇文章中用过"民族"概念②,其中《读新译甄克思〈社会通诠〉》一文,还是为了批判被革命党人所扭曲的民族主义时,才不得不出现了"民族"概念。具有强烈民族意识的先贤严复,却如此谨慎使用"民族"概念甚至刻意回避之,这很可能是因为严复要与当时思想界的风气相区别——有大批人士对于民族概念和民族主义不明就里,却在并不正确也于中国社会有害的意义上大谈特谈民族主义和民族问题,不光有盲目排外的弊端,更有在国内错误运用民族主义、分裂国族之现象。在这种"民族主义"热潮中,反观严复,不仅极具慧眼地率先使用具有普遍伦理精神的"国民"概念,更是在1906年时提出"共和之民,为国家一切事根本也"③的观点,这与伯伦知理的"无国民则无真国家"完全相合,充分确立了国民对于国家之根本性,也进一步说明了严复所持有的国家观正是这种现代国民国家的观点。

---

① 在严复1904年发表的《读新译甄克思〈社会通诠〉》一文中,首次出现用以指代中国人的"国民":"其于国民救贫之说……"。而之前严复指代国人及国人之素质时常用"民"、"中国民德民智民力"等说法,比如1903年所写的《〈群己权界论〉译凡例》一文。而1904年开始严复大量使用"国民"概念,除了前述《读新译甄克思〈社会通诠〉》一文,还有同年所写《〈英文汉诂〉卮言》一文反复使用"国民概念":"夫立学堂,将以植人才铸国民也";"夫开学堂,固云植人才、铸国民也。彼治西学习西语者,固不尽为人才,亦不尽及国民之平格,然使果有人才而得为国民之秀杰者,必不出于不通西语不治西学之庸众……"(严复:《严复集》,王栻主编,中华书局,1986,第154—155页)

② "民族"概念在《严复文集》中出现的次数其实称得上屈指可数,而且主要集中于几篇文章,集中于一段时期。这几篇文章与1903年开始的严复与革命党人就民族问题论战紧密相关,如1904年出版的《社会通诠》中的自序、同年匿名发表的为此译著写的推介文章《读新译甄克思〈社会通诠〉》,还有1906年发表的《述黑格儿惟心论》一文。这三篇文章受所著内容以及译著原文内容限制,严复不得不使用已经在中文中奠定了其地位的"民族"概念。但同样是1906年严复所撰写的《政治讲义》中,却全无"民族"概念之踪迹。再就是1912年民国成立之后的一段时期内,严复在《读经当积极提倡》《导扬中华民国立国精神议》等有限的几篇文章中,用过"民族"概念,这些文章里严复仍然是在国家民族的层面上使用民族一词。

③ 严复:《严复集》,王栻主编,中华书局,1986,第217页。

从本质上来说，国民之国家，这正是所有现代国家的本质规定性。现代民族国家也可以称作现代国家，但民族国家必然同时也是国民国家，才能真正称得上是现代国家。许多现代国家在最初构建时，都与民族和民族主义的关系非常密切，民族主义成为其建立的主要动力源之一。也正是因此就从西欧产生了 Nation-State 这样的概念，中文中对此概念的习惯表达为"民族国家"或"现代民族国家"，其也就成为现代国家的另一个极为常见的名称。但据一些学者的观点，Nation-State 在其极具现代性的意义上应当是"国民国家"或"现代国民国家"。虽然 Nation 一词在英文里的原意的确是"民族"，但在其与 State 结合而成 Nation-State 时，其中 Nation 的意思就已经转为"国民"之意，而不再是原本的"民族"之意了。实际上当前中文中的"国民"概念，在英文中通常对应的正是由 Nation 词根而来的"National"一词。Nation-State 不仅应当译作"现代国民国家"，而且这一名称要远比"现代民族国家"更贴合现代国家的本质属性。所以说严复从一开始就将中国现代转型的目标指向现代国民国家，这正是严复极富远见和理论洞见之处。

对于现代国家就是现代民族国家的误解是长久而广泛的，在中西都有。正因为民族意识和民族主义确实是促成许多现代国家形成的主要动力，所以"现代民族国家"之概念流传广泛也有其合理性。但虽然如此，民族和民族主义却并不是构成现代国家的本质属性。比如 1776 年在北美洲的原属英国的殖民地上建立起来的美国，其主要的建国动力就不是民族主义；其种族、民族的多元性，也让其与"现代民族国家"理论格格不入，相反倒是完全符合"现代国民国家"的范畴。而两三千年来一直有着文字记载的连续不断的文明史、有着长期大一统的（前现代）国家形态、有着由中原华夏族不断融合周边族群而发展起来的国家民族的中国，显然更不符合于现代民族国家这样一种忽视其丰富历史和渊源的、完全不适用的现代概念。倒是现代国民国家这一概念，既不与历史扞格，又最能符合严复心中所期待的那个未来实现了民主、法治、自由、平等的全新中国。

西方学界自然也会意识到关于民族、民族主义的概念与理论同现实之间的差距和不对称，意识到由概念和理论而到现实这中间又制造出了多少复杂的社会问题，所以有人把民族主义研究称为"术语密林"（Terminological

Jungle），这足以显示与民族概念和民族主义相关的理论与现实的复杂性。而实践中因概念的含混、理论的偏差所引发出的社会问题和国家转型困难，则在一些社会和国家中有所呈现。在古老中国百年社会转型的起点之际，即劈面遭遇了民族主义风潮；但在筚路蓝缕地开创和传播现代观念的先行者们当中，就有严复这样既怀有强烈民族意识，又具备健全完善的现代国家观念的"理论向导"，他非常准确地将中国国家的现代转型方向与现代国民国家严格对标，从而很好地避开了民族主义和民族-国家的理论陷阱。

严复甚至也是中国最早对于褊狭民族主义之危害提出警示的人。他早在1900年义和团"排外"之际，就非常清晰地认识到这种原始、落后的民族主义要不得，必将贻害中华。他也因此在著述中将义和团称为"拳祸""匪乱""义和团之乱"，称其为"专专乎于排外争野蛮文明之稍异"①。1900年后，在革命党人越来越公开地以被误用的民族主义作为动员革命的旗帜、排满革命风潮越来越激烈之际，严复看到了其中蕴藏的分裂国家民族的巨大风险，于是公开对民族主义风潮提出批评，甚至不惜撰文与革命党人公开论辩。"而自谓识时者，又争倡民族之主义。夫民族主义非他，宗法社会之真面目也。虽然，处今之日，持是义以与五洲之人相见，亦视其民品为何如耳。使其民而优，虽置此义，岂至于灭？使其民而劣，则力持其义者，将如昔商宗之计学，以利国不足，而为梗有余。不佞闻救时明民之道，在视其所后者而鞭之。民族主义，果为吾民所后者耶？此诚吾党之所不及者矣。"② 与言辞和立场往往激越的章太炎、下笔万言又善鼓动的梁启超等同时代思想精英相比，观点温和持重、又坚持使用古雅文辞的严复，其后期在文字的号召力与影响力上可能不及前者，但严复所具有的学术严谨性、高度的社会责任感以及因为看得既准且远而对现实所采取的谨慎态度，则无疑是其同时代其他许多学者所远远不及的。

关于Nation观念和Nationalism理论，还有三种更为精细也颇为合理的分析和区分③：第一种是"文化—民族"（以法国为典型）与"国家—民

---

① 严复：《严复集》，王栻主编，中华书局，1986，第216页。
② 严复：《严复集》，王栻主编，中华书局，1986，第148页。
③ 这三种对民族主义的分类参见方维规：《论近代思想史上的"民族"、"Nation"与"中国"》，《二十一世纪》2002年6月号。

族"（以德国为典型）的分类。第二种是"主观政治性"的 Nation 概念（指西欧）与"客观文化性"的 Nation 概念（指中欧和东欧）的分类。第三种则是根据民族主义的发展脉络做出的分类，看其是否发生在既有国家（如法国、英国）、旨在促进国民平等和大众参政；还是为了谋求统一版图而新建一个国家（如德国、意大利）；又或者是为了反抗一个既有的多民族国家（例如抵抗俄罗斯帝国、奥匈帝国或奥斯曼帝国）。综合这三种关于民族主义的精细分类来评判中国的现代转型实践，很显然，在前两种分类里中国案例似乎都是同时兼有两种因素——中国既有历史上形成的文化民族，又有在统一国家形态之下的国家民族；既有主观政治性的民族/国家意识，又有在共享儒家文化主脉的基础上所形成的具有客观文化性的"中国人"或"华人"认同。这就更加显示出民族主义这款鞋子确实不适合中国的情形。而在上述民族主义的第三种分类中，中国案例只能属于第一类，即发生在既有的国家形态之中、意在提升国民平等和大众参政的现代国家转型。此外多少还有一些本国家民族、国民国家对抗其他国家侵略的民族主义意味。

当我们看清楚了中国国家现代转型与国民国家和民族主义之间一近一远的关系后，就更会意识到严复思想的可贵和超前——严复自《天演论》和《拟上皇帝书》起，就牢牢坚守在现代国民国家的正确转型道路上，终其一生坚持正确的现代国家观念和价值，自始至终几乎从未有所偏移，也给后世留下了深刻且长久的影响。严复对于国家、社会、民族、大众怀有无限赤诚，是一位远见睿智的学者，他对于自己国家民族的认同绝非"旧式文人对本土传统文化在情感上的深切眷念"，"严复的有关言行虽然不获解于当时，近百年后理应得到同情和理解。蓦然回首严复当年对立国精神的重视，其犀利的光芒并不因岁月的尘封而减弱，其思想价值也不因连绵不断的政治喧嚣而过时，在当今全球化潮流中尤显珍贵，历久弥新"[1]。

【执行编辑：张艳芬】

---

[1] 颜翔林：《史家眼光和哲学诠释——读皮后锋的〈严复大传〉》，《云梦学刊》2006 年 3 月号。

AI 视阈下劳动价值论的发展与争议

李一冉*

【摘　要】 随着 AI 技术的不断发展，人工智能劳动取代人类劳动的情况层出不穷，马克思劳动价值论在发展中也产生了一些争议，其焦点在于智能劳动是否产生价值。实际上，人工智能劳动产生的价值皆是对人类活劳动产生价值的转移或者对人类劳动转移后产生的价值，马克思的劳动价值论并未过时。

【关键词】 AI；劳动价值论；智能劳动；价值

一　劳动价值论的形成发展

劳动价值论提出最早可追溯到古希腊和古罗马时期，但作为古典资本主义政治经济学的基础理论则是由威廉·配第（William Petty，1623—1687）奠基的，其提出"所有的东西都应该由土地和劳动这两种自然单位来衡量其价值"[①]，并初步探索了价值与劳动时间的关系。之后，亚当·斯密（Adam Simith，1723—1790）对劳动价值论展开了全面的发展，提出了"劳

---

* 李一冉，中央团校（中国青年政治学院）马克思主义学院马克思主义基本原理硕士研究生，主要研究方向为马克思主义理论与青年教育。

① 〔英〕威廉·配第：《赋税论》，邱霞、原磊译，华夏出版社，2013，第 50 页。

动是衡量一切商品交换价值的真实尺度"①，充分界定了交换价值、价值和使用价值的概念并在此基础上提出了劳动价值论。大卫·李嘉图则在坚持劳动时间决定商品的价值的同时将劳动范畴进一步区分为简单劳动与复杂劳动。发展至此，劳动价值论虽已达古典资产阶级理论的巅峰，但仍存在局限性。

马克思在继承古典政治经济学的精华部分的基础上，创新性地提出了劳动二重性，指出商品价值由抽象劳动凝结，使用价值则由具体劳动生产。而针对价值的判断马克思则又引入了社会必要劳动时间的概念，价值即由后者决定。马克思还就简单劳动和复杂劳动进行了比较分析，指出了脑力劳动作为复杂劳动也同样创造价值，对原有只有物质劳动才创造价值的观点进行了发展和补充。

随着 AI 技术的不断发展，人类劳动已经逐渐被人工智能的劳动所取代，劳动价值论随时代发展的同时也被一些质疑声音所质疑，故如何正确看待 AI 时代劳动价值论的发展和争议是马克思政治经济学研究的重要内容。

二 AI 视阈下劳动价值论研究简述

关于经典劳动价值论是否适用于当前日新月异的人工智能发展的问题，学界已经有了诸多声音。

薛峰认为智能劳动（即人工智能的劳动）应归结为一种新的劳动现象。人工智能在劳动过程中是以劳动资料形式存在的，其预编程序使其呈现出的"决策能力"也仅仅是人类劳动成果的体现，不能将其排除出劳动资料的范畴外。智能劳动的价值创造能力远超简单劳动（这种简单劳动也包括一些新兴的智能劳动者所付出的劳动），但简单劳动却是智能劳动之基石。

胡斌则将人工智能技术发展再划分为弱人工智能时期（未达人类智能水准，需要人类监管）与强人工智能时期，目前属于前一个时期。在此前提下，如果说人类劳动从工具时代向机器时代的发展是人类劳动者从劳动核心向劳动从属的转变，那么在弱人工智能时期，人工智能已经在某些物

---

① 〔英〕亚当·斯密：《国民财富的性质和原因的研究》（上卷），郭大力、王亚南译，商务印书馆，2013，第 28 页。

质生产劳动中"剥夺"了人类的劳动权。人工智能生产的产品具有使用价值且可根据量的比例用于交换，所以人工智能的劳动亦创造价值。而且人工智能在如收集和处理信息等非物质生产环节也在不断代替人类，所以经典的劳动价值论已经不适用于人工智能时期。经典的劳动价值论根据劳动过程的根本性质在于其对象性（这种对象性决定了劳动既要区别于动物本能还要将改造自然和劳动者本身作为根本目的）的观点，由于人工智能的劳动既是区别于动物本能的模仿人类思维的有计划和目标的预设性劳动，也是以为服务人类为目标的劳动，故将"弱人工智能"视为人和物之间的特殊劳动者，且其不赞同将人工智能视为工具。

夏永红认为随着人工智能的发展，基于其对人类所生产数据的依赖，未来人类可能大量转化为"数据劳动者"，而且事实上目前人类已经开始了一些对人工智能"训练"（通过输入验证码等隐秘的形式）的免费劳动，而目前人工智能自发劳动的内部隐藏的亦是数据劳动者的劳动外化。

何玉长则以简单劳动与复杂劳动的关系为基础论据，将智能劳动定义为一种高效的且离不开简单劳动辅助的复杂劳动，并认为智能劳动的劳动主体、对象和劳动资料都对劳动价值论有一定发展和创新，但本质上还是赞成人工智能作为技术，在劳动中发挥的依旧是工具（即劳动资料）的功能。作为工具主人的智能劳动者，包括人工智能技术的创造者、建设者、维护者和操纵者等才担任着劳动者的身份。所以智能劳动本质上还是智能劳动者与生产资料的结合。且由于智能劳动既具有区别于动物本能的目的性，也具有由智能劳动者掌握的控制性，所以更深化了智能劳动作为人类劳动（或其延伸）的观点，故而马克思的劳动价值论仍是解读人工智能发展时代价值创造的钥匙。

汤龙认为人工智能虽然能够在一定程度上替代人类劳动，但并不能创造价值，因为人工智能劳动产生的价值实际上是对凝结在形成人工智能技术和设备中的人类劳动的转移，且在转移的过程中并不创造新的价值，即人类劳动依旧是价值的唯一源泉。

宋平也认为人工智能时代的智能劳动不光创造生产其生产资料的价值，也包括一部分新的价值，但这部分新价值的创造归根到底是创造、监督和操纵人工智能的脑力劳动者所创造的。

王永章认为人工智能是工具，不创造价值，其劳动形成的价值主要来自作为操纵者和维护者的智能劳动者的劳动创造的价值、人工智能设备自身折旧转移的价值、劳动生产率高于社会平均水平所获取的超额剩余价值。

　　鲁玉认为活劳动依旧是价值创造的唯一源泉，而物化劳动仅仅创造财富但不创造价值。人工智能技术则是凝结了大量复杂劳动和少量简单劳动的产物，属于一种新型劳动范畴的同时不能否认其创造的价值实际上还是对人类劳动的转移。人工智能时代，除了对人工智能技术的研究，数字劳动也逐渐成为人类劳动的重要方式，但因为这些劳动是无酬劳动，所以表现出的是不参与价值形成的劳动，但实际上无论是无酬的或有酬的数字劳动都具备生产性，也是价值创造的源泉，人工智能转移出的价值也是来源于此。

　　一些学者如陈思宇认为人工智能设备属于不变资本，徐兴豪认为人工智能设备是人类复杂劳动创造出来的，通过这些观点也可以推断出他们认为劳动价值论在人工智能发展迅速的今天仍然具有科学性。

三　AI 视阈下劳动价值论的发展与争议

　　根据学界现有研究成果，关于劳动价值论的发展与争议大致可以归纳为两派：一派主张捍卫马克思的劳动价值论，认为人工智能的劳动不创造价值；另一派则认为人工智能作为一种特殊劳动者，在其生产过程中同样会产生新的价值。争论的焦点有两点：一是人工智能的所谓智能劳动是否能够创造出新的价值；二是如果人工智能不创造价值，那么其究竟是转移了（或者说是隐藏了）人类劳动还是仅仅作为生产资料在其折旧的过程中转移价值，尽管这部分价值是由人类抽象劳动凝结而成的。

　　其一，部分学者认为人工智能是一种特殊的劳动者，是因为如果人工智能是劳动资料，那么其创造的所有成果将被归于人工智能的操纵者所有的观点是片面的。此观点正如赫拉利（Yuval Noah Harari，1976—　）在《未来简史》中的观点，其认为随着人工智能的发展，大多数人将沦为无用阶级，因为随 AI 技术发展，人类劳动的比例不断下降，根据劳动是价值创造的唯一源泉的观点，这些不劳动的人由于不参与价值创造不能获取财富。如果据此思考，就必将陷入私有制的泥潭，正如赫拉利的另一条预言："随着算法将人类挤出就业市场，财富和权力可能会集中在拥有强大算法的极少数精英手中，造成前所未有的社会及政治不平等。"① 但实际上人工智能同样也是人类劳动的成果——复杂的脑力劳动和简单劳动的生产物——人工智能是基于全人类发展的基础上建立起来的，而非人工智能的操纵者完全独立的创造，这样的想法无异于剥夺了人工智能发展期全部人类劳动凝结的价值，换言之，这些价值不是人工智能自己产生的，而是转移着人类劳动凝结在人工智能技术中的价值而已。所以人工智能并不创造价值，其"生产"出来的被财富承载着的价值实际上来自人类劳动。

其二，除了被转移的价值，人工智能好像也在其所谓智能劳动中创造出新的价值，如人工智能可以通过自主的计算革新技术从而"自主地"发展生产力。所以也有学者认为人工智能在转移人类劳动价值的基础上还能创造出新的价值，故而将其归纳为一种新型劳动范畴。这样理解固然不错，但问题的重点应是这种新型劳动是否真的创造价值。应该看到人工智能的智能劳动，特别是目前不完全自主的智能劳动除了借助操纵者的复杂劳动之外，还借助着大量来自人类的免费劳动（或无酬劳动），这些劳动固然不能简单归纳成价值成为智能劳动价值转移的一部分，但这些免费劳动却是成为人工智能发展不可或缺的重要组成部分。所以，尽管人工智能没有转移免费劳动产生的价值，却将免费劳动当成自身劳动和发展的"劳动资料"，并在智能劳动的过程中产生了新的价值，而这部分价值是来自其对人类劳动转移之后的智能劳动产生的，寻其根本，价值的唯一源泉还是人类劳动。

总的来说，人工智能视角下的生产方式和劳动方式都产生了新的变化，这些变化必然会扰乱我们的视线，并产生诸如人工智能产生价值的错觉。但寻其根本，目前为止，人工智能的劳动产生的价值皆是对人类活劳动的转移或者是对人类劳动转移后产生的价值，马克思劳动价值论也并未过时，且会随着人工智能技术的发展展现其与时俱进性。

【执行编辑：杨　丽】

---

① 〔以色列〕尤瓦尔·赫拉利：《未来简史：从智人到智神》，林俊宏译，中信出版社，2017，第290页。

价值实践问题研究

Research on Value Practice

当代中国社会"个体的崛起"*

尹 岩[**]

【摘　要】 当代中国社会的个体化是在社会主义改革的历史进程中逐步确立起来的。原有单位制的解体以及新型组织形式的确立,把个人从传统的人的依赖关系中解放出来,确立了个人在社会关系中的独立地位。当代中国法律体系的健全和发展确立了个体法律人格,宪法对于个体权利的认可,民法对于个体权利的保障和维护,使个体现实化为国家的法律制度。当代中国社会的现实塑造了个体的特性,形成了当代中国社会个体化的独有品质。在中国特色的社会主义新时代,市场经济和人民当家做主的制度体系的完善和发展,人民美好生活需要的满足,将进一步促进个体在中国的崛起。

【关键词】 单位制；个体；个体法律人格；社会主要矛盾

埃利亚斯在《个体的社会》一书中描述了现代社会最为普遍的可经验的个体形象:"那些单个人,当他们长大成人时,越来越多地脱离了原先较为密切的、地域性的血缘和庇护群体","在越来越高的程度上要依靠自己谋生立业",他们"可以在更大的程度上""也必须在更大的程度上""为自己做决断","不单是能够,而且也必须在更高的程度上

---

* 本文系国家社会科学基金项目"个体认同的一般机制研究"(15BZX104)的阶段性研究成果。

** 尹岩,上海大学社会科学学部(筹)哲学系副教授,主要研究方向为价值论。

自足自立"①。所谓个体，特指现代社会中摆脱了"人的依赖关系"，具有独立人格、独自承担生活责任和把握自己人生命运的现实的个人。中国社会改革开放、社会主义现代化建设 40 多年，经历了一场深刻的个体化运动，"个人生涯模式"发生了历史性的变化，个体的崛起已是不争的事实，这意味着个人存在方式的中国社会新的社会文明形态的到来和以个体为组织要素的新型社会组织形式的形成。

一 单位体制的解体与个人的"解放"

个人在社会中的地位是怎样的、在社会中如何存在和怎样发展，直接受制于社会的组织方式。中华人民共和国成立之时实行了具有高度社会整合能力、能够高效调动社会资源、集中力量干大事的社会组织方式——单位体制。单位成为"国家进行社会控制、资源分配和社会整合的组织化形式，承担着保留政治控制、专业分工和生活保障等多种功能"②，其典型形态是城市社会中的政府机构（行政单位）、国有管理及服务机构（事业单位）以及国有企业单位，其非典型形态是广大农村社会中的人民公社。"单位作为其成员的社会生活场所的意义，日益超过了它作为劳动组织或工作组织的意义"；"单位为其社会成员提供福利的意义，日益超出了它为社会提供产品和服务的意义"；"单位为国家政治生活提供秩序和为社会承担义务的意义，也日益超出了它的社会专业分工的意义"③。国家实行单位体制，社会组织普遍行政化，形成了整个社会的依附关系结构：因为国家垄断、控制着全部的资源和机会，所以单位必须依附于国家，国家对单位具有绝对的控制权和权威；由于国家是通过单位将资源分配到个人，所以个人就必须依附于单位，通过单位获得社会权利和身份，离开单位便没有生存和发展的条件，因此，单位对个人具有绝对控制权和权威，这样国家通过单位对个人以及个人生活进行了控制。在这种依附关系的社会结构中，个人在家庭以外的社会联系和行动被限制在行政化的互动关系中，国家、单位获

---

① 〔德〕诺贝特·埃利亚斯：《个体的社会》，翟三江等译，译林出版社，2003，第 139、140 页。
② 李路路：《单位制的变迁与研究》，《吉林大学社会科学学报》2013 年第 1 期。
③ 参见路风：《单位：一种特殊的社会组织形式》，《中国社会科学》1989 年第 1 期。

得了对个人的合法权威，个人生活成为国家行政控制的对象。因而，"在单位体制下，个人首创精神、社会组织自治权和市场机制销声匿迹；自上而下的国家行政权力控制着每一个单位，又通过单位控制着每一个个人"①。

单位体制作为传统政治、经济体制的组织基础，是中国社会体制改革的重点。单位体制改革是社会主义现代化和市场经济发展的需要，其内容必定是变革单位体制的内在逻辑，将个人、社会从单位以及任何具有"人的依赖关系"和封闭性特征的组织结构中解放出来，创造出新的社会组织形式和体系。随着市场经济体制的建立、社会资源配置手段和社会结构的变革，单位体制的解体和个体化的发展成为必然趋势。1978年安徽省凤阳县小岗村18位农民与村集体签署了一份包干到户、包产到户的合同书，这标志着个体农民从对村集体的依附关系中脱离，成为一个直接为自己的物质利益而劳动的人。家庭联产责任制被定性为社会主义集体经济的生产责任制，在全国农村全面推广实施，广大农民与农村单位组织之间建立了一种新型关系，确立了个体农民在其生产和生活中的自主地位权利与地位。与此同时，城乡隔绝的体制开始松动，国家允许农民进城开店、办企业、提供劳务。20世纪80年代中后期，以沿海乡镇企业为主体的工业化浪潮、城市改革以及第三产业的发展对劳动力的大量需求，形成了气势浩大的民工潮。国务院颁布新法规，同时废除旧的收容遣送制度，农民获得了自主流动的权利，实现了自主择业。在农村经济体制改革深入发展的同时，中央启动了以城市改革为中心的社会体制改革，国有单位组织与其成员之间的关系开始转变为契约关系，"随着社会化服务的发展以及人们需求满足和利益实现方式和途径的日益多样化"，"个人及单位成员对单位组织的依赖性在逐步地弱化"②。

单位体制的解体带来了个人的解放：国家从私人领域开始撤出，个人的选择不断增多，有了更多的人身自由，不受权力干涉、自己做主的私人生活开始显现；尽管个人失去了社会组织对于他们的直接责任，但获得了对自己劳动力的所有权、支配权；尽管人们为了生存不得不成为劳动者，但

---

① 参见路风：《单位：一种特殊的社会组织形式》，《中国社会科学》1989年第1期。
② 李汉林：《转型中的整合与控制——关于中国单位制度变迁的思考》，《吉林大学社会科学学报》2007年第7期。

是在将劳动力出卖给谁、在什么地方工作、做什么工作等问题上享有选择的权利；劳动力成为商品，人与人之间的相互依赖关系体现为普遍的商品交换关系，任何人都不特别地依赖哪个人、哪些人或哪个群体而依赖整个社会关系。因此，个人需要对自己的生活承担责任，并因此享有权利。"80年代中期，追求个人自己的生活已经成为一种强劲趋势，生活方式的政治亦开始在中国人的社会生活中发挥作用"，"中国人决定把追求个人幸福列为首要目标"①；单位性质和功能的变化，同时也改变了单位在个人心中的地位和作用，即个人作为单位成员不再把单位看作是朝夕相处的"生活共同体"，更多的是把自己的那份工作看作职业与工作场所，其参与行为已经不再以这种组织的全面依赖为基础，而主要是一种利益驱动的行为，并依此构建自己对组织的认同②。

二 当代中国社会中个体法律人格的确立

中国社会的个体化也是确立、完善、提升个体法律地位的过程。在中国社会个体化的每个发展阶段，都有保障、促进个体化以及个体存在、发展的法律陆续颁布、实施。现代社会的个体化和个体与市场经济关系是内在的关系，因此与个体化、个体相关的法律主要归属于民法体系。"民法是私法的基本法，它以对人的保护为核心，以权利为本位，系统全面地规定了自然人、法人、非法人组织在民事活动中享有的各种人身、财产权益"③。"民法是涉及普通民众个人利益的法律"，"在市场经济国家和法治国家里，民法不只是宪法属下的部门法，而是规范社会财产关系和人身关系的法律"，"是社会的基本法之一，其地位只有宪法才能比"④。个人成为个体、确证自己是个体，时刻离不开人身方面的权利和财产权利，而这些权利是由民法保障的，因而，民法对于个体的存在和发展是至关重要的。改革开放40多年，中国已经初步形成了民法体系，标志着中国社会中的个人作为

---

① 阎云翔：《中国社会的个体化》，陆洋等译，上海译文出版社，2016，第335页。
② 李汉林：《转型中的整合与控制——关于中国单位制度变迁的思考》，《吉林大学社会科学学报》2007年第7期。
③ 梁慧星：《民法总则的时代意义》，人民日报2017年4月13日。
④ 孙宪忠主编：《民法总论》，社会科学文献出版社，2010，第1页。

个体法律地位的确立，即获得了个体法律人格。法律人格是法律主体的资格，个体法律人格意味着个体权益的法律认可和支持。因此，个体法律人格是个体法律地位的体现，是个体的合法性依据和表征。

在当代中国社会的个体化以及个体崛起的过程中，以新宪法为根据的民法体系的发展，尤其是《民法通则》和《民法总则》的颁布、实施对于个体的"合法性"起了根本的作用。在社会主义中国，国家的根本制度和根本任务、公民的基本权利和义务、国家机构的组织原则和职权由国家的根本大法——宪法规定，基本社会关系受宪法之下的各种法律的调节和约束。中国社会确立个体法律地位的是1982年制定的第四部宪法，之后的五次宪法修正，则在新的水平上巩固和发展了个体的合法权益。1982年，国家在"54宪法"的基础上制定了新的宪法即"82宪法"。"82宪法"肯定了商品经济的地位，其中的许多内容是确立和保障或有利于个体社会权利与自由的。其"总纲"规定：中华人民共和国是人民民主的国家，一切权力属于人民，人民依照法律规定，通过各种途径和形式，管理经济和文化事业，管理社会事务，国家机构实行民主集中制原则；国家维护社会主义法制的统一和尊严，任何组织都不得有超越宪法和法律的特权；国家保护公民的合法的收入、储蓄、房屋和其他合法财产的所有权。其"公民的基本权利和义务"规定：中华人民共和国公民在法律面前一律平等，任何公民享有宪法和法律规定的权利；年满18周岁的公民享有选举权和被选举权，公民有言论、出版、结社、集会、游行、示威的自由，宗教信仰自由；公民的人身自由、人格尊严、住宅不受侵犯；公民的通讯自由和通信秘密受法律的保护；公民有劳动、受教育的权利和义务；公民在行使自由和权利的时候，不得损害国家的、社会的、集体的利益和其他公民的合法的自由和权利；公民必须遵守宪法和法律，遵守公共秩序，尊重社会公德。此后我国先后进行了五次修宪，每一次修宪，在确立个体地位和权益方面都有新的进展。1988年，宪法修正案允许私营经济出现，并准许土地使用权转让。1993年，修改宪法总纲大部分条款和序言部分，正式确立了"社会主义市场经济"体制。1999年，宪法修正案将宪法部分条文再度修改，增加了"实行依法治国，建设社会主义法治国家"等重要内容。2004年，宪法修正案增加了"公民的合法的私有财产不受侵犯""国家建立健全同经济发展水平相适应的社会保障制度""国家尊重和保障人权"等内容。2018年,宪法修正案提出发展社会主义市场经济、发展社会主义民主、健全社会主义法治。可见,我国宪法的修正过程,体现了对旧体制、旧制度的逐步突破,每一次突破都包含着个体法律地位的实质性提升。

1986年《民法通则》颁布,标志着中国社会个体化时代的到来。《民法通则》第2、3、4、5条规定:中华人民共和国民法调整平等主体的公民之间、法人之间、公民和法人之间的财产关系和人身关系;当事人在民事活动中的地位平等;民事活动应当遵循自愿、公平、等价有偿、诚实信用的原则;公民、法人的合法的民事权益受法律保护,任何组织和个人不得侵犯。这些规定确立了个人、社会组织、国家在民事活动和民事关系中的平等主体地位。《民法通则》第26、27、28条规定:公民在法律允许的范围内,依法经核准登记,从事工商业经营的,为个体工商户;农村集体经济组织的成员,在法律允许的范围内,按照承包合同规定从事商品经营的,为农村承包经营户;个体工商户、农村承包经营户的合法权益,受法律保护。依照这些规定,脱离了单位组织或不需要进入单位组织的大量人员可自谋职业、自谋生路。这意味着个人以个体的身份进入社会生产关系体系,在社会物质需要体系中获得合法身份,享有财产所有权、支配权与获益权,从而获得独立生活的物质基础和条件。《民法通则》恢复实行法人制度,使民法成为保障民事活动、民事关系中个人权益的权威力量。个人依据民法,在与法人的关系中,从法人那里取得合法权益,而且,"除法律另有规定外,法人的成员或创立人个人对法人的债务不承担责任",这"从根本上减轻了自然人在社会交往中的负担"[①]。《民法通则》恢复实行法人制度对于个体的巨大意义还在于,国家能够通过法人的民事义务、责任来发展为个体安身立命提供基础、保障的文化教育事业、公共事业和福利事业。《民法通则》除了保护公民的个人财产,还特设了人身权,规定公民享有生命健康权、姓名权、肖像权、名誉权、人格尊严、荣誉权、婚姻自主权等权利,明确保障个人的各种人身权利。《民法通则》实施之后,民法体系进入新的历史阶段,一大批依据市场经济原则要求制定的民商立法相继出台,中国

---

① 参见王利明主编:《民法》,中国人民大学出版社,2018,第60、61页。

民法立法进入新的历史发展阶段，大体建立了一个以市场经济为价值取向、有中国特色的民事法律体系框架，初步形成了"以《民法通则》统帅各民事单行法的立法体系"①，它们作用于民众的社会生活，使个体在民事生活领域的权利以及个体自己决定自己生活的机会越来越多，个体生活的自主空间越来越广阔。

2017年颁布和实施的《民法总则》被称为"民事权利的宣言书"②。《民法总则》形成了完整的民事权利体系，强化了私权保障，更注重对于个体的人文关怀，因而对于个体的存在和发展的意义更为重大。其一，《民法总则》把人身关系的民法调整放在了更为优先的序位，突出了个人的本位价值。"人身关系"中基于人格以及基于一定身份产生的人身关系所指涉的内容为"自然人"所独有，在民法上表现的权利，如生命权、身体权、健康权、婚姻自主权、人身自由等等，为个人"专享"，这些权利是个人在精神上和道德上的权益，关系到人之为人之尊严的本质，因而是"人道权利"。《民法总则》第2条为"民法调整平等主体的自然人、法人、非法人组织之间的人身关系和财产关系"；第3条为"民事主体的人身权利、财产权利以及其他合法权益受法律保护，任何组织或者个人不得侵犯"；第五章关于民事权利的前四个条文都是关于自然人人身权益的规则，对各类财产权益进行确定和保障的规则位于其后。民法中，人身关系和财产关系的序位变更，人身关系优先于财产关系，"其基本理念就是关爱人、尊重人，维护个人的人身自由和人格尊严"③，这标志着个体权益在国家法律体系、民事立法中价值位次的实质性跃升。其二，《民法总则》用"民事主体"取代了《民法通则》中的"当事人"或"公民（自然人）""法人"等术语，在民事法律关系贯彻主体性思维，这在本质上加强了对个体权益的保护。民法关系是社会生活中最重要的价值关系之一，运用主体性思维，才会在民事活动和民事关系中使用"民事主体"这一术语。民事主体与民事客体相对应，在民事关系中享有民事权利并由此承担民事责任、对其民事活动的后果负责，从而在民事主体身上形成民事权利和民事责任的对等关系，

---

① 梁慧星：《民法总则讲义》，法律出版社，2018，第2页。
② 王利明主编：《民法》，中国人民大学出版社，2018，第21页。
③ 王利明主编：《民法》，中国人民大学出版社，2018，第7页。

以及在不同民事主体之间形成权利与义务间的平等关系。因此，"民法总则"使用"民事主体"这一术语，规定"民事主体行使权利时，应当履行法律规定的和当事人约定的义务"，表明了它的主体原则，意在强调民事主体的权利与责任的统一、民事主体间平等关系，其实质意义是把群体对于个体的责任以法律的形式加以确定，从而在个人与群体的关系中、在个人与个人的关系中更加充分地体现民法的各项基本原则，使个体按照自己的意愿依法行使民事权利，体现个体在民事社会关系中的独立主体地位。其三，《民法总则》使用"民事主体"这一术语的根本意义在于民法对于个体的人身权益和社会自由的关注以及对于个体生存权的人道主义关怀。《民法总则》赋予自然人以民事主体资格，肯定了民事主体资格和权利的来源与基础在于个人的"自然性"而非社会性，从而把自然人与民事权利直接联系起来，所有人因其是自然人而具有平等的民事权利资格，这标志着民事主体资格和民事权利最大限度地涵盖了每个个人，从而最大限度地扩展了个人自由的社会空间，而这正是个体获得社会地位的法律保障。

对中国社会个体化进程和个体地位、地位保护具有里程碑意义的应是2020年5月28日《中华人民共和国民法典》的颁布。《民法总则》是民法典的重要组成部分。《民法总则》颁布实施后，编纂民法典分编的工作全面展开，对现行的民事法律规范进行编订纂修，对已经不适应现实情况的规定进行修改完善，对经济社会生活中出现的新情况、新问题作出有针对性的新规定。民法典适应时代要求，对我国现行的、制定于不同时期的民法通则、物权法、合同法、担保法、婚姻法、收养法、继承法、侵权责任法和人格权方面的民事法律规范进行系统的编订修纂，形成了一部具有中国特色、体现时代特点的、反映人民意愿的民法典。民法典健全和充实了民事权利种类，形成了更加完备的民事权利体系，完善了权利保护和救济规则，形成了规范有效的权利保护机制，对于更好地维护全体个体即人民的权益，增加其获得感、幸福感和安全感，促进个体的全面发展具有重要意义。

三 当代中国社会个体的特性

当代中国社会的个体化以及个体的崛起是在特殊的历史背景和社会条

件下开始和展开的,这决定了当代中国社会独有的个体"特性"。

首先,个体以"我"为核心构建个人自我价值意识。个人自我价值意识是个人对于自己需要以及如何满足这些需要的意识,即个人自我和自我实现的意识。个人是有需要的存在,只有满足了基本需要,才能够作为现实的人而存在着。一个人意识到"我"的需要以及满足这些需要所需要的能力,将它们转化为个人各种活动的真实目的,并主动付之于持续的对象化的行动,这是个人自我价值意识存在和起作用的体现。中国社会的个体化在个体精神上的体现就是个人自我价值意识的发展。当代中国社会的个体化使个人生活发生了巨大变化,并且体现为两个方面的特征:一方面,"去传统化、脱嵌、通过书写自己的人生来创造属于自己的生活,以及无法抗拒的更加独立和个人主义的压力,所有这些西欧个体化的特征也同样发生在中国的个体身上"①;另一方面,由国家发起的社会体制改革迫使个人担负起更多责任、更积极地投入市场竞争,因而也要承担更多的风险。这种生活现实使人们越来越意识到生活的一种强劲趋势:他们已经失去了家庭、单位等各种集体的庇护和保障,不得不思考"如何活""怎样活得有意义"这样的人生问题,不得不独自为自己的生计做打算,不得不依靠自己来解决生活中的各种问题。

独立而自主地生活是个人的责任,也是个人的义务,随之而来的是个人自我价值意识的出现和发展。这不仅表现为个人日益增长的权利意识、维权意识以及争取权利的意识,对于个人幸福和美好生活的强烈追求,更是体现为具有主观性特质的自我——"欲望的自我"和"进取的自我"的构建。表现之一是,在中国人身上尤其是年轻一代的中国人身上,越来越凸显自我的"精明的、积极主动的、律己的""自我控制""实现自我"的"进取"特质,"他们不仅积极地为自我发展开辟道路,也把社会看作一个由自主的、有责任感的个体行动者组成的世界"。表现之二是,现代化和市场经济推动形成了全社会的大众消费潮流并产生了消费主义的新社会意识形态——"这种消费主义使个体欲望的及时满足变成一种个体权利,变成像独立、自由和自我实现等个体主义的其他关键概念一样重要"。表现之三

---

① 阎云翔:《中国社会的个体化》,陆洋等译,上海译文出版社,2016,第312页。

是,"初尝选择与物质的禁果之后,中国人决定把追求个人幸福列为首要目标","情感与欲望的重要性"上升,"亲密关系、爱情、美好生活、轻松的工作,乃至恣意痛快"等过去"从来不曾在公共生活中得到过公开欣赏"的情感和欲望在公共生活与社会互动中得到了表达,"借助于这些公共表达,一种新的内在自我被建构了出来"①。

其次,个人在成为个体的过程中体现"现实主义"的原则。现实主义强调从客观实际出发,注重根据事实或现实而不是抽象的原则、理性来决定价值选择或者凭感情地去决定思想和行动。中国社会几千年的农业文明造就的中华文化传统以及中华人民共和国成立以来以计划经济体制为基础的社会价值观念将整体视为本位价值,强调整体、群体利益对于个人利益的优先地位,抑制个人的独立人格和个人自治。这样,个人如何活着、怎样活、为什么活的问题在现实中就变成了个人如何服从社会、如何为社会认同的问题。人是社会性存在,社会现实是怎样规定个人的,个人就依据这种规定过怎样的生活。在整体、群体本位的原则下,个人生活的好坏主要取决于他的社会价值的状况。

中国社会的个体化发生在实现国家强盛、民族兴旺、共同富裕等目标的现代化进程中,是受国家统一掌控的社会转型中的个体化,这一点决定了个人成为个体的现实主义原则。一方面,个人基于社会的强迫而不得不成为个体,他的个体意识一般不先于他的个体存在;另一方面,个体存在和发展的社会空间是在国家体制改革中不断释放出来的,个体的权利并非先于个体而存在着,而是国家根据个体存在和发展的需要、强烈愿望并依据现有的条件而不断赋予的。在这种情况下,中国社会的个体,不仅不能从自己的理性、愿望出发发展个体主体性、个体能力、个体的现实性,甚至不能仅仅依靠法律赋予的权利就能够成为个体。市场的竞争、生存的压力还会迫使他利用一切可以利用的社会条件来满足生存和发展的需要,在社会条件仍然不足的情况下还需要为争取更多的个体权利的法律保障而抗争。因此,当代中国社会中个体自我确证的原则必然是现实主义的,其结果是中国人的个体意识、个体尺度往往在消费领域、私人生活领域以及其

---

① 参见阎云翔:《中国社会的个体化》,上海译文出版社,2016,第20、335、336、337页。

他国家支持的领域、方面发展起来,而在一些公共领域、"应然"方面陷入困境,传统中明显不适合现代性、个体化的原则仍"大行其道"。

最后,个体主体性追求中的"关系主义"倾向。"关系主义"是指个人或群体与对自己已经具有或能够形成重要价值关系的个人或群体建立和发展密切关系,从而将他人或群体纳入其自我结构中,期待在未来的主客体关系中发挥作用的人生哲学。关系主义产生和存在的基础是人相互依存、相互作用的社会性本质。现实的社会关系是个人存在和发展的前提和基础,也是个人存在本质的决定因素。社会关系的建构性特点使人们在建立社会关系中能够发挥主体能动性,而社会关系拓展主体本质力量的能力,从而实现自身的超越性(举他人之利做自己难以做到的事情),因而成为人们以单纯建立和发展有价值的社会关系为目的的活动的内在动力。个体是反映个人现代社会性本质的关系范畴,表明个人是与他人、群体建立和推进对象性社会关系的主动行为者,从而是享有生活权利同时为自己生活承担责任的主体存在。决定个体主体性的是个体力量。个体力量并不就意味着是个体自己的力量,还包括为个体可利用的他人、群体的力量。个体利用他人、群体的力量实现自己的目的,具有社会合理性,在事实上,每个个体都是借助于他人的活动来存在和发展的,但是这种社会性在不同的社会文化背景下具有不同的社会实现方式。而是否产生关系主义的人生哲学,在于社会关系是否具有平等、公平的社会规定性。

中国传统社会是关系社会,因为个人不是社会关系中的独立主体,社会关系不具有平等、公平的性质,个人如何,不取决于他自身,取决于他的社会关系,因此,关系主义是根植于中国传统社会关系结构的。新中国在计划经济时代不是法治社会,社会关系不具有契约性质,公共生活和私人生活界限不清,个人不是社会关系的独立主体,受各种群体关系的摆布,关系主义的人生哲学仍有深刻而广泛的社会基础。改革开放之后,国家对个人松绑,个人从"人的依赖关系"中解放出来,进入"物的依赖关系"中。"物的依赖关系"形成了个人以自己为目的、以他人为手段的社会需要体系,即"市民社会"。在法治社会尚在确立之中、社会道德"新旧更替"的社会发展阶段,出现了不在社会秩序管辖之内的真空地带。个人成为个体,以其能动性不受法律约束地利用交换原则拓展和发展社会关系,这种关系在个体构建具体的主客体关系时加强个体的主体地位和作用,使个体获得"超额"利益。这种社会关系一般根据自愿原则而建立,因而一般带有互利、共赢的性质,这使人们不仅主动寻求与人建立这种社会关系,而且也愿意接受他人与之建立这种关系的意愿。这种社会现实必将进一步强化和发展个体的关系主义的生存哲学,以至于"关系"成为个体主体性发展的本位价值。

四 在全面深化改革中进一步促进"个体的崛起"

自20世纪80年代以来,我国社会主义现代化建设把"人民日益增长的物质文化需要与落后的社会生产之间的矛盾"确定为社会主要矛盾,并为了解决这个矛盾而进行全方位、多方面的改革,从传统的计划经济体制转向社会主义市场经济体制。这种转化引起了社会生产的组织方式、活动方式、管理方式、分配方式等的重大变化。由于制度的变迁及其带来的巨大的社会发展效应,个体在中国迅速崛起。经过40多年的改革开放,中国特色社会主义进入新时代,社会主要矛盾发生了变化,党的十九大报告将其表述为"人民日益增长的美好生活需要和不平衡不充分的发展之间的矛盾","我国社会主要矛盾的变化是关系全局的历史性变化",[①] 这意味着中国社会在新时期为解决社会主要矛盾而进行的深化改革,将进一步促进个体的崛起。

在现代社会,"美好生活"与个体的存在发展、价值诉求具有内在统一性。美好生活具有两个方面的内容:一是指个人理想的生活状态,即个人以自己为尺度、满足了自身生存和发展基本需要的现实的幸福生活,因而,与个人生命活动的"自由""自觉"特征紧密联系在一起,具有"以个人自身为目的"、体现个人的全面性和尊严的本质属性。二是个人以自己的主体尺度为标准对其现实生活对于自身的价值所给予的总体性的肯定评价,因而是具有良好体验和自认为满意、有幸福感的生活。现代社会规定个人以

[①] 习近平:《决胜全面建成小康社会 夺取新时代中国特色社会主义伟大胜利》,人民出版社,2017,第11页。

个体的方式存在着，作为个体而存在以及成为一个能够把握自己生活命运的个体是现代社会个人的基本需要，能否成为个体关系到个人能否生存，个体的发展水平关系到个人的生活状况以及个人所获得的自我的和社会的价值评价，这意味着现代社会中个人的美好生活与个体的健全发展是内在一致的。首先，个人的自由、自觉体现为个体主体性的充分而到位的发展，个人的尊严体现为个体权益的确切保障，因而，个人美好生活中包括以个体及其多方面、高水平发展其主体性为目的的内容，个体在社会的政治、经济和文化生活中所处的地位以及存在和发展的状况所达到的程度，成为人民美好生活的重要衡量指标。其次，个体作为个人的存在方式，担负着使个人满足其各种生活需要的使命，享有通过其工作、消费、社会交往等对象性活动促进个人存在和发展从而过上美好生活的权利与义务，能否过上美好生活也是衡量个体主体力量、发展水平的重要标准。最后，在我国现阶段，个人要过上美好生活，需要"更好的教育、更稳定的工作、更满意的收入、更可靠的社会保障、更高水平的医疗卫生服务、更舒适的居住条件、更优美的环境"等条件，这些条件既是个体自我确证和自我实现所需要的基本条件，也是个体对象化活动所追求的重要目标，因此，个人美好生活需要的满足同时也是个体健全发展需要的满足。党和国家致力于我国新时代社会主要矛盾的解决，将由两个方面的力量从根本上推动中国社会个体的崛起。

一是进一步完善和发展市场经济体制。个体的产生是现代社会市场经济产生和发展的结果，市场经济自身的完善和发展将进一步促进个体的健全发展。人民的美好生活首先是高质量的物质和精神生活，只有摆脱了物质短缺，达到高质量的生活水平，人民才能享有尊严和权利，这需要社会高度发达的生产力创造丰富的物质财富。为了满足人民对美好生活的需要，党中央提出"必须坚定不移把发展作为党执政兴国的第一要务，坚持解放和发展社会生产力，坚持社会主义市场经济改革方向"，"加快完善市场经济体制"[①]。进一步完善和发展市场经济对于个体崛起的作用主要表现在三个方面：首先，市场经济的完善和发展对于生产力的巨大解放和推动作用，

---

① 习近平：《决胜全面建成小康社会 夺取新时代中国特色社会主义伟大胜利》，人民出版社，2017，第29—30、33页。

以及对于社会综合国力的大力提升,将为个体满足自身的多方面需要提供物质基础。其次,市场经济的完善和发展将使市场在资源配置中起决定性作用,将使劳动成为个人获得财富、支配社会资源的最主要形式,从而实现劳动者的付出与社会回报的统一,使经济行为主体的权、责、利界定分明、到位,有利于形成社会公平,抑制消极腐败现象,促进个体主体性的发展。最后,市场经济的完善和发展会进一步消灭"人的依赖关系",健全社会组织形式和机制,深化建立在普遍的劳动交换基础上的人对人的依赖关系和人的独立性,发展包括个体在内的各种市场主体之间平等关系和个人自由,形成社会广泛的公共生活和命运共同体,共同的利益确定政府权力的合理定位、调整社会和谐发展,为法治社会奠定经济基础,从而为个体的自我实现提供社会秩序。

二是健全人民当家做主的制度体系。党的十九大报告指出,"人民美好生活需要日益广泛,不仅对物质文化生活提出了更高的要求,而且在民主、法治、公平、正义、安全、环境等方面的要求日益增长"①。民主、法治、公平、正义、安全、环境对于人民的美好生活具有手段价值,要在社会中实现它们,使之为人民的美好生活服务,具有"为人民"的价值属性,就要让它们体现人民主体的尺度,而唯有用更加健全的制度体系保证人民当家做主才能做到这一点。

在我国,人民当家做主的基本内涵是:"国家一切权力属于人民,体现在国家根本性质(即国体)上,就是工人阶级领导的、以工农联盟为基础的人民民主专政的社会主义国家;体现在国家政权组织形式(即政体)上,就是人民通过各级人民代表大会行使国家权力";"国家建立健全法律制度和体制机制,保证人民依照法律规定,通过各种途径和形式,管理国家事务,管理经济文化事业,管理社会事务";"一切国家机关和国家工作人员必须依靠人民的支持,保持同人民的密切联系,倾听人民的意见和建议,接受人民的监督,努力为人民服务";"国家制定和实施的法律法规和方针政策,必须体现人民意志、尊重人民意愿、得到人民拥护,维护最广大人民根本利益";"国家各方面事业和各方面工作,必须坚持以人

---

① 习近平:《决胜全面建成小康社会 夺取新时代中国特色社会主义伟大胜利》,人民出版社,2017,第11页。

民为中心的发展思想,不断满足人民日益增长的美好生活需要,促进人的全面发展"①。人民不是抽象的,而是"社会历史的主体,即担任着社会生活和历史发展任务的所有个人的总和",这一概念"是一个介于最普遍的'类'概念和各种最特殊的'个体'之间、表达一种特殊整体性的概念",反映"众多个人的共同性",即"人的现实权利与责任的历史共同性""普通个人的基本权利"②。在这个意义上,在现代语境下,人民即是反映着个体的本质属性的范畴,"人民当家做主"包含着"使每个人成为现实的个体""以个体的健全发展为目的""为个体的自我实现创造一般社会条件"的内容。

个体是现代社会的结构性要素、个人的现实存在方式,其存在和发展需要现代社会在制度上的多方面支撑,因此,只有在"人民当家做主"的制度体系保障中,才能完成实现个人全面性的发展的使命。个人的全面性"不是想像的或设想的全面性,而是他的现实联系和观念联系的全面性。由此而来的是把他自己的历史作为过程来理解"③,包括个人与自然、与社会以及与自我的关系合理发展的全面性及其历史性发展,因此是以劳动为基础展开的个人生命活动的丰富性;个人的全面性发展与个人享有"不被侮辱的权利","一种根植于人的自我或个体性的最基本需求"④ 的满足即个人的尊严联系在一起,因而是一个人因其在社会生活中的主体身份而获得的社会性内容。个人的全面性及其发展只有变成个体的基本权利、在社会的多方面制度保障中才具有现实性,而这只能发生在"人民当家做主"的社会中。也正是因为如此,党的十九大报告提出"用制度体系保证人民当家作主"⑤。

中国社会在新时期以实现人民的美好生活为奋斗目标,就要深化改革,为个体的进一步崛起不断创造优越条件,其中包括最重要的三个条件。

第一,高度发达的社会主义民主制度。个人在社会生活中保持自身的

---

① 中共中央宣传部:《新时代中国特色社会主义思想三十讲》,学习出版社,2018,第160页。
② 李德顺:《价值论——一种主体性研究》,中国人民大学出版社,2013,第276页。
③ 《马克思恩格斯全集》第30卷,人民出版社,1995,第541页。
④ 甘绍平:《作为人的一项权利的人的尊严》,《哲学研究》2008年第6期。
⑤ 习近平:《决胜全面建成小康社会 夺取新时代中国特色社会主义伟大胜利》,人民出版社,2017,第36页。

独立性和自由的主体地位，是个体存在和发展的前提条件，但是，它无法依靠个人或个体自己的力量来实现，只有依靠社会健全的民主制度、丰富的民主形式以及广泛的民主渠道把人民当家做主落实到国家政治生活和社会生活之中才能获得保障。社会主义民主制度高度发展，才能在社会发展的价值取向中体现个体的需要、利益和价值诉求，才能坚持以人民为中心、以人民为主体的社会主义原则，进而反对资本的逻辑对社会关系的侵蚀，把人仅仅当作工具、使人物化、为物所奴役，克服社会生产过程中的劳动异化现象，使劳动不仅是个人谋生的手段而且成为个体自我实现的基本方式。

第二，惠及每个公民的高等教育事业。与现代社会生产和生活相匹配的专业知识、素质、技术、能力、理性是个人成为个体、个体发展其主体性、实现自身超越的内在力量，但是个人只有接受系统的现代高等教育才能拥有它们。因此，最大限度地发展高水平的国民教育事业，全面提升义务教育的层次和水平，提升每一个公民的受现代教育程度，使更多的人接受现代科学知识、提高技术水平和人文素养对于促进个体的自由而全面发展具有极其重要的意义。

第三，全方位、高水平的社会主义公平和正义。个体自由而全面的发展不能离开社会全方位、高水平的公平和正义，即体现在教育、就业、收入、社保、医疗卫生保健、住房以及生态环境等民生事业并通过法治来实现的公平正义。这种意义上的公平正义把个体的权利和责任现实地统一起来，从而把个体主体性的历史发展同社会进步切实地联系在一起。

为了"不断满足人民日益增长的美好生活需要"，党的十九大报告提出了"新时期中国特色社会主义思想和基本方略"，上述三个方面都是党在新时期着力奋斗的目标，这意味着，中国社会的个体在新时期将实现飞跃式发展。

【执行编辑：彭学农】

人工智能时代的"生生"之道

袁晓晶[*]

【摘　要】 当代人类社会已迎来了人工智能时代。人工智能，不仅正在走向人类技术飞跃的"奇点突破"，也为人类社会秩序、价值伦理巨变带来了新的挑战。与此同时，人工智能技术发展的背后，更是一次对传统人文思想的挑战。人工智能时代加强了科技与人的"关联"，在生存论层面挑战了"此在"的存在；其强调科技创造未来，"求新求变"的特征，不断突破人类实践的边界，甚至在一定程度上将"创新"演绎为对"死"之极限的突破，这就使人类从伦理意义上需要重新回应对"生命"的认知。中国哲学的"生生"之道，为人工智能时代思考人机关系提供了新的存在论视阈；从思维出发，"生生"之道以"内觉"为逻辑起点，回应了人工智能的强关联性存在境遇；从价值出发，"生生之道"为人工智能时代提供了新的智性思考和价值空间。

【关键词】 人工智能；奇点；内觉；关联；生生之道

近年来，中国哲学界愈发地迸发出"原创性"的哲学创作力，各种新的哲学思想层出不穷。如生活儒学、社会儒学、生活政治等都已经取得了一定的理论成果。中国哲学的原创性创作，使我们看到了在新时代背景下，

---

[*] 袁晓晶，上海大学马克思主义学院副教授，主要研究方向为中国哲学。

中国哲学已不再满足于对"古今中西之争"的解释性回应，而是努力跳出西方哲学的话语体系，以自身的哲学特点，来积极回应当代人类所面临的种种问题。这种努力本身当然是值得肯定和学习的，这意味着中国哲学界在经历接受和学习"哲学"这一概念100多年之后的今天，不仅有了更为开放的学习心态，同时也有了积极对话的自信。在原创性哲学观念产生的背后，是我们所处的这个时代，即人类的科技革命已进入了人工智能的阶段，人工智能的发展已在生物界、医学界、计算机等学科领域中取得了突破性进展。中国哲学的原创性理论，在一定程度上直接或间接地回应这些时代问题，为人类在当前所面临的问题提供了来自东方的智慧。中国哲学之源头创发于"生生之谓易"的古老观念，道之运行以其生生不息的流转来孕育一切。借由这一古老智慧，我们重新去审视人的生存境遇。当我们以"生生"来看待人工智能时代的挑战时，便会发现古老的中国哲学不仅在生存论上为我们提供了如何思考人工智时代的思维模式，同时，"生生"伦理学也在价值论上为我们提供了把握人工智能发展的方向。

一 人工智能时代与"奇点临近"带来的挑战

无论是深蓝、AlphaGo对人类智能的挑战，还是"基因编辑婴儿"事件对于人类生物遗传学和伦理秩序的挑战，都让我们看到属于人工智能的"奇点"突破已经迫在眉睫。美国学者雷·库兹韦尔早在2005年就已出版了著名的《奇点临近》一书，提出人工智能可能带来对人类社会如同物理学上宇宙大爆炸所造成的"奇点"的突破①。在人工智能时代，"我们可能正在接近下一个奇点，所有我们现在这个世界的意义（无论是你我、男女、爱恨）都即将变得再也无关紧要。而在那个点之后的任何事，都还超出我们现在所能想象的"②。库兹韦尔的预言在2017年似乎有变成现实的趋势。欧洲议会法律事务委员会于2017年发布了一份适用于机器人和超级人工智

---

① 物理学家曾经认为宇宙大爆炸（Big Bang）是一个奇点（singularity）。在奇点之前，所有我们认知的自然法则都还不存在。
② 〔以色列〕尤瓦尔·赫拉利：《人类简史：从动物到上帝》，林俊宏译，中信出版社，2012，第387页。

能的"电子人格"(electronic personhood)的报告,该报告旨在保障未来或许会出现的类人机器人(near-human robots)以及人工智能的权益和责任①。这就令人们不得不慎重地开始审视人工智能时代究竟意味着什么;如果那个难以想象的未来真的会在"奇点"突破后到来,那么人文学者究竟可以在多大程度上预设到这一突破可能带来的翻天覆地的变化。要了解这些问题,就需要首先回答"人工智能"时代和"奇点临近"之间到底是怎样的关系。

人工智能时代的开启最早可以回溯到图灵时期,1950年,阿兰·麦席森·图灵(Alan Mathison Turing)发表的著名的《计算机器和智能》中,推演过以模仿游戏为立论根基的图灵测试,他借集中探讨机械能否演化出自然语言这一跨时代议题,向公众抛出未来机器发展智能的可能性猜想。该作的发表,被视为人工智能的思想原点。1966年科学哲学家迈克尔·波兰尼提出了著名的"波兰尼悖论"(Polanyi's Paradox),即"我们知道的可能比我们能说出来的更多……司机的技能不可能完全用驾校的驾驶汽车的理论来替代"。机器智能的发展,有可能会超出人类的设想。对于人工智能而言,核心问题不在于可视的物质,而在于不可视的"智能"。技术的发展当然给我们带来了越来越多的新的物质,这也符合科技具有创新能力的内在逻辑。但是,一旦技术进入"不可视"的新阶段,它就开始模糊了近代哲学所建立起来的"思维与存在"二元对立的思维模式。"智能"化意味着人很难再通过视觉路径去观察和把握技术手段所创造出来的新的"他者"。尽管对于人类如何去认识和理解技术,这种非图像化的实在,对我们的认知造成了新的障碍。但是抽象化对于技术自身而言,却是一种突破。一旦突破了形式的限制,技术的"智能"发展就可以几乎不受外在因素限制而快速发展起来。在许多著名科幻电影中,我们都看到,一旦机器人脱离了自身的身体限制,就仿佛进入了无人之境,它通过数据化的流处理,可以开发出更多强大的能力,甚至包括自主学习的能力。不仅如此,"它"可能还会开始进行情感化的学习,不仅模拟人类的生活方式,同样也模拟人类的情感认知。例如科幻电影《她》中,就塑造了一个人工智能系统 OS1,它的化身不仅是具有真实人类女性形象的萨曼莎,同时还有迷人的声线以及

---

① 蓝江:《人工智能与伦理挑战》,《社会科学战线》2018年第1期。

温柔体贴、幽默风趣的人格特征。它进而在现实的生活世界中，呈现为"她"，并且产生了双向的情感需求，人机之间产生了奇异的爱情。此时的人工智能，与图灵时期进行计算的早期人工智能相比已经发生了巨大的变化。因此在最新的人工智能研究中，与弱人工智能相比，人们关注更多的是"强的人工智能（Strong AI）"，即通用人工智能（Artificial General Intelligence，AGI），这类观点认为人工智能具有认知能力，能够解释人类的认知①。"超级智能可以解决或者至少可以帮助我们解决任何问题。……通过纳米医学，我们不仅可以停止和扭转衰老过程，还能够选择上载我们的智能。超级智能还可以为我们创造机会，极大地提高治理和情感能力，还可以协助我们创造一个充满吸引力的体验世界，在这个世界中，我们可以快乐地娱乐，快乐地与他人相处，快乐地体验、成长……"（尼克·波斯特拉姆，"Ethical Issues in Advanced Artificial Intelligence"，2003）② 强人工智能，使人工智能的理解超越了一般的计算能力，但这种机器思维是否就是一种具有"意向性"的思维呢？对于强人工智能的积极判断，是认为人类级别的人工智能一定会大大地超越人类智能③。乐观估计，机器智能的优势，最终会使计算机在达到人类智能的范围和精妙程度后，越过"奇点"，超越过去并以指数级速度上升④。这种在技术上积极乐观的判断，势必会引起人类生存基础的动摇，这对于社会结构、伦理秩序、政治格局、经济发展等都必然会导致深刻的影响。在我们尚不能够完全对"奇点突破"后时代做出准确把握时，哲学则以一种深刻的思考方式为我们提供了可能预想。这些预想，亦是对人工智能时代和"奇点临近"特点的分析。

第一，人工智能时代的第一个重大特点，借用海德格尔的观点而言，便是"关联"性的。当海德格尔第一次讨论关联性时，他指出了我们用一个物的时候，实际上是以实现某个目的而建立连接的。"以一把锤子为例，

---

① 闫坤如：《人工智能理解力悖论》，《云南社会科学》2020年第3期。
② 转引〔美〕雷·库兹韦尔：《奇点临近》，李庆诚、董振华、田源译，机械工业出版社，2018，第156页。
③ 〔美〕雷·库兹韦尔：《奇点临近》，李庆诚、董振华、田源译，机械工业出版社，2018，第157页。
④ 〔美〕雷·库兹韦尔：《奇点临近》，李庆诚、董振华、田源译，机械工业出版社，2018，第157页。

与一把锤子打交道，我们首先是考虑如何使用它。我们将它作为一个器具来使用，以实现其某个目的。我愈使用它，就愈不会意识到它是一个客体（对象）。这时似乎在我和锤子之间没有任何距离……根据海德格尔的看法，我们具有一种特殊的洞察，叫作'审慎'（circumspection），它显示了这个东西的目的。"[1] 海德格尔的思考方式，在中国哲学中也有相似的表达。《庄子·养生主》中记载了著名的"庖丁解牛"的故事，当梁惠王问庖丁之刀法如何做到时，庖丁对曰："臣之所好者，道也，进乎技矣。始臣之解牛之时，所见无非牛者。三年之后，未尝见全牛也。方今之时，臣以神遇而不以目视，官知止而神欲行。依乎天理，批大郤，导大窾，因其固然，技经肯綮之未尝，而况大軱乎！"庄子当然不是要讲庖丁的技法，而是要通过这一比喻来说明"以道观物"时不可被忽视的人与物之间的内在关联。当我们回到人工智能，尤其是强人工智能时代，就会发现物我之间的关联性达到了前所未有的高度融合阶段。如果不能重视这种关联性，就不能很好地理解人工智能时代究竟对人类而言意味为何。

第二，人工智能时代的第二个重大特点是，它是科学革命的一次前所未有的突破。科学革命所意味的是人类有了"取得新的能力"。《大学》曰："汤之《盘铭》曰：'苟日新，日日新，又日新。'"在"生生"之道的原初力量看来，"新"即是变化，是生成的一种状态。由世界的日新月异引申到社会的与时俱进，始终是一种求取新的力量。尽管有观点认为，儒家思想在一定程度上趋向于保守，但不可否认的是由"生生"而孕育出生命力，使中国哲学始终给予"新生"敞开的空间。人类在 200 多年前，经历了一次重大的技术革命，即工业革命。蒸汽机等工业技术的出现，将人类社会由农耕文明带入了工业文明阶段，自此，人类和自然界之间有了天翻地覆的改变。但是，人工智能在这一方面走得更远，它对"新"有着更强烈的渴望，创新的另一层含义是有新的"生生"。但这也绝非就是一种完全对等的"生生"的观念。换言之，人工智能在带来了新的"生生"的同时，可能会用科技手段在改变着人类对于"生"的一般常识，坚持信仰科技力量的人们，甚至对于"死亡"也提出了质疑。人工智能的技术更是使"不死"

---

[1] 〔美〕S. E. 斯通普夫、J. 菲泽：《西方哲学史：从苏格拉底到萨特及其后》（修订第 8 版），匡宏、邓晓芒等译，世界图书出版社，2009，第 414 页。

向可能的方向发展。"生生"是指由生到死，再有新生命的产生，总体而言，是一种生命生生不息的状态。但是如果面对不死，则又是另一种新的挑战了。面对可能没有"止"的生命时，究竟会导致一种怎样的生存论和伦理学呢？

第三，人工智能时代的第三个重大特点是，所有技术的发展都与政治、经济、社会有着密不可分的关系。"典型的前现代统治者会赞助牧师、哲学家和诗人，目的是请他们让他的统治合法化，并且维持社会秩序，而不是要他们发明新的药物、武器，或是刺激经济增长。"① 换言之，科技本身并不具有优先级，但是投资哪一项新技术，一定是与一定的政治、经济、社会有着密切的关系。例如在当代各国争先发展 5G 通信技术的同时，我们也看到了欧美国家对中国技术的不断封锁。在一系列对于新技术的政策背后，我们所看到的并不是科技本身的问题，而是不同意识形态和国际政治之间的冲突。"意识形态能够让研究所耗的成本合理化。而代价就是意识形态能够影响科学的进程表，并且决定如何利用研究成果。"② 人文学者对于技术总有着怀疑的态度，工具理性与实践理性之间的争辩，始终是科学哲学发展的一条重要线索。但是，以往人类所面临的技术，可能只是客观的物质存在，但是在强人工智能时代，当人类面临的对象是首个获得地球公民身份上的索菲亚时，则变成了人与智能人（非人）之间的争论。甚至问题要比人与人工智能之间的争论更要复杂。人工智能技术也产生了其他新技术同样会带来的社会分层的困境。正如工业革命的发展与帝国主义的兴起有着密不可分的关系，西欧诸国利用工业化的进展，缔造了现代文明，并将其意识形态、生活方式等传播到世界各地，迫使曾经辉煌的亚洲各国在近代以来遭受了严重的侵略与战争。人工智能技术的发展，也必然会导致新一轮的世界结构调整。

在面对以上这些问题时，我们发现，我们所要解决的不仅仅是如何从人文的角度去理解人工智能的技术，我们更需要的是从人文的角度去引导

---

① 〔以色列〕尤瓦尔·赫拉利：《人类简史：从动物到上帝》，林俊宏译，中信出版社，2012，第 233 页。
② 〔以色列〕尤瓦尔·赫拉利：《人类简史：从动物到上帝》，林俊宏译，中信出版社，2012，第 255 页。

人工智能技术的发展。正如马克思所言，以往的哲学家都在解释世界，"而问题在于改变世界"。中国哲学以其原初的生生之力，从思维与伦理两个角度，向我们展示了面临奇点到来时，可能的价值方向。

二 内觉、尊生与"生生"伦理学

面对人工智能时代的到来，人们一方面拥抱着技术发展所带来的新希望，另一方面也始终对"智能"的"奇点"突破感到不安。一旦强人工智能超越了"奇点"，那么对"生命"必然会产生一次新的定义。人类在享受人工智能所带来的极大便利时，对自身主体地位岌岌可危的担忧也日趋明显。不同于西方哲学，中国哲学从来没有把"人"置于最高的极点。换言之，中国哲学并不会因为人类作为万灵之长，就认为人与物之间是二元独立的。《易传·系辞上》曰："古者包牺氏之王天下也，仰则观象于天，俯则观法于地，观鸟兽之文与地之宜"。"易"由此而产生。《易经》在谈到人与世界的关系时，始终以"天、地、人"三材作为最基本的宇宙结构，《道德经》讲"人法地，地法天，天法道。道法自然"。在中国古代哲学的世界观中，人与万物虽有差异，但总不会逾越于"道"。所谓"道"，就是"生生之谓易"，是天地万物宇宙自然的自化流转，神化莫测。所以，在中国哲学中，生生之道中并没有将物我严格地对立起来，也没有将生存论与伦理学割裂开来。生生之道，是将"生成——生命——生活"的"生生"哲学融为一体的劲态的圆融的哲学思想。无论是庄子"万物皆一也"的思想，抑或是儒家思孟一派至宋明理学的"万物一体"的思想，我们都可以看到生生之道贯穿于中国古代哲学的思想体系当中。"庄子的自然一体化，到了儒家特别是宋明理学那里，就逐渐演变成伦理一体化。虽然自然与伦理的出发点有所差异，但对世界的'无差别'对待之认知视角，则有相通、相续之处。"[①]

基于这种"无差别"的认知视角，"生生"之道其核心在于对"生生"本身的极大尊重。重生、尊生，成为"生生"之道得以绵延、弥漫的依据。

---

① 朱承：《万物一体视阈下的人工智能》，《学术交流》2020年第5期。

这种"泛化"的认知视角,并非取消了认识中的主体,而是在讨论主体时,更强调从"道"的角度去观主体,而非基于主体来看主体。那样就会陷入自证的无限循环之中。如何"以道"观之,是生生之道在尊重生生的基本原则下演绎出的一套思维逻辑和价值追求。

首先,从思维逻辑上来看,由"生生"之道来观人工智能时代的种种巨变,来处理"人—人工智能"之间的关联性问题。杨泽波教授通过对笛卡儿、胡塞尔、唯识宗的反思与批判,以"内觉"为逻辑起点,提出了"生生"伦理学①。"生生"伦理学所关注的,正是如何将人的道德自觉置于人之生存的真实过程之中。道德自觉不是一种无意识觉醒,而是对生命有着极大尊重的一种觉醒。"内觉"的思维方式,是儒家所特有的一种智性。"智在孔子那里特指学习的思想,准确说是指通过学习而成就道德的一种性向。"② 在智性之先,是中国哲学传统中的,人在道德领域的一种将意识向内聚拢反思的特殊能力,即"内觉"。"内觉"不仅是一种道德上的自觉意识,它带有着认识的倾向,是一种由向内思维、反思而产生的主体确立的过程,也是通过"内觉"才能够通达"智性"。"智性与道德相应,是因为智性以内识为基础,而内识的一个重要任务,是对仁性进行反思,加以再认识,思考与成德善相关的根本道理,从而做出自己的选择,表现为一种应然性。"③ 基于此,我们会发现一个有趣的现象。当科学哲学界在讨论强人工智能是否意味着对"生命"的常识性定义产生了新的冲击时,儒家生生之道恰恰给出了一个可供参考的阈值。这个阈值就是孟子所言"人之所以异于禽兽者几希"(《孟子·离娄下》)中的"几希"。固然,例如深蓝、AlphaGo、"公民"索菲亚等在一定程度上已经具备自我学习的能力,但是这种学习能力如果只是一种算法的话,那便还不能够称之为"内觉"。在"内觉"中,情感、直觉与认知是同时发生作用的,如果只有运算和认知的能力,而不具备情感与直觉的可能,则不可能反思到"仁性"。同理,

---

① 参见杨泽波:《我们应当如何确认自己的智性?——关于儒家生生伦理学逻辑起点的思考之一》,《复旦学报(社会科学版)》2017年第5期。
② 参见杨泽波:《我们应当如何确认自己的智性?——关于儒家生生伦理学逻辑起点的思考之一》,《复旦学报(社会科学版)》2017年第5期。
③ 杨泽波:《儒家生生伦理学三分法的理论效应》,《复旦学报(社会科学版)》2019年第5期。

人类在设计和发展技术的时候，也无法随意放弃自身的"智性"。智性之要求，使我们对科技文明的思维路径最终一定会走向符合生生之道的维度上。换言之，军事武器、生化武器等逆生生之道的人工智能技术的发展，必然会因为人类的智性而受到限制。

其次，从价值趋向上看，由"生生之道"来规范人工智能技术发展的未来方向，不仅不是对技术的一种保守对抗，反倒是对技术的一种积极引领。人工智能一旦走向符合生生之道的发展之路，即便是对于"生命"的重新定义，也会建立在"尊重生命"和"尊重生命创造力"的两个基本维度上。人工智能与人之间距离的改变，使我们不能将人工智能视为一种被动的"被造物"。人工智能时代的"生生"很可能是意味着一个"自然人+混合人+人造人"的世界。在不同主体那里，都不具有价值上的优先性。就"生生"而言，则很可能导向一种尊重生命的普遍意蕴。但是，正如我们今日所能见到的那样，如所有的技术革新一样，智能技术在一定程度上也造成了新的社会分层。那些缺乏对智能产品认识和使用能力的人群，自然而然，会很容易发现他们已经成为被时代淘汰的人。例如电子竞技在若干年前还是"网瘾"的代表，但在今天已经成为正式的体育运动。无疑，智能化技术是推动这一社会变革的重大因素，而对电子竞技有着陌生感的人群，显然已经被贴上了老派人士的标签。日常生活中，一般性的人工智能技术已经相当普遍，智能手机的广泛应用以及所产生的后果中，已清晰地揭示出技术所导致的"人群差异"。技术不断发展，不仅不会解决这种差异，而且会进一步加深差异性。接受教育较少的人群，如老年人、贫困阶层等，以及不能第一时间享受技术福利的人群，在人工智能时代似乎面临不断被边缘化的挑战。当我们拥抱技术时，这些人则被技术所排斥，并最终自己选择了放弃。对他们而言，"生生"就不单纯是伦理问题，而是一个生存论问题。如何在人工智能时代生存，变成了一个以往不曾面临过的困境。这个时候，我们就需要回到"生生"的原始冲动的创造力上来。人与技术之间的纠葛，已经是一个同人类社会存续发展一样漫长的问题。技术不应该被哲学所忽视或贬低，同样，哲学也不应被技术所忽视和贬低。技术之创生，是符合生生之道的。它基于对生命的尊重和热爱，基于生命的流变与持久，但也应在一定范围内注意到生命的"止"。在这里，"止"不是死亡，而是一种选择。人工智能技术所造成的人群之差异,已经是实际存在的现象了,但是差异化的出现,并不必然地导向智能技术的差异化发展。可以说,一项技术,其本身并不存在什么差异与分化,而是使用技术的实践造成了差异与分化。正如"当我们属于平民阶级时,我们很容易发现阶级的存在"①。同样,对于人工智能时代的人而言,智能技术的过剩与匮乏也会导致人群的差异性。这个差异性并不会消失,但它并不是彼此之间歧视的理由。一旦我们可以秉持生生的伦理学原则,便可以客观和冷静地去观察人工智能时代的新技术与新发展,并警惕到它可能造成的人群差异,主动以尊重生命、尊重创生的基本立场来面对差异。

三 结 语

传统的中国哲学,重视"生生之道",强调万物一体和道德化的教育。它在面临新的时代时,有时候会因为其制度框架而显示出尾大不掉的包袱感。但是,这并不能遮蔽中国哲学的理论思想中强调生生、变化、创新,拥抱新事物、新观点的开放态度。人工智能时代到来,在一定程度上可能会加速破坏现代社会结构的稳定性,不仅传统意义上的以血亲为基础的家庭伦理面临挑战,甚至对年龄与死亡的超越,也会造成"从根本上冲击儒家伦理体系"②的危机。另一方面,即便人类在处理强人工智能时,可以"通过编码或律令来规管其行动",但就算是弱人工智能也仍旧能够挑战东亚式"依赖于死记硬背和应试教育等非创造性的教育模式"③。虽然人类可能面临以上的重重困境,但是人生存在世界上,就一定要与世界上的用具发生联系。此在的生存更重要的是离不开周围的人,必须与周围的人照面④。现代人不可抗拒也不能够逃离出自

---

① 〔英〕理查德·霍加特:《纽波特街33号——一个平民阶级出身的知识分子自传》(Newport Street: Autobiographie d'un intellectual issu des classes populaires),转引自迪迪埃·埃里蓬:《回归故里》,王献译,上海文化出版社,2020,第69页。
② 干春松:《人工智能的发展对儒家伦理所可能带来的影响》,《孔子研究》2019年第5期。
③ 白彤东:《从中国哲学角度反思人工智能发展》,《中州学刊》2019年第9期。
④ 杨泽波:《做好"常人"——儒家生生伦理学对一种流行观点的修正》,《哲学研究》2019年第10期。

身所处的时代。人工智能时代的技术发展所可能导致的社会分化及伦理困境,并不是我们拒斥技术发展的理由。

"生生"之道从思维结构上,提供了一种"内觉"路径,使我们可以清晰地看到,"强人工智能"所要突破的并不是"自主学习"的算法,而是一旦"奇点"被突破后,强人工智能的情感与直觉的智性问题。换言之,通过思维结构的分析,我们尚不敢轻易断言,科幻片中的那种强人工智能是否可能实现。但即便在技术上能够突破,实现了"人—智能人—混合人"共存的世界,我们也可以以"生生"伦理学所强调的仁性作为基础,来规范这样一个复杂社会的思维方式和伦理规范。

"生生"之道使我们在面对人工智能所带来的困境时,赋予了各类"生生"以平等、尊重、发展的可能性。具体而言,技术手段所造成的社会分化,并不能强制规范一个人选择怎样去"生活"的方式。在以"生生"之道为根本原则的人工智能时代,人与技术并不是互斥的,而是共荣的。技术所带给人类的,从其价值导向上而言,必须符合尊重人类,使人类得以更好生存的方向。而那些借由科技来诋毁、消灭其他生命,违背"生生"之道的新技术,则应被限制,甚至取消。

【执行编辑:邱仁富】

论道德榜样示范的价值意蕴与实践路径

张响娜[*]

【摘　要】　中华民族素有崇尚道德、重视教育、尊重榜样的优良传统。道德榜样作为社会主流道德具体化、形象化、人格化象征，凝聚着真、善、美的理论内涵，并通过道德行为产生广泛深远的实践和示范意义。道德榜样最活跃和显著的特点在于示范，在示范过程中充分体现传承中华传统美德、彰显社会主流道德、培育崇德向善风尚和弘扬崇高理想信念等价值。然而，随着市场经济体制的成熟完善和社会利益格局的深刻变革，多元化文明和功利化价值观的涌入导致"好人好报"的信念遭到冲击，道德榜样的信服力减弱，示范效应遭遇瓶颈。因此，在科学理解道德榜样基本内涵的基础上，准确把握其示范价值，探寻充分发挥示范效应的实践路径，以期及时扭转道德榜样影响力弱化的现实情况。

【关键词】　道德榜样；示范；价值；实践

中华民族素有重视道德、尊崇榜样的优良传统，也有礼仪之邦、道德之国的休声美誉。道德榜样蕴含丰厚的道德旨趣和伦理意蕴，脱胎于先进的社会道德实践之中，肩负着传承和弘扬社会主义核心价值观的重要责任。

---

[*]　张响娜，上海大学马克思主义学院博士研究生，主要研究方向为思想政治教育。

党的十八大以来,习近平总书记多次接见全国道德模范,并提出要"引导人们向道德模范学习,争做崇高道德的践行者、文明风尚的维护者、美好生活的创造者"①。该论断意味着道德榜样的崇高德性不仅能够规范自身言行,更具有辐射功能,对于其他社会成员能产生启迪、示范和激励作用。然而,随着市场经济体制的成熟完善和社会利益格局的深刻变革,多元化文明和功利化价值观的冲击导致部分社会成员的主流价值信念动摇,漠视甚至抹黑道德榜样现象频发。因此,不断彰显道德榜样的影响力,提升公民道德感,重塑榜样形象已经成为刻不容缓的任务。揭示道德榜样示范的价值意蕴和现实路径,厘清二者蕴含的双向互动机制,重视发挥道德榜样的示范功能,有利于人们充分认识道德榜样理想人格,真切感受道德榜样鲜活事迹,自觉学习道德行为实践。

一 道德榜样及其示范

著名伦理学家罗国杰认为,榜样是"历史上或现实中比较完备地体现一定社会或阶级的道德理想"②。道德榜样作为榜样类型之一,从哲学意义上讲,二者属于一般和个别、普遍与特殊的辩证关系。道德性是道德榜样的鲜明特质,凸显了道德领域的成就和贡献。另外,道德榜样必然产生于道德实践之中,通过具体的行动积极与道德理想和道德精神相契合,实践性是道德榜样的另一基本特性。再者,道德的社会历史性决定了道德榜样同样具有明显的社会历史性特征。在不同历史时期,不同社会会基于经济、政治、文化等因素而提出有利于社会发展和历史进步的道德规范,道德榜样是特定社会道德规范的行为典范。因此,道德榜样源于社会实践中的品德高尚者以及道德行为楷模,是特定历史时期真实鲜活的道德符号,是善心善行的典型范例,是具有道德美的崇高形象。道德榜样能够用自身事例激励感化人们,使受教育者产生情感共鸣,进而揣摩其内心活动,学习效仿其行为,其光荣事例可以成为宣传弘扬高尚道德品质的经典素材。

---

① 习近平:《深化群众性精神文明创建活动 着力培养担当民族复兴大任的时代新人》,《人民日报》2013年9月27日。
② 罗国杰:《伦理学名词解释》,人民出版社,1984,第141页。

具体而言,道德榜样是崇真、尚善、向美价值追求的道德主体。真是道德的基石,"值得我们仰慕和追求的范例,必须以真实性为基础"①。道德榜样应是真实存在的人物形象,其特征分别体现于光荣事迹的真实性、时代特征的前进性和榜样人物内外兼修的本质内核。善是道德的标准,道德榜样应具有善品善行的君子风范,其特征体现于榜样行为的道德性和人性化。道德是道德榜样必备的基本素养,是道德榜样区别于其他正面人物的根本特征,是先进人物的灵魂闪光点。不同于抽象刻板的规范准则,道德榜样通过其外在行为表现将"道德"二字形象化、具体化、生动化,丰富了道德内涵,凸显了道德实践在帮扶弱势群体、找寻人生价值、团结社会力量等方面的积极意义。"美是道德的象征。"② 道德榜样是具有美德的正面人物,是连接美学和伦理学的桥梁,其特征体现于道德的美感和榜样的力量。道德之美通过塑造特定人物的高尚形象而达到感染人、感动人的效用,把抽象感性的美具体化为现实可知的事例,帮助人更好地理解道德,将道德融入日常行为习惯之中。人们常用"美德""心灵美""品质美"等赞美之词称颂道德榜样,美是道德的外在表现,德是内心的精神品质。道德的美是温馨感人的美,体现出作为行为主体的人具有的深刻心灵美,以"润物细无声"的方式传递美德,浸润人心,提升人格。总之,道德榜样蕴含真、善、美三大基本要素,各具特色,协调统一,共同展现出道德的社会价值和艺术价值。

众所周知,中国自古以来就有推崇向圣贤学习的价值观念,历史上产生过众多具有丰厚学识、高尚道德、英雄气节等宝贵人格特质的人物,成为中华民族精神财富和文化价值的代表及后人传颂学习的榜样。马克思主义意义上的榜样示范形成于无产阶级的革命建设中,在社会变革关键时期或是发展困难时期发挥着重要作用,得到马克思主义经典作家的认同和称颂。马克思和恩格斯曾高度赞扬巴黎公社的革命先驱为无产阶级革命树立了英勇奋斗的榜样形象。道德榜样作为道德领域的理想代表,不仅是传统道德、当代道德和理想道德的承载者、践行者、开拓者,肩负传承优秀传统道德,弘扬当代主流道德和创新未来理想道德的重任;更是人们检验自身言行是否符合道德规范的参照,对他人具有精神上的激励和行为上的示范作用。

---

① 曾钊新、李建华:《道德心理学》(上卷),商务印书馆,2017,第236页。
② 〔德〕康德:《判断力批判》,李秋零译,中国人民大学出版社,2011,第172页。

道德榜样的最显著特点在于示范，示范是指通过先进人物的言行引导群众提升道德观念和社会行为的一种现象。只有当道德榜样成为人们心目中值得尊重学习的典范，其行为成为模仿对象时，树立道德榜样才能激发人们的情感共鸣，唤醒内在良知，促使道德榜样发挥其教育意义。道德榜样的示范意义由道德内在本质、道德榜样自身特点以及榜样示范法的价值和功能等多方面因素决定的。从道德的内在本质来讲，道德作为一种社会意识形态，具有不同于政治、法律、宗教、艺术等社会上层建筑的特殊性。道德的特殊性在于依靠内在需要而非外在强制手段帮助人们认识和把握现实世界，规范社会秩序。道德的影响是潜移默化的，具有"润物细无声"的渗透力量和非制度化、法律化监督效力，涉及个人和社会发展的方方面面。在某种程度上说，道德依据自主自愿自觉原则，通过宣传教育、舆论监督、道德评价、沟通疏导、教育感化等非严格刻板的方式，以培养拥有坚定道德信念、良好道德习惯、强烈道德责任感的道德之人为目的。从道德榜样自身特点来讲，道德榜样具有崇高的道德品质和丰富的道德实践经验，其人格、能力和价值得到大众的广泛认可，是现实中能够对他人产生引导、激励、督促作用的社会角色。道德榜样是现实化、生动化、具体化的道德理想化身，是新时代伦理道德的向导，其德行善言以及光荣事迹代表着大多数善，在社会中广泛传播。从榜样示范法的价值和功能出发，榜样示范法是思想政治教育中一项重要且明确的教育方法，是指"通过具有典型意义的人或事的示范引导、警示警戒作用，引导受教育者提高思想认识、规范自身行为"[①]。道德榜样示范为社会群体提供了教材式的学习指引，有助于引导社会成员以道德榜样的言行为标准，不断反思、调整、矫正、优化自身品行，缩小与道德榜样的差距，成为具有社会主义道德和实践能力的合格公民。通过示范推动核心价值观的普及和建设，升华全体公民的道德修养，增强社会向心力和凝聚力，促进社会成为一个和谐稳定的有机整体。

二 道德榜样示范的价值意蕴

从道德榜样的内涵可知，道德榜样作为社会推崇的高尚人物形象，其

---

① 陈万柏、张耀灿：《思想政治教育学原理》（第三版），高等教育出版社，2015，第224页。

道德品质、精神风貌、言行举止具有由此及彼、推己及人的积极效应。人们出于追求人格进步，提升自我形象的内在动力，受道德榜样高尚的道德魅力吸引，开始增强对道德榜样的注意和观察，并由此被激发出学习和模仿的自然冲动。道德榜样示范符合当前时代背景下的历史发展逻辑和社会进步需要，旨在在多元化、物欲化、疏离化的现实中培育出弘扬善心、激励善行、团结社会的典范人物。《新时代公民道德建设实施纲要》指出，要加强社会主义道德培育，发挥先进模范的引领示范作用，呼吁社会形成尊重模范、学习先进的良好道德风尚[1]。发挥道德榜样示范作用有利于推动社会主义道德观念的树立和普及，促进社会成员道德品质和文明程度的提升，引导公民道德建设过程的正式化、规范化，并以道德发展为前提增强民族凝聚力和向心力。探求道德榜样的示范价值，符合道德榜样的生成规律、培育方式和发展轨迹，传承了传统文化中身教示范的教育原则，创新了道德榜样孕育和传播的方式，映射出当前历史时期人们对道德的强烈需求，也是社会主义社会背景下道德的生动写照和时代缩影。

（一）道德榜样示范具有传承中华传统美德的文化价值

文化是一个民族的精神财富，中华传统文化在长期实践中以其悠久的历史文明和深厚的道德内涵成为支撑民族自信心的重要精神支柱。梁漱溟认为，中华文化是各个民族信念、志向以及价值观的集中反映，是华夏儿女生存与前进的精神纽带[2]。中华传统文化孕育出了在封建阶级社会中具有特定阶级属性，代表特殊历史环境下价值取向的传统道德榜样，常以儒家提倡的君子、仁者、善者、智者、贤人等身份著称。传统道德榜样的光辉事迹主要通过人物传记、历史故事、民间传说、诗词戏曲等传播方式应用于道德教化之中，涌现出诸如仲由负米、张良拾鞋、许衡心主等众多传颂至今的历史典故，形成传统道德榜样的示范效应。然而，在近代，传统道德文化曾面临发展危机，以新文化运动为首的文化改良运动试图瓦解传统道德体系而树立西方道德价值观，导致中华民族传统道德文明屡遭质疑和批评，甚至连孝悌、仁爱等传统道德精华也难逃厄运。继而，在全球化浪

---

[1] 《中共中央国务院印发新时代公民道德建设实施纲要》，《人民日报》2019年10月28日。
[2] 梁漱溟：《中国文化要义》，学林出版社，1987，第93页。

潮裹挟下，多元文化涌入且相互渗透，导致中华传统道德的影响力褪色。传统道德文化遭受着巨大的外力冲击和传承危机，民族文化自信下降，精神文明贫瘠，道德观念淡漠，道德自觉减弱。道德榜样兼具传统文化的道德精髓和现代文明的时代特性，是中华传统美德的继承者和创新者。开展道德榜样示范能够宣传和弘扬榜样高尚道德品质，汇集道德实践，阐发道德榜样所具备的融合了传统美德的新时代人格力量，有利于实现传统美德的传承、发展、创新，为公民了解学习传统美德提供生动的学习范例、完善的活动体系以及深刻的实践参照。

（二）道德榜样示范具有彰显社会主流道德的导向价值

随着经济快速发展，市场经济境遇下的道德问题日益严峻，拜金主义、享乐主义、拜物主义、个人主义、奢靡攀比等观念蔓延。部分社会成员过度关注自身经济利益，忽视社会主流道德观念，缺乏"锦上添花"的人情温度和"雪中送炭"的关怀力量。当前，治理社会道德困境，构建社会道德秩序，增强公民道德意识是通过弘扬社会主流道德亟待解决的道德教育问题。社会的主流道德价值观念是指彰显社会主义道德规范，遵循党的政治主张，反映全体社会成员道德需求的社会主义核心价值观。习近平总书记指出："核心价值观，其实就是一种德，既是个人的德，也是一种大德，就是国家的德、社会的德。"① 因此，核心价值观对个人品德、社会公德乃至国之大德的形成和发展都具有重要导向作用。道德榜样不仅是传统美德的承载者和弘扬者，更是时代主流道德的符号和象征，是二者的完美结合体，具备了传统美德和社会主义核心价值观共同要求的优良道德品质。换言之，道德榜样是核心价值观在现实社会的具体人格化形态，对于社会主义道德建设具有引领功能，汇集了社会正能量，是鲜活的道德价值标志和旗帜。道德榜样示范是将社会主义核心价值观的道德教育内容和榜样示范法的教育方式联系起来，以道德榜样为桥梁，发挥核心价值观扬善抑恶、扶正祛邪的价值导向功能。开展道德榜样示范有利于提高人民群众对核心价值观的深刻理解和理性践行，矫正人们受其他价值观念误导而产生的错

---

① 习近平：《青年要自觉践行社会主义核心价值观》，《人民日报》2014年5月5日。

误认识，引导全体社会成员进行正确行为规范与价值选择。

（三）道德榜样示范具有培育崇德向善风尚的激励价值

在数字信息时代，多元思潮相互碰撞，人们拥有广泛的信息获取渠道。因此，更需要有载体引发情感共鸣，凝聚道德信念，引导和激励社会成员坚持追求高尚道德品质和道德境界。马克思主张个人与社会的辩证关系，将个人视为"一切社会关系的总和"①。由此可知，社会道德风尚的培育需要社会整体道德素质的提高，需要以每位社会成员的道德素养提升为基础。道德榜样作为现实社会中真实存在的道德典范，优势在于其感人事迹具有强烈且普遍的感召力和吸引力。习近平提出"要深入开展学习宣传道德模范活动，弘扬真善美，传播正能量，激励人民群众崇德向善、见贤思齐，鼓励全社会积善成德、明德惟馨"②。通过生动鲜活的道德榜样事例将道德教育与公民社会生活紧密融合，渗透社会方方面面，有利于普及全民道德教育。道德榜样示范以社会主义道德的普遍真理性为科学理论基础，密切结合了不同时期社会发展的实际情况，以通俗易懂、生动有趣、喜闻乐见的形式为人民群众所接纳、掌握和运用。因此，充分发挥其激励作用有利于以宣传道德榜样为契机，促使社会良好道德学习风气的形成，为社会发展提供全面完善的道德支撑。

（四）道德榜样示范具有弘扬崇高理想信念的教化价值

面对新时期的社会发展现实，人们的精神需求不断增长，而当文明发展速度难以满足文化需求和大众品味时，人们的道德品质则易受腐朽落后有害思想侵蚀，呈现精神萎靡、思想空虚、信仰淡化、道德冷漠等问题。此时，一个社会亟须共同的理想信念发挥其凝心聚力的精神力量。习近平总书记把理想信念比作"精神上的'钙'"③，不仅包含坚信马克思主义相关理论的科学性和真理性，追求共产主义理想和中华民族复兴信念，还蕴

---

① 《马克思恩格斯选集》（第1卷），人民出版社，2012，第135页。
② 习近平：《深入开展学习宣传道德模范活动　为实现中国梦凝聚有力道德支撑》，《人民日报》2013年9月27日。
③ 《习近平谈治国理政》，外文出版社，2014，第15页。

含着对高尚道德情操和思想境界的追寻。理想信念是人们精神世界的最高目标，是支撑人们开展道德行为的精神动力，是团结民族和国家的重要精神支柱。通过展示道德榜样追寻理想信念，即科学、理性、理想道德境界的奋斗过程，为提高人民群众的道德意识、增强道德信念提供借鉴。

三　构建道德榜样示范的实践路径

研究道德榜样问题，不能将道德榜样孤立化、封闭化，而是应该以开放和整体的视野将道德榜样置于社会大环境中加以考察与建构。增强道德榜样示范的价值，发挥道德榜样的影响力不仅需要榜样个体思想道德水平的提升，良好道德行为的形成，还应当促使社会中的各有机要素相互配合，形成合力，确保为道德榜样示范提供科学有效的实践路径。例如：按照以往经验塑造的道德榜样已经不符合人们对新时代道德榜样的认知；传统的宣传方式和落后的赏罚制度已经不能满足人们道德意识的进步；社会快速发展带来的利益分化和道德异化，导致道德氛围混乱，人们的道德实践热情减弱。因此，塑造多样化的榜样形象，进行合理的宣传传播，培育浓厚的社会道德氛围以及建立正当的赏罚机制均是目前需要改善且能够助力道德榜样发挥引领示范作用的重要途径。

（一）塑造真实性和多样化人物形象

道德榜样示范是建立在"人"的基础上的道德教化活动。从学理层面出发，道德榜样是连接理想道德和社会现实的桥梁，具有崇高道德品质和行为实践，是其他社会成员模仿和学习的典型。道德榜样的基本特征因时因地顺应形势而变，从而也使得受教育对象对道德榜样示范的接纳程度因人因事而异。单一、固化的道德榜样模式也无法满足人们现代化、多元化、多层次的价值取向。相比于成为任劳任怨、不求回报的"老黄牛"，人们更热衷于追求幸福和快乐的生活。因此，人们对道德榜样的选择也充满了自主性，更倾向于学习与自身利益相关联，与自身性格更接近的道德榜样。塑造千篇一律、完美无瑕的道德榜样脱离了现代社会成员多样化的现实需求，片面地拔高道德榜样圣人形象违背了"以人为本"的教育原则，降低了道德榜样的可亲、可信、可学性。

根据人的现实性和主体性本质推论，道德榜样形象无法脱离马克思对于"人"的深刻理解和论述，正确把握道德榜样内涵，提高道德榜样示范效应，需要从客观理性角度打破传统的认知固化和思维定式，结合现实情况，还原道德榜样真实可靠、可亲可敬的质朴形象。第一，应立足于实事求是原则，还原道德榜样真实面貌。实事求是是共产党人的根本行事作风和优良马克思主义品质。在道德榜样的选树和宣传过程中，要主动继承这一优良文化传统，杜绝为吸引眼球而制造、夸大、神化榜样形象。发挥道德榜样示范效应需要深入道德榜样生活，走近道德榜样内心，记录道德榜样事迹，让人民群众真正了解到道德榜样是现实生活中存在的理想道德原型，引发人们心理上的钦佩和行为上效仿。第二，应立足尊重多样性原则，广泛吸纳先进道德人物，丰富道德榜样群体，增强道德榜样影响力。道德榜样作为全体社会成员学习的对象，应当具有广泛教育意义，不能仅仅成为某个人或者某一群体的道德榜样，为了满足人们多元道德动因，其人物形象应是多元丰富的。正是多层次、多元化的现实态势，决定了道德榜样人物形象和光辉事迹的多样化。同时，多种类别、不同标准的道德榜样符合受教育者多样化的道德发展阶段和认知实践水平。由于人们的生活环境、教育背景、经济能力等因素参差不齐，其道德品质、价值观念、学习能力、实践水平也必然存在差异。多元化的道德榜样类型能够使得道德榜样示范深入每位社会成员内心。

（二）创新健全科学合理宣传平台

道德榜样具有引领社会风尚、传播榜样精神、净化民众心智、鼓舞道德行为的重要社会功能和向外辐射功能。其功能指向决定了道德榜样示范不是孤立的"独角戏"，而是与他人的思想、意志、行为等内容有着密切联系。也就是说，道德榜样示范是在一定社会关系中得以实现，通过生成培育和辐射传播形成完整的推广过程。道德榜样的先进道德观念、强烈正义感和道德责任感等宝贵品质和实践经历具有不可复制性，更无法以简单粗暴的灌输、机械死板的识记以及被动反复的宣讲等方式获得认同和传播。

因此，促使道德榜样发挥示范引导作用，需要创新多元化宣传平台，促进道德模范信息的即时交互和融合共享。第一，主动借助新媒体力量，实现双向传播。在传统媒体时代，道德榜样事迹传播多以自上而下单向度的灌输模式为主，官方发布的报纸、杂志、广播等媒介是人民群众了解道德榜样的唯一途径。通过官方发布了解道德榜样的精神和事迹在一定程度上确保了信息的准确性和权威性。但是，单一且单向的信息传播路径容易造成受众的参与积极程度低下、信息获取不及时等问题，与先进典范产生强烈疏离感。促进人们在情感层面以更开放和包容的心态接纳道德模范，可以运用新媒体的发展，扩大信息交汇渠道和传输速度，通过新兴平台为人们直接获取相关信息提供快速、便捷的方式。从而实现道德榜样事迹双向传播，扩大信息覆盖，缩小道德榜样与民众的距离。第二，提升推广方式多样化和针对性，提高推广效率。双向传播途径和新兴媒体为推广道德榜样提供了快速便捷的途径。在此基础上，提升人们对道德榜样的认同还应增强宣传的多样性，扩宽和完善推广方式，对不同群体进行有区别性和针对性的推广宣传。例如，充分利用网络媒体对青少年群体的吸引力，在微信公众号和微博话题等网络平台上进行榜样精神和事迹的弘扬传播；对党员群体则可以通过开展党课教育和党支部会议等形式帮助人们更深刻地了解道德榜样；对文艺爱好者群体则可以将道德模范榜样融合于文艺作品中，与人民群众以喜闻乐见的文化形式见面。

（三）强化"好人有好报"的制度建设

目前，社会正处于发展转型的关键时期，人们渴望道德秩序和道德价值的理性回归，从而改变道德缺失、道德冷漠、价值迷茫、行为无序等问题，共同构建稳定有序的和谐社会。但是，道德行为的复杂性和多样性制约着人们对"好人好事"的清醒认识和合理判断。部分人错误地认为，用利益补偿方式回馈道德榜样是对其高尚道德品质的腐蚀，主张道德行为不能与利益相关联。道德动因的多元化导致人们不能正确认识道德行为，反而将道德和正当利益割裂开来。事实上，当道德行为缺乏制度性和合理性的回报，不能对道德榜样以适当方式进行肯定和鼓励，即使榜样自身因为高尚道德品质不计得失，也容易引起人们对道德实践望而却步。这不利于道德行为的普及与推行和道德榜样示范效应的发挥，难以在社会范围内全面推广"善有善报"的价值信念。孔子主张"以德报德"①，在物质和精神层面给予道德榜样褒奖无可厚非，不能简单地排斥道德行为实践者在利他的过程中保障自身利益，更应该避免让道德榜样"流血又流泪"的事件发生。

第一，要建立相应的法律保障制度。道德和法律分别从软约束力和强制力两方面推动人们形成向道德榜样学习的道德自律。建立法律制度保障道德榜样基本诉求和权益是完善道德规范、惩戒失德行为、推行道德榜样示范的法制性前提和基础。随着社会对公民道德要求的具体深化细化，一方面以道德榜样为首的公民不计个人得失，不断提高自我牺牲和奉献精神；另一方面，人们又发现了道德实践推广的艰难困顿，具体事件表明道德模范示范效应不佳，榜样精神难以传承。这表明道德的感召力量存在局限，道德榜样作为社会中的个体，必然会面临众多现实问题。如果增加法律制度对道德榜样基本利益的保障，就能解决众多因道德实践带来的后顾之忧，增强人们对学习效仿道德榜样的积极性和安全感，将道德榜样示范力量发扬光大。第二，要建立健全合理的奖惩制度。"善有善报，恶有恶报"的传统价值信念深刻凝练了人们对道德行为的基本观念。社会上普遍认为，鼓励和表彰好人好事，禁止和惩戒失德行为符合正常的逻辑规律。公正合理的奖惩制度是指以政府为首的官方组织依据社会主流价值标准，对公民承担道德责任和义务的不同表现所给予的反馈，包括奖励善行、惩罚恶行。合理的奖惩制度能够引领扬善去恶的道德氛围，帮助人们进一步认识当前社会中的善恶标准，明白自己应该肯定什么和否定什么，应该效仿什么和摒弃什么。道德榜样作为自我利益的主动让渡者和他人利益的维护者，理应得到嘉奖，从而更有效地激发人们对道德榜样的学习和模仿。调节利益是有效引导和监督手段，采用奖惩并举的方式，既能避免道德行为过度牺牲正当权益，也能为社会和谐安定、文明有序做出贡献，使得人们面对利益时不忽视遵循公民道德准则的基本要求。马克思主义经典作家并不否认

---

① 《论语·宪问》。

利益的作用,例如马克思曾说"'思想'一旦离开'利益',就一定会使自己'出丑'"①,毛泽东也曾说:"一切空话都是无用的,必须给人民以看得见的物质福利。"② 科学合理的奖惩制度作为社会利益再分配的特殊形式,能够引发行为主体对此类事件的重视。虽然,在道德教育上提倡淡化物质回报和利益补偿,避免和克服功利化的动机,旨在提高人们内在的思想道德修养,但是,落实完善奖惩制度,将尊重和关爱道德模范体现于具体可见的荣誉和物质奖励,可以长效地鼓舞、吸引社会大众。

【执行编辑:彭学农】

---

① 《马克思恩格斯文集》第 1 卷,人民出版社,2009,第 286 页。
② 《毛泽东文集》第 2 卷,人民出版社,1993,第 467 页。